PONY EXPRESS

St. JOSEPH, MISSOURI to CALIFORNIA
in 10 days. or less.

WANTED

YOUNG, SKINNY, WIRY FELLOWS

not over eighteen. Must be expert riders, willing to risk death daily.

Orphans preferred.

Wages $25 per week.

APPLY, **PONY EXPRESS STABLES**
St. JOSEPH, MISSOURI

Dépôt légal : septembre 1990
N° d'édition : 49188
ISBN : 2-07-072055-1

Imprimé à Singapour

BIBLIOTHÈQUE DU VOYAGEUR

LE GRAND GUIDE DU TOUR DES ÉTATS-UNIS

Traduit de l'anglais et adapté par Alexis Galmot
et Patrick Jézéquel

GALLIMARD

Ceux qui ont fait ce guide

Le Grand Guide du Tour des États-Unis est le cinquième de La Bibliothèque du Voyageur consacré aux États-Unis (les autres volumes concernent la Floride, le Sud-Ouest américain, la Californie, New York et San Francisco).

Voici un guide différent des précédents titres puisqu'il ne s'agit plus d'une étude complète sur une destination précise, mais d'une proposition d'itinéraires pour découvrir la variété d'une nation immense. Notre but a été de nous imprégner autant que possible de l'esprit des États-Unis, de recréer l'atmosphère quasi-mythique des voyages trans-américains en mentionnant les routes qui vous conduiront dans les sites les plus époustouflants, ceux qui sont marqués par une histoire mouvementée, une culture très vivante et les paysages les plus remarquables.

L'idée originale de cet ouvrage revient à **Hans Hoefer**, le directeur des éditions Apa, installées à Singapour. Sa conception a été confiée à **Adam Liptak** et à **Robert Seidenberg** qui conduisit les opérations à New York.

Tous les rédacteurs ayant coopéré à la réalisation des nombreux chapitres sont des journalistes, des universitaires, et tous sont attentifs à la vie de notre monde. Ils ont une bonne expérience des voyages doublée d'une sensibilité particulière aux contacts humains et à l'expression artistique.

Né à Buffalo, dans l'État de New York, **Robert Seidenberg** a exercé divers métiers: éditeur, écrivain, scénarite. Il est également reconnu comme critique en matière de *pop music* et de cinéma. Ses articles sont parus dans des publications aussi prestigieuses que *Rolling Stone* ou le *New York Times*.

Rich Taskin est l'auteur des trois premiers chapitres «En route vers l'inconnu», «La révolution des transports», et «Poètes en mouvement: les arstites américains et la route». Il donne des conférences d'histoire et de sciences politiques à l'université de North Adams State.

Le texte de la partie «L'itinéraire nord» revient à **Diane Hall**, une rédactrice indépendante dont l'expérience des voyages est impressionnante, tant aux États-Unis que dans le reste du monde. Ses articles ont été édités dans de nombreuses publications touristiques.

Michael Macrone s'est occupé de la seconde partie des itinéraires: «Les itinéraires sud, est et ouest». Michael Macrone est diplômé d'anglais à l'université de Californie. Ses articles et ses dossiers ont été publiés dans de nombreuses revues.

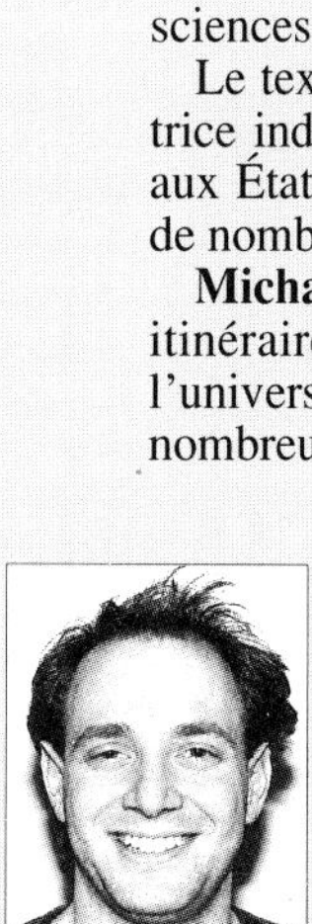
Seidenberg

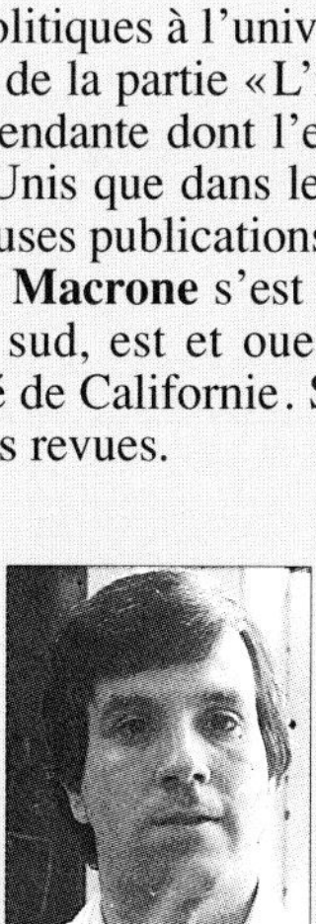
Taskin

Hall

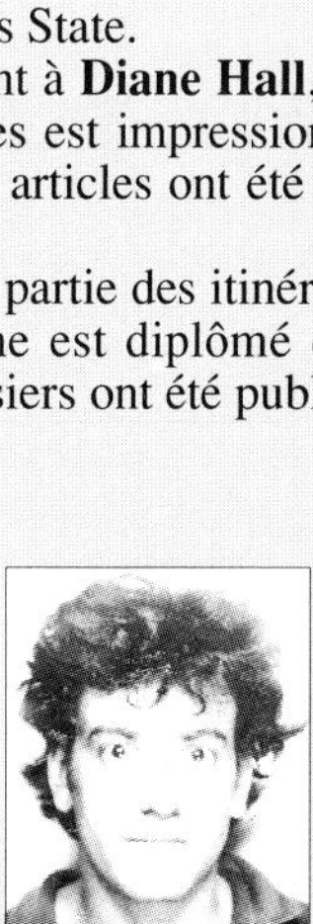
Bresnick

Tager

Pour l'itinéraire sud, **Adam Bresnick**, enseignant de français à l'université de Berkeley (Californie), et **Nina Tager**, diplômée de théologie, qui a travaillé dans divers organismes sociaux, se sont chargés des encadrés «Elvis Presley et Graceland», «La cuisine cajun» et «Les vignobles de Napa Valley».

Ted Greenwald est l'auteur de «Colonial Williamsburg: une tradition pérenne», de «Martin Luther King Jr.», de «Las Vegas» et de l'itinéraire sud-ouest dans sa totalité. Il vit en Californie et y exerce ses talents de compositeur de musique et de chroniqueur artistique.

La dernière partie, «Informations pratiques», a été réalisée par **Bob Pfeifer** qui a sillonné longtemps les États-Unis en voiture, surtout lorsqu'il partait en tournée avec son groupe. Musicien émérite, il est par ailleurs reconnu en tant que journaliste.

Jody Leader est l'auteur de «Henry Ford et la cité de l'automobile», «Salt Lake City», «Denver: la ville en hauteur» et «Bryce Canyon».

A **Lauren Bernstein** est revenue la tâche d'écrire l'encadré «Skier dans les Rocheuses». Tâche facile en réalité puisqu'elle est responsable régionale pour *SKI Magazine* et auteur de nombreux articles pour d'autres publications.

Universitaire de formation, **Lorraine Kreahling** travaille régulièrement dans le monde de l'édition, et profite de son temps libre pour voyager. Elle est l'auteur du chapitre «Le Mississippi et le Missouri» et de l'encadré «Le Mississippi: le grand fleuve».

Beaucoup de photographes ont collaboré au *Grand Guide du Tour des États-Unis*, parmi lesquels, **Joe Vesti**, bien connu des lecteurs des guides de La Bibliothèque du Voyageur, et qui a apporté une grande partie des photographies qui parsèment le présent volume. Son œil exercé lui a déjà permis de collaborer à la National Geographic Society et d'être publié dans les revues *Géo* et *Stern*. Les autres photographes importants du guide sont: **Bruce Bernstein**, qui s'est occupé de l'iconographie historique; **Richard Erdoes**, qui a par ailleurs écrit plus de dix ouvrages sur le Sud-Ouest américain et ses habitants; l'allemand **Manfred Gottschalk**; et **Tom Tidball**, directeur de la Tidball Photographic Company au Sri Lanka.

Parmi les agences qui nous ont aidés, nous tenons à remercier tout spécialement la **Photothèque Vauxier-de-Nanxe** à Paris, mais aussi **Photori Inc.**, une agence d'Alexandria en Virginie et **Tony Stone Worldwide**, installée à Londres.

Enfin, il convient de mentionner la New York Public Library's Picture Collection, et les départements du Tourisme et du Voyage des États suivants: Oregon, Washington, Californie, Utah, Nouveau-Mexique, Texas, Louisiane, Alabama, Géorgie, Caroline du Sud, Caroline du Nord, Virginie et New Jersey.

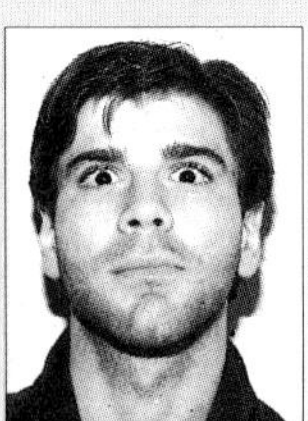
Macrone

Greenwald

Viesti

Pfeifer

Leader

TABLE

TABLE

TABLE

TABLE

CARTES

BIENVENUE EN AMÉRIQUE

Un mot peut donner une image de ce que sont les États-Unis d'Amérique : diversité. Diversité des gens, des cultures, de la géographie et des climats. Chacune des différentes régions de cette immense nation possède une personnalité et des traits spécifiques. Le seul moyen pour faire l'expérience des contrastes qui modèlent le territoire consiste à sillonner les routes, des vastes métropoles comme New York et Chicago aux grands espaces du Wyoming et du Montana, en passant par les forêts grandioses du Nord-Ouest. Et si cela ne vous suffit pas, vous pourrez encore explorer le Sud, le pays cajun de la Louisiane, le Grand Canyon et la Californie... Vous serez convaincu.

Le Grand Guide du Tour des États-Unis est un guide destiné à vous aider dans ce genre de périple, tout en vous racontant l'histoire de la découverte de ce pays. Grâce aux documents recueillis par nos photographes et nos rédacteurs, se dessine peu à peu le portrait fidèle des sites, des monuments, des habitants et de l'histoire des U.S.A. *Le Grand Guide du Tour des États-Unis* est aussi une chronique de la vie sur les routes, des images, des odeurs et des sons qui changent perpétuellement au fur et à mesure que vous empruntez les autoroutes ou les routes secondaires. Pour qui s'interroge sur notre décision de réaliser un tel ouvrage, il suffit de lire la première partie « Histoire et culture ». On y apprend à quel point les déplacements et les explorations sont liés de façon inextricable à l'histoire et à la culture de cette nation. Qui a oublié la chronique des pionniers américains, leurs tentatives acharnées pour conquérir l'Ouest, y trouver des terres fertiles et s'y installer ? Personne aujourd'hui ne songerait à contester l'influence considérable des voyages sur les arts aux U.S.A. — littérature, cinéma, musique — influence qui s'est manifestée dès les premières heures de la colonisation américaine.

La deuxième partie du guide, « Itinéraires », de loin la plus importante, est constituée de quatre segments : nord, est, sud et ouest. Le premier part de New York en direction des États du Nord puis du Nord-Ouest. Le second part du même endroit et rejoint la ville de Savannah. Le troisième quitte Savannah et prend fin à San Diego, point de départ du quatrième itinéraire, qui remonte la côte ouest, jusqu'à Seattle. La boucle est bouclée.

Le guide retrace l'histoire de chaque région visitée, donne des indications pour s'y rendre, fait une part aux anecdotes cocasses, dresse un portrait des habitants, souligne les curiosités à l'écart des sentiers battus et, lorsque cela est nécessaire, n'hésite pas à dénoncer la vulgarité de certaines attractions touristiques. Les photos, qui parsèment le texte, donnent à l'ensemble un caractère très vivant et plaisant.

Dispersés dans l'ensemble du livre, de petits dossiers sont consacrés à certaines grandes célébrités américaines (Elvis Presley ou Martin Luther King Jr., par exemple), aux sites les plus remarquables, aux villes qui ne se trouvent pas sur l'un ou l'autre des itinéraires, ou à certains grands sujets comme le vin californien ou la tradition culinaire de certaines contrées.

S'il était impossible de couvrir la totalité des États-Unis, nous espérons que la formule retenue ici réussira à évoquer avec force l'infinie variété des caractères du pays. Nous vous souhaitons une très bonne route !

On distingue, sur la carte des pages 14 et 15, les quatre itinéraires que suit le guide : l'itinéraire nord en vert, l'itinéraire est en bleu, l'itinéraire sud en orange, et l'itinéraire ouest en noir. Une carte détaillée précède chaque itinéraire.

Canada
Cape Flattery
Port Townsend
Grand Coulee
Coeur d' Alene
Glacier National Park
Seattle
Olympia
Mt. Rainier
Spokane
Libby
Kalispell
Browning
Astoria
Washington
Mt. St. Helens
Great Falls
Portland
Salem
Helena
Montana
North Dakota
Newport
Corvallis
Billings
Bismarck
Eugene
Oregon
Bozeman
Crow Agency
Idaho
Roseburg
Crater Lake
Yellowstone National Park
Sheridan
South Dakota
Boise
Cody
Rapid City
Pierre
Jacksonville
Gillette
Wall
Jackson
Mt. Rushmore
Cottonwood
Eureka
Wyoming
Mendocino
California
Cheyenne
Nebraska
Salt Lake City
Napa
Carson City
Sacramento
Nevada
San Francisco
Denver
Utah
Colorado
Kansas
Monterey
Big Sur
San Simeon
Las Vegas
Pismo Beach
Grand Canyon
Kingman
Santa Fe
Santa Barbara
Flagstaff
Los Angeles
Lake Havasu City
Albuquerque
Arizona
Phoenix
New Mexico
El Centro
San Diego
Yuma
Lordsburg
Alamogordo
Tucson
Tombstone
Las Cruces
El Paso
Ciudad Juarez
Ft. Stockton
Ozona
San Antonio
Océan Pacifique
Mexique

LES ÉTATS-UNIS

EN ROUTE VERS L'INCONNU

« Un Américain construira une maison pour y passer ses vieux jours et la vendra avant d'en avoir posé la toiture; il plantera un jardin et le louera avant que ses arbres ne portent des fruits; il nettoiera un champ et laissera d'autres le moissonner; il choisira un métier puis l'abandonnera, s'installera ici puis partira ailleurs au gré de ses désirs changeants. Si ses affaires lui laissent un moment de répit, il se lancera immédiatement dans les remous de la politique. Enfin, si au bout d'une année surchargée de travail il lui reste un petit peu de loisir, sa curiosité inlassable le poussera à arpenter de long en large les vastes territoires des États-Unis. Il parcourra ainsi cinq cents miles en l'espace de quelques jours pour se distraire de son bonheur. »

Alexis de Tocqueville,
De la démocratie en Amérique

L'histoire des États-Unis est celle d'un peuple en mouvement. Mobilité, déplacement et migration sont des forces essentielles de la colonisation américaine et le tempérament bouillonnant des Américains est une source d'inspiration inépuisable pour l'expression artistique de cette nation. Quelques-unes des images d'Épinal de la vie américaine — une carriole qui traverse la prairie, une locomotive à vapeur qui déchire le silence de la nuit, l'arrivée des immigrants à Ellis Island — sont les symboles probablement les plus manifestes d'une obsession fondamentale : avancer, avancer, toujours avancer.

Plus de cent cinquante ans après le témoignage d'Alexis de Tocqueville, on pourrait tirer la conclusion paradoxale que le changement est la seule constante de cette nation. La conquête du territoire au XIXe siècle et la colonisation sont l'un des aspects de cette mobilité; mais qu'y a-t-il de commun avec les migrations de ce siècle? On peut difficilement voir une analogie entre un puritain persécuté du XVIIe siècle trouvant refuge à Boston et un jeune as de l'informatique qui quitte Lexington dans le Massachusetts pour aller trouver à Houston un plus haut salaire. On ne fera croire à personne que les « clochards célestes » des années 60 et les touristes qui se ruent sur les routes une fois l'an pour profiter de leurs vacances sont animés des mêmes motivations. Toutefois, il est possible d'avancer que partout dans le monde les voyageurs partagent, d'une manière ou d'une autre, le sentiment qu'ils sont à la recherche d'un cer-

tain enrichissement, d'une forme de renaissance. Finalement, l'essentiel est de connaître la manière dont on considère le voyage. Par exemple il faut savoir que voyager dans l'Amérique prémoderne était une affaire des plus sérieuses, un acte qui contribuait au peuplement de la nation. Bien entendu on trouvait aussi à l'époque de riches Américains qui prenaient la route pour mettre à profit une année sabbatique, ou qui se rendaient pour le plaisir à Newport, à Bar Harbor et à Saratoga Springs, les stations balnéaires à la mode. Mais ce ne sont pas ces oasis de plaisir, de confort et de vie facile que la mémoire collective a retenus. Non, l'inconscient historique des Américains est structuré par des images

Pages précédentes : affiche de recrutement pour le Pony Express; route de l'Arizona; ambiance d'un western; une jeune indienne et un jeune cow-boy; The Scout (L'Éclaireur) veille sur Kansas City; vue de Bryce Canyon National Park. A gauche, image typique de la conquête américaine; à droite, les mythes sont éternels.

plus dynamiques et combatives: celle de Daniel Boone franchissant le Cumberland Gap à la tête des pionniers; celles de ces jeunes hommes qui suivirent l'avis de Horace Greeley et prirent le chemin du «Far West» pour construire leur pays; le périple dangereux des Mormons à travers les Grandes Plaines; ou encore le souvenir de cette compagnie de diligences qui enjoignait ses cavaliers de ne pas «passer dans des endroits où des meurtres avaient été commis, surtout lorsqu'il y avait des dames dans la diligence». L'impression qui domine lorsque l'on pense aux premiers voyages américains, est celle d'une épopée incessante.

Aujourd'hui, lorsqu'un Américain se rend à son travail, va faire ses courses ou rend visite à sa famille, force est de considérer que la part d'aventure est des plus minces, et que l'héroïsme n'y trouve pas son compte. Mais personne ne songera à contester le fait que les Américains se déplacent essentiellement pour des raisons économiques, notamment dans les États du Sud. Ce mouvement individuel et anonyme ne frappe pas les imaginations comme le drame des pionniers, ou, plus récemment, la grande migration des années 30, immortalisée par les ballades du chanteur Woody Guthrie ou le roman de John Steinbeck, *Les Raisins de la colère*. Qui sait ? un historien du XXIe siècle, avec le recul du temps, jugera peut-être que les déplacements de notre fin de siècle sont aussi significatifs qu'ils le furent autrefois.

Et cet historien ne manquera pas de preuves pour convaincre ses pairs. Il pourra démontrer sans peine que les déplacements et les voyages sont l'une des principales clés pour comprendre ce qu'est le «modèle américain». Le recensement de 1980 — réalisé au plus fort de la crise de l'énergie — a montré que les Américains étaient en train de battre tous les records de mobilité. Ajoutons à cela que le parc automobile atteignit cette même année le nombre de cent vingt et un millions d'unités, et que huit millions de personnes se rendirent à l'étranger en 1979. Vers le milieu de la décade, lorsque le prix de l'essence redevint abordable pour la plupart des ménages, des études montrèrent qu'en moyenne chaque foyer possédait au moins deux véhicules, et qu'un tiers en avait au moins trois. L'indicateur le plus intéressant est peut-être celui des Américains vivant dans un autre État que celui de leur naissance. Il n'existe plus en Amérique de frontière inconnue à conquérir, de terre inexplorée; les Américains ont cependant gardé le réflexe de partir, à chaque fois qu'ils estiment nécessaire de «prendre un nouveau départ dans leur vie», comme ils le faisaient au XVIIIe ou au XIXe siècle. Ils le font même davantage aujourd'hui semble-t-il. En 1824, 24 % environ des Américains vivaient en dehors de leur État de naissance, chiffre qui est resté relativement constant pendant un siècle. Depuis 1950 il ne cesse d'augmenter; en 1980, il était de 36,2 %. Ces données nous enseignent principalement ceci : l'expérience du voyage est devenue accessible à tous. En clair, cette « démocratisation » du voyage a fortement contribué à forger l'idée américaine selon laquelle les symboles de la consommation (la voiture, l'avion, le bateau) sont synonymes d'égalité.

Quelle que soit l'opinion qu'on en ait, être un Américain aujourd'hui revient à admettre que la liberté individuelle et la liberté de voyager, ne serait-ce que pour aller faire ses courses ou pour rechercher une part d'utopie dans les parcs naturels, sont une seule et même chose. Cette croyance est-elle fondée? En d'autres termes, existe-t-il un lien fondamental entre la culture (et les structures) démocratique des États-Unis et la révolution des transports opérée ces deux derniers siècles? L'économiste français Michel Chevalier (1806-1867), parti aux États-Unis dans les années 1830 pour étudier les rouages politiques et sociaux, en était persuadé. Il affirmait, entre autres, que le développement des nouveaux moyens de locomotion porterait un coup fatal aux vestiges du Vieux Monde et accélérerait l'émergence de la « société moderne ». Lors de sa visite de l'Amérique jacksonienne, il fut stupéfait par la vitesse à laquelle les Américains adoptaient les nouveaux moyens de transport : les premières grandes routes s'étaient construites avec une ardeur sans pareille, juste avant que l'édification des canaux ne devienne un engouement national. Enfin, Chevalier put voir naître l'ère du chemin de fer auquel il prévoyait un glorieux avenir. Il nota *« qu'autrefois le privilège du voyage était réservé aux patriciens, tandis que le commun des mortels restait immobile sur le globe, enchaîné à la terre par les obstacles à la locomotion »*. Notre auteur était convaincu du fait que les transports modernes *« renforceraient les droits et les privilèges du plus grand nombre, aussi sûrement et amplement que pourraient le faire les lois électorales »*. Nous savons aujourd'hui combien ces vues idéalistes étaient dictées, lors de la naissance des sociétés industrielles, par une foi aveugle dans les vertus du progrès. Personne ne doute qu'il faille désormais modérer cet enthousiasme, en observant avec lucidité les aspects négatifs de la révolution des transports aux États-Unis.

A gauche, tableau célébrant avec lyrisme la marche des pionniers ; à droite, équipée moderne à travers les Badlands du South Dakota.

LA RÉVOLUTION DES TRANSPORTS

Lors des balbutiements de la colonisation, les premiers occupants blancs empruntèrent les passages tracés par les indigènes pendant des siècles. Les conditions de transport dans cette Amérique des premiers temps avaient la réputation d'être particulièrement sommaires, et elles l'étaient effectivement. On disait qu'il était moins onéreux de transporter des marchandises d'un côté à l'autre de l'Atlantique, de Londres à Philadelphie, que de leur faire parcourir 200 km de plus, entre Philadelphie et Lancaster, en Pennsylvanie. La nouvelle de la signature de la Déclaration d'Indépendance en 1776 ne prit pas moins de vingt-neuf jours pour atteindre Charleston. Il n'est donc pas étonnant d'apprendre que l'on disait des délégués de la Nouvelle-Angleterre, à l'occasion de la Convention de 1787, qu'ils avaient plus de choses en commun avec leurs «cousins» d'Angleterre, qu'avec leurs voisins de Caroline ou de Virginie.

Cinquante ans plus tard, à l'époque où Tocqueville, Chevalier et d'autres Européens se rendirent aux États-Unis pour observer les nouveaux rouages politiques, les choses avaient peu changé, du moins sur la terre ferme. Alors que les Romains faisaient de la construction des routes l'épine dorsale de leur Empire, l'Amérique du XIXe siècle n'avait pas de politique ferme à ce sujet. L'établissement du réseau routier fut placé sous responsabilité locale; les quelques chemins aménagés l'étaient par des fermiers et des laboureurs qui s'acquittaient ainsi de taxes à l'État qu'ils ne pouvaient payer autrement.

Une conséquence directe de la volonté américaine de s'en tenir au non-interventionnisme du gouvernement, fut que les routes souffrirent de la plus grande négligence. Des pionniers comme Thomas Lincoln, le père d'Abraham (1809-1865), qui empruntèrent la piste qui reliait le Kentucky à l'Indiana et à l'Illinois, firent preuve de courage, de force physique, et d'une grande résistance à... la boue. William Herndon, le biographe de Lincoln a raconté le voyage de la famille au printemps 1830.

Le jeune Abraham conduisait alors une carriole tirée par deux bœufs: *«Le voyage fut long et pénible; les carrioles, dotées de roues rafistolées, craquaient et grinçaient au fur et à mesure qu'elles s'avançaient dans les forêts. De temps en temps, elles s'écroulaient dans la boue. La progression était extrêmement lente.»*

Dans l'Amérique de cette époque, le relief était une formidable barrière aux migrations. En 1830, 80 % de la population américaine vivait encore à l'est des montagnes Allegheny, et l'on aurait alors facilement souscrit à la prédiction du président Thomas Jefferson (1743-1826) selon laquelle il faudrait près de mille ans pour peupler l'ensemble du continent nord-américain.

La conquête de l'Ouest

De la manière dont évoluèrent les choses, Jefferson se trompa d'environ neuf cent dix ans. Grâce à lui d'ailleurs, puisqu'il prit la décision d'envoyer le capitaine Meriwether Lewis et le lieutenant William Clark explorer l'Ouest pour organiser la colonisation de cette région. Ceci se produisit peu après l'achat de la Louisiane en 1803. Jefferson avait alors trois espoirs: trouver un passage vers l'Asie, faciliter le commerce des fourrures, et accroître le territoire de ce qu'il appelait «l'empire de la liberté». Lorsqu'il déclara au ministre espagnol que le but de la mission était de «faire progresser la science»,

Jefferson ne mentait pas. Le président était un fils du Siècle des lumières, et considérait la connaissance de notre monde physique comme une part essentielle de la vie de l'esprit. Et, de ce point de vue, Lewis et Clark ne déçurent ni le président ni la postérité. Leurs carnets de voyage comportent une foule de détails sur ce qui allait devenir l'Oregon Trail, l'une des grandes pistes américaines, mais surtout des observations très précises sur la faune, la flore et la géologie de l'Ouest. C'est en ce sens que ces deux pionniers jetèrent les fondements de la civilisation blanche américaine sur cette partie du continent. Vers le milieu du XIXe siècle, poètes et orateurs (tous à la recherche d'une culture propre à cette nation naissante) rivalisèrent d'hyperboles pour célébrer la toute jeune conquête territoriale. L'un d'entre eux n'hésita pas à affirmer que *« le phare de la liberté américaine se verrait partout dans le monde, de l'un à l'autre des deux pôles de notre globe »*. Pour leur part, les hommes politiques de l'Ouest (Stephen Douglas par exemple) misèrent leur carrière sur la future grandeur de cette région et réclamèrent la construction d'un chemin de fer transcontinental afin d'organiser la gestion des ressources économiques croissantes du territoire américain. Durant les années 1840 et 1850, Douglas ne cessa de répéter que l'Ouest était non seulement le théâtre de l'avenir, mais encore que ces terres offraient enfin une solution à la traditionnelle rivalité existant entre le Nord et le Sud.

A gauche, vestige des premiers chemins de fer, conservé au Greenfield Village Henry Ford Museum de Dearborn, dans le Michigan ; ci-dessus, portraits des deux explorateurs William Clark (à gauche) et Meriwether Lewis (à droite).

L'Age du « cheval de fer »

Il fallut attendre pour réaliser ce rêve car les États-Unis furent déchirés par une sanglante guerre civile. Quatre semaines furent nécessaires aux habitants de San Francisco pour apprendre que la première salve avait été tirée à Fort Sumter, mais dès la fin de la guerre, la nation était fermement engagée dans la voie de l'union nationale. L'ère des routes, des bateaux à vapeur et des canaux fut battu en brèche par celle du « cheval de fer ». Que la guerre ait ou non acceléré le rythme de l'industrialisation, le débat reste ouvert; il n'en reste pas moins que la victoire des armées nordistes récompensa certainement un système de communications bien supérieur. En 1863, le Nord fut capable de transporter par le train vingt-cinq mille hommes de Washington D. C. à Chatanooga pour apporter des renforts lors d'une bataille cruciale. Mark Twain surnomma la fin du XIXe siècle « l'Age doré », pour dénoncer une époque de corruption effrénée. Mieux vaudrait considérer que ces années furent celles du chemin de fer: si l'on veut parler en termes de pouvoir, il est conseillé d'oublier les noms des présidents Hayes ou Arthur pour ne retenir que celui des « barons ferroviaires », Gould, Huntington ou Vanderbilt, qui leur dictaient leur conduite. Ces derniers avaient parfaitement compris les enjeux politiques et économiques qui dépendaient de leurs compagnies et maîtrisaient la direction des affaires sans rencontrer d'opposition. Le chemin de fer permit aussi aux

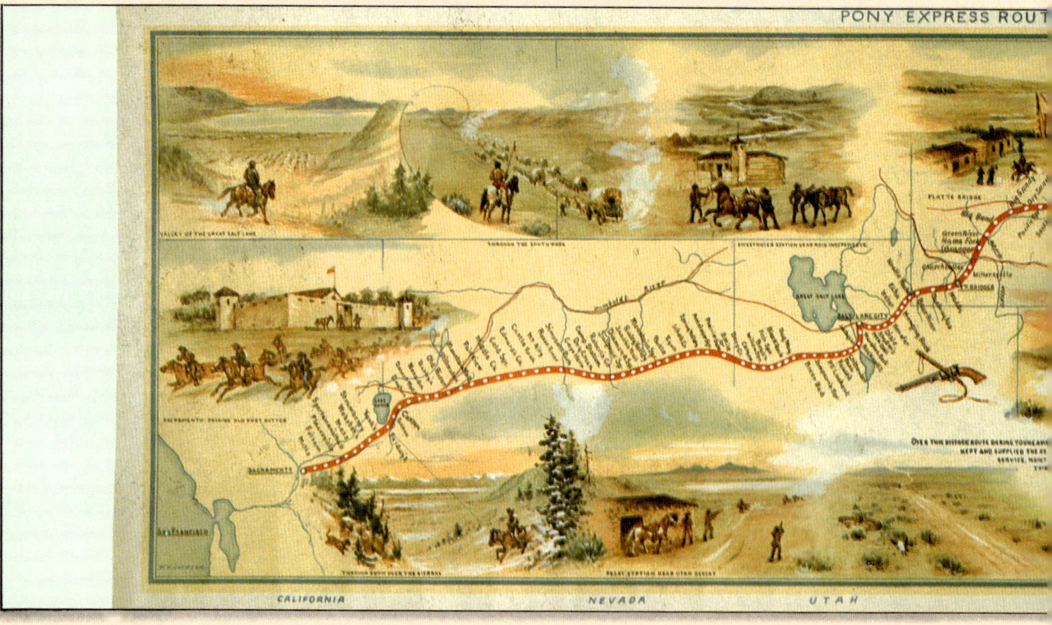

classes moyennes de voyager pour le plaisir sur de longues distances. La création, en 1868, de la *Pullman Palace Car Company* refléta l'accroissement formidable du nombre d'Américains qui désiraient partir en congé ! Ce nouveau phénomène s'accordait mal avec l'éthique du travail acharné prônée par certains *(« La sagesse des sagesses,* disait Emerson, *est que le temps consacré au travail n'est jamais perdu »).* Mais les partisans des loisirs dénonçaient les maladies physiques et spirituelles du peuple américain, obsédé par la réussite sociale. Le seul remède valable, selon eux, était d'aller au contact des grands espaces de l'Ouest. Vous étiez assurés de retrouver une existence vigoureuse…

Quelques intellectuels de l'époque furent sérieusement ébranlés par un essai de l'historien Frederick Jackson Turner paru en 1893 et intitulé *La Signification de la Frontière dans l'histoire américaine.* Dans cet ouvrage, l'auteur estimait que la maîtrise du territoire était un grave dommage et que l'existence d'une frontière délimitant des terres inconnues assurait la solidité de la démocratie. En bref, tant qu'il existerait des espaces vierges, la liberté serait préservée. Dans le contexte politique chaotique de l'époque, les commentateurs ne manquèrent donc pas de prophétiser que le XXe siècle serait une ère de conflits terribles. Mais cette même année, faisant fi de ces prévisions catastrophiques, deux mécaniciens de cycles, Charles et J. Frank Duryea réussirent à faire fonctionner la première automobile dans les rues de Springsfield, dans le Massachusetts.

Le réseau routier fut le principal bénéficiaire de l'âge de l'automobile. Le mouvement pour l'amélioration des routes était né dans les années 1880 à la suite des revendications de certaines associations de cyclistes comme la League of American Wheelmen. Après 1900, l'augmentation du nombre des automobiles circulant dans les rues des villages provoqua un assez large consensus en faveur de la création de routes goudronnées. La méfiance instinctive des Américains envers l'intrusion des autorités fédérales dans la vie des citoyens disparut lorsqu'il s'agit d'obtenir des améliorations dans la distribution du courrier: les travaux routiers furent alors réclamés à cor et à cri. En 1916, le président Wilson signa donc un décret, le Federal Aid Road Act; cette intervention fédérale en matière de transports rencontra pour la première fois une véritable approbation. Chaque décade suivante, l'intervention gouvernementale s'accrut, et toujours avec un large soutien populaire.

Le principal responsable de la démocratisation de l'automobile et du voyage fut sans conteste Henry Ford. Il introduisit dans ses usines la chaîne d'assemblage, révolutionnant de cette manière la production et le marché de l'automobile. En 1922, il vendit 1,3 million d'unités de sa célèbre «Model T». Dès cette époque, la voiture ne fut plus seulement un signe de reconnaissance sociale, elle devint une nécessité. L'impact de cette réelle explosion ne peut être sous-estimé. Elle permit aux Américains d'accéder à des territoires reculés et elle autorisa tous les déplacements et toutes les migrations de ce siècle. Il est inutile d'épiloguer sur un phénomène qui est connu de tous puisqu'il touche largement le mode de vie européen et bien d'autres dans le monde entier. Signalons simplement que la consécration de l'automobile aux États-Unis ne fut pas le moindre des motifs de fierté pour certains observateurs. George F. Pierson écrit, dans son ouvrage *The Moving American*, que l'automobile *«permet aux Américains d'être plus libres et plus égaux que leurs contemporains vivant dans les sociétés européennes, plus statiques»*.

C'est une façon de penser. En voilà une autre, extraite du roman de Charles Williams, *Fantasia chez les ploucs* (1956): *«Le Texas? Je vais te le dire. (Il allume un cigare et s'étire les jambes.) Le Texas, c'est le plus grand espace du monde où il n'y ait pas de champs de courses, à part l'océan Pacifique. Voilà des années que je projette d'aller à Hollywood Park et à Santa Anita, mais j'ai jamais eu assez d'argent pour traverser le Texas d'une seule tirée, et c'est la seule façon qu'on puisse le traverser. Une fois, avant ta naissance, je suis parti d'Oakland Park. Arrivé à Texakana, à la frontière, je démarre au petit jour, sans prendre le temps de respirer, pour ne pas perdre courage. Mais plus j'y pensais et plus j'avais le trac, et à moins de cent kilomètres, je me suis dégonflé et j'ai fait demi-tour. Je n'ai plus essayé depuis.»*

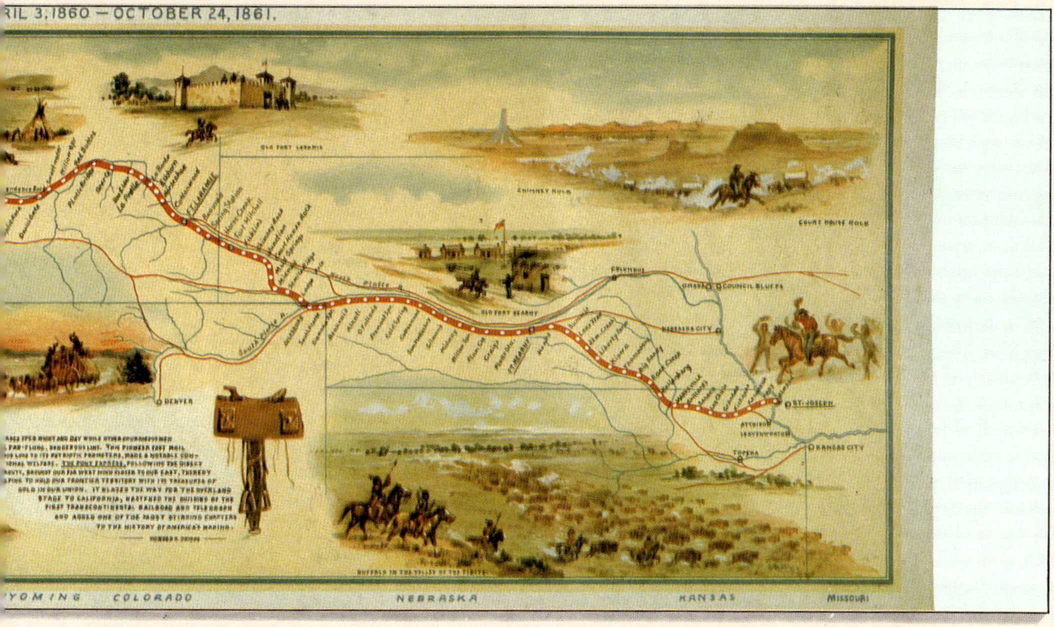

Carte du milieu du XIXe siècle, qui montre l'itinéraire suivi par le Pony Express : de Saint-Joseph, dans le Kansas, à Sacramento, en Californie.

POÈTES EN MOUVEMENT: LES ARTISTES AMÉRICAINS ET LA ROUTE

Il semble que les artistes américains soient perpétuellement sur le pied de guerre. Leur création traduit la passion réelle du peuple américain, son goût immodéré pour la mobilité en tant que telle. *«Le bruit d'un jet,* écrivait Steinbeck en 1961, *celui d'un moteur qui chauffe, ou encore celui des sabots d'un cheval martelant le pavé font renaître un frisson oublié, assèchent la bouche, les yeux se tournent dans le vague, les mains deviennent moites et l'estomac se tord sous la cage thoracique.»*

Près d'un siècle auparavant, Herman Melville décrivait le voyage comme un baume apporté aux âmes tristes: *«A chaque fois que je sens un rictus tordre ma bouche,* écrit-il dans le premier paragraphe de Moby Dick, *à chaque fois qu'un novembre de bruine envahit mon âme (...), qu'il me faut une volonté de fer pour me retenir de me précipiter dans la rue et de me jeter sur les gens, je sais qu'il est grand temps pour moi de prendre la mer aussi tôt que possible.»* Dans la littérature américaine classique de Melville, d'Edgar Allan Poe, de James Fenimore Cooper ou de Mark Twain, on rencontre régulièrement des personnages qui fuient l'inertie de la société civilisée et se réfugient dans le monde sauvage. Au XIXe siècle, le romantisme célébra l'excellence du monde rustique, face aux villes dépravées et avides, et les auteurs prirent modèle sur les classiques latins et grecs pour bâtir le mythe des routes et des mers aventureuses.

«Je souhaite partir d'ici», écrivit J. Hector Saint-John de Crèvecœur dans le chapitre final de *Lettres d'un cultivateur américain*. *«Voici enfin l'heure venue de quitter ma demeure et d'abandonner ma ferme !»* N'en doutons pas, la décision de Crèvecœur de partir pour le territoire indien *«et de retrouver un état proche de celui de la nature, dépouillé de son arsenal de lois et de codes contradictoires»* était une pure fiction, tout comme celle de Huckleberry Finn, le personnage de Mark Twain un siècle plus tard, lorsqu'il prétendait *«décamper et trouver la grande vie»*. Mais Crèvecœur fut l'un des premiers, parmi un nombre impressionnant d'auteurs américains, à célébrer la fuite de la complexité de la vie moderne.

Le souhait de partir au loin en quête d'une remise en forme physique et psychique ne fut pas simplement exprimé comme un désir de parcourir les terres de notre monde. Vers le milieu du XIXe siècle notamment, des observateurs comme Tocqueville estimèrent que *«les Américains étaient destinés à devenir un grand peuple de marins (...), nés pour maîtriser les océans comme les Romains l'étaient pour conquérir le monde»*. La volonté avide de découvrir ce que Melville appelait «la partie immergée du monde» fut une source d'inspiration puissante tant pour les romans de ce dernier que pour ceux de Poe, de Cooper ou de Richard Henry Dana.

A gauche, dans L'Équipée sauvage *(1954), Marlon Brando campe le personnage d'un rebelle. A droite, le poète Walt Whitman.*

Que ce soit sur terre ou sur mer, les grands écrivains du XIXe siècle envisagèrent le voyage comme «un mur dressé contre le désordre» d'une société obsédée par le profit. Lorsqu'ils furent trop âgés pour reprendre la mer, Melville, Nathaniel Hawthorne et Cooper trouvèrent refuge à l'étranger. Comme les Américains expatriés à Paris dans les années 20, ils vécurent en marge de leur époque.

Les poètes de la route

Le désespoir que ces derniers avaient face à la foule des êtres humains, voire leur misanthropie, contrasta nettement avec l'attitude de l'un des plus grands poètes américains, Walt Whitman. Un voyage en liberté sur les routes satisfaisait pleinement son désir de connaître l'essence de la vie. Une rencontre inopinée, la relation entre les yeux de celui qui se considérait comme un prophète et le paysage, l'intemporalité de la nature, furent des thèmes récurrents de l'œuvre de Whitman et participèrent à sa quête d'un cosmos en harmonie. Bien que le mentor de Whitman, Ralph Waldo Emerson, insistât sur le repliement sur soi, affirmant que *« l'âme n'était pas voyageuse par nature, et que l'homme sage restait chez lui »*, Whitman soutenait que la route conduisait à la sagesse et à la fraternité. D'après lui, le voyage était même un acte profondément démocratique, en plus d'une source d'inspiration poétique, et la marque symbolique de sa liberté personnelle. Non seulement *« le peuple américain était le plus grand poème »*, mais l'environnement américain était à même d'insuffler la liberté et l'unité. Ainsi écrivit-il dans *Song of the Open Road*, l'une de ses célèbres envolées lyriques :

« Je crois que tous les faits héroïques furent décidés sous l'immensité du ciel, et tous les poèmes inspirés aussi,

Je crois que moi-même je pourrais m'arrêter ici et accomplir des miracles,

Je crois que tout ce que je rencontrerai sur la route, je l'aimerai, quiconque m'apercevra ne pourra que m'aimer.

Je crois que tous ceux qui passent devant mes yeux sont heureux. »

L'expérience du voyage comme une métaphore de la transformation, appartient à l'œuvre de Mark Twain. Ce fut lui, dans son roman le plus connu, *Les Aventures de Huckleberry Finn*, qui illustra le mieux le fait que le voyage est avant tout la condition d'un apprentissage, et une rébellion contre la morale dominante. Les passages les plus émouvants du roman sont les descriptions que Huckleberry fait de la vie sur la rivière. Mais à tous les départs, il faut un retour et à chaque fois que le héros et Jim, un esclave noir en fuite, touchent à nouveau la terre, c'est pour trouver des ennuis, des trahisons et des cruautés. Le récit s'achève sur le désir de Huckleberry de fuir la civilisation et ses hypocrisies. Il s'agit encore d'un motif littéraire, d'autant plus que dans les années 1880 le territoire américain était en passe d'être « maîtrisé » ; le rêve final du héros s'inscrivait donc dans un monde en disparition et entrait de plain-pied dans l'univers de l'utopie. Cette touche élégiaque finale est une autre constante

de l'œuvre de nombreux auteurs, dont Cooper, Jack Kerouac ou William Kennedy, et se développe autour des thèmes de la solitude et du voyageur «orphelin».

Les musiciens

Les écrivains n'ont pas été les seuls à exploiter cette veine; il faut compter avec une autre forme d'expression populaire, la musique «country». Les chansons de ce genre musical s'attachent très souvent à faire le portrait de l'être solitaire sur une «route perdue», comme le chantait Hank Williams. De vieilles ballades anglaises et irlandaises dans lesquelles il était question de meurtre et de traîtrise furent fréquemment adaptées par des cow-boys qui chantaient, la nuit venue, pour chasser la fatigue et tromper l'angoisse. La majeure partie des musiques créées dans de telles circonstances ont des accents de noirceur et de résignation mélancolique. Mais l'ensemble du répertoire de la musique «country» n'est pas désespéré. Au XXe siècle, cette culture a été reprise par les routiers. Ces chansons sont, au contraire, teintées d'optimisme et de combativité. Plus, elles sont une véritable ode à la liberté: les chauffeurs sont perçus comme le symbole vivant de l'indépendance, rebelles à l'autorité gouvernementale et au contrôle de la police. La route y est synonyme de libération et d'aventure.

Dans le «blues», les thèmes abordés sont assez différents. La route représente plutôt un univers de terreur et de fuite, ce qui n'a rien d'étonnant puisque le «blues» était une musique de Noirs qui vivaient la réalité des captures et de la violence. L'esclave en fuite considérait peut-être le «voyage» comme la condition d'une liberté possible, mais dans des textes comme *Lonesome Highway Blues*, le héros fugitif, traqué par ses poursuivants, ressent principalement de l'angoisse, comme s'il faisait l'expérience de la nature paradoxale de la liberté. Les chansons de Robert Johnson sont certainement les plus parlantes à ce sujet. A chaque fois qu'il y est question de route ou de départ, surgissent les thèmes de la mort et de l'angoisse. De tous les discours sur la route, ceux de Walt Whitman et ceux de Robert Johnson occupent les deux extrêmes: l'un positif, l'autre négatif. Entre la célébration lyrique inconditionnelle et la plainte désespérée, il existe une position intermédiaire, occupée par celui que l'on pourrait surnommer «le barde du voyage», Woodrow Wilson, alias Woody Guthrie, dont les chansons célèbrent toutes l'aventure du voyage.

A gauche, Peter Fonda et Dennis Hopper dans Easy Rider *(1969) ; ci-dessus, John Steinbeck ; à droite, Woody Guthrie.*

« I'm a poor lonesome cow-boy... »

Les productions de Hollywood fourmillent de films dédiés au voyage et à la route. Partout dans le monde, les États-Unis évoquent les Grandes Plaines telles qu'elles sont mises en scène dans les films de John Ford, ou dans d'innombrables autres westerns. Qui n'a jamais vu l'attaque classique de pionniers par des Indiens sanguinaires, ou la fuite des hors-la-loi dans les montagnes Rocheuses ? Le genre compte une foule immense de héros solitaires et nous connaissons tous l'une de leurs figures en bandes dessinées : Lucky Luke, qui s'en va toujours, sur le dos de Jolly Jumper, en chantant son célèbre refrain. Le western est devenu un genre cinématographique délaissé (malgré quelques tentatives de renouvellement, dont *Pale Rider*, de Clint Eastwood il y a quelques années), mais il n'a jamais disparu. Il a en fait donné naissance au western des temps modernes où les mécaniques ont remplacé les chevaux. Les « épopées mécaniques » ont repris le flambeau et exploitent des thèmes très similaires. De *L'Équipée sauvage*, interprété par Marlon Brando jusqu'aux films de Steven Spielberg, *Duel* et *Sugarland Express*, on trouve toute la gamme possible des héros et des anti-héros qui portent les traits du cow-boy des années 50 à leur expression la plus complète : rebelles ou représentants des valeurs morales de l'Amérique puritaine.

Bonnie and Clyde est un cas limite dans la mesure où le sujet est envisagé sur un mode tragi-comique qui trompe l'attente du spectateur. Les aventures de Clyde Barrow et de Bonnie Parker sont traitées comme un conte des années 30 vu à travers le prisme des années 60. Bonnie et Clyde pillent des banques qui elles-mêmes volent les gens, puis filent au son de la musique « country ». On dirait presque deux gamins, attendrissants, et qui vivent une belle histoire d'amour. Mais la fin est là pour nous rappeler l'ambivalence de la route : d'un côté elle permet de fuir, de l'autre elle sert à organiser le contrôle de la police et à assurer la restauration de l'ordre. Il est difficile de dire que cette œuvre eut un impact sur la façon dont les spectateurs considéraient le voyage. En revanche *Easy Rider*, de Dennis Hopper, avec Jack Nicholson et Dennis Hopper, l'errance motorisée de deux marginaux, marqua toute une génération comme aucun autre film : ce fut l'une des pièces maîtresses de la contre-culture des années 70.

Depuis la Seconde Guerre mondiale, l'accélération du développement des transports a suscité une littérature aussi abondante que la production cinématographique. Comment parler de voyage sans citer *Sur la route*, de Jack Kerouac, qui fut la véritable bible de ce que l'on appelle la « beat culture ». Même si le livre a vieilli, il reprend la symbolique du voyage comme itinéraire spirituel en la doublant d'une alternative sociale : refuser la logique industrielle et commerçante de l'Amérique contemporaine, l'impérialisme militaire et l'abandon des valeurs humanistes.

James Dean devant une demeure du Texas, dans Giant *(1955).*

Le roman inspira de nombreux autres ouvrages. William Least Heat Moon a poursuivi cette tradition dans les années 80 avec son récit *Blue Highways*. Le narrateur traverse le continent après avoir perdu son emploi dans une petite université du Midwest. Son récit est à la fois une réflexion sur la littérature du voyage et l'une des études les plus pertinentes sur l'état de la nation depuis celle réalisée par Tocqueville. Un autre héritier, Robert M. Pirsig, a écrit un *Traité du zen et de l'entretien des motocyclettes*. Le voyage est familial, puisqu'il réunit un père et un fils, et qu'il est programmé pendant des vacances. Toutefois il s'agit encore d'exploiter la symbolique du voyage comme itinéraire spirituel, puisque le narrateur met à profit ses déplacements pour faire le bilan sur divers sujets — les valeurs américaines et européennes, l'opposition du classicisme et du romantisme, l'existence personnelle de certains personnages de son récit — tout en rendant compte des paysages rencontrés. Le récit de John Steinbeck *Travels With Charley* est la tentative d'un grand auteur américain pour prendre la mesure de son pays au début des années 60, mais l'ouvrage s'avère très restrictif. Lorsqu'il sillonna les routes à la fin de sa vie, peut-être eut-il le sentiment que la société qu'il avait décrite avec un grand réalisme au cours des années 30 et 40 s'était évanouie. Un sentiment que connut peut-être aussi Mark Twain lorsqu'il écrivit sur la société d'avant la guerre civile, en 1880.

LA 8765

B, INC.
372-2557
3446

SHAW
ESS

BINGO
Diesel
Gas
ANTELOPE
RESTAURANT

L'ITINÉRAIRE NORD

L'itinéraire nord, qui traverse les États-Unis d'est en ouest, comprend d'un côté les plus grandes métropoles du pays, et offre aux voyageurs quelques-uns de ses territoires les mieux préservés. Il s'agit là du tracé le plus direct des deux itinéraires transaméricains que nous vous proposons dans ce guide, mais il ne s'agit nullement d'une ligne droite entre deux points. La route qui relie New York et l'Olympic Peninsula (la Péninsule Olympique, sur la côte Ouest) vous fera traverser une formidable variété de ranchs, de fermes, d'espaces sauvages, de villes portuaires, de cités industrielles sur le déclin, de centres urbains renaissants et de témoignages sur l'histoire de la nation.

Dans un premier temps, le guide longe des cours d'eau. Partant de New York City, le trajet serpente vers le nord en suivant les rives du fleuve Hudson jusqu'au « triangle industriel » de l'État de New York, puis longe le canal Érié, qui connut autrefois une activité débordante avant de tomber dans un sommeil paisible. On parvient ensuite aux Finger Lakes, aux cités de Syracuse et de Rochester, avant de rejoindre le lac Érié et les chutes du Niagara.

Dans un deuxième temps, le guide s'attarde autour des Grands Lacs. Le lac Érié est bordé de villes industrielles — Buffalo, Érié, Toledo — qui, après une période de déclin, tentent actuellement de retrouver leur heure de gloire. Vient ensuite Chicago, carrefour du Midwest à l'extrémité sud du lac Michigan, avec son architecture extraordinaire. De là jusqu'aux cités

A - L'État de New York (p. 39)
B - L'Est à la rencontre du Midwest (p. 53)
C - Chicago, carrefour du Midwest (p. 59)
D - La région des Grands Lacs (p. 63)
E - Les jumelles du Minnesota (p. 70)
F - Le Mississippi et le Missouri (p. 75)
G - Le South Dakota : la West River (p. 79)
H - Le Wyoming et le Montana (p. 89)
I - Les Rocheuses du Nord (p. 99)
J - De l'autre côté du Continental Divide (p. 109)
K - Seattle : une jeune ville portuaire (p. 115)
L - L'Olympic Peninsula (p. 123)

jumelles de Minneapolis et de Saint-Paul, notre itinéraire passe par tout un ensemble de cités — des stations saisonnières, des villages de pêcheurs, des ports — qui doivent leur existence aux lacs.

Une fois atteinte la partie ouest du Minnesota, le caractère du pays commence à changer. En passant par le Dakota du Sud, le relief devient exceptionnel. De la prairie surgissent les Badlands, les Black Hills et Wounded Knee, tristement célèbre pour le massacre des Indiens. Ensuite, en longeant une ancienne piste de diligences, on traverse des cités du Grand Ouest qui furent habitées par des personnages mythiques comme « Wild Bill » Hickok, Calamity Jane et « Buffalo Bill » Cody. Le ciel prend ici des dimensions insoupçonnées, les terres semblent uniquement peuplées de daims et de bétail. Le trajet dans cette partie du Wyoming et du Montana traverse le site de la dernière bataille du général Custer contre les Indiens et s'achève par la visite d'un élevage de vaches.

Puis le voyage s'engage dans la partie nord des montagnes Rocheuses, où l'on peut se rendre dans les extraordinaires parcs nationaux de Yellowstone, Grand Teton et Glacier. La route suit des sentiers qui n'étaient empruntés que par les tribus montagnardes, les chercheurs d'or et d'argent ou les trappeurs. On traverse les forêts du Montana, une petite portion de l'Idaho, avant de rejoindre l'État de Washington, dans lequel les terres se composent de déserts, de canyons et de fermes irriguées.

La dernière portion de ce périple s'engage à l'ouest, directement sur l'océan Pacifique, en rejoignant la ville portuaire de Seattle et permet l'accès à l'Olympic Peninsula. Cet endroit compte parmi les régions les plus exotiques et les plus enjôleuses de tous les États-Unis; l'occasion idéale de réfléchir sur le voyage transaméricain que vous venez d'accomplir.

Mais nous n'en sommes pas encore là…

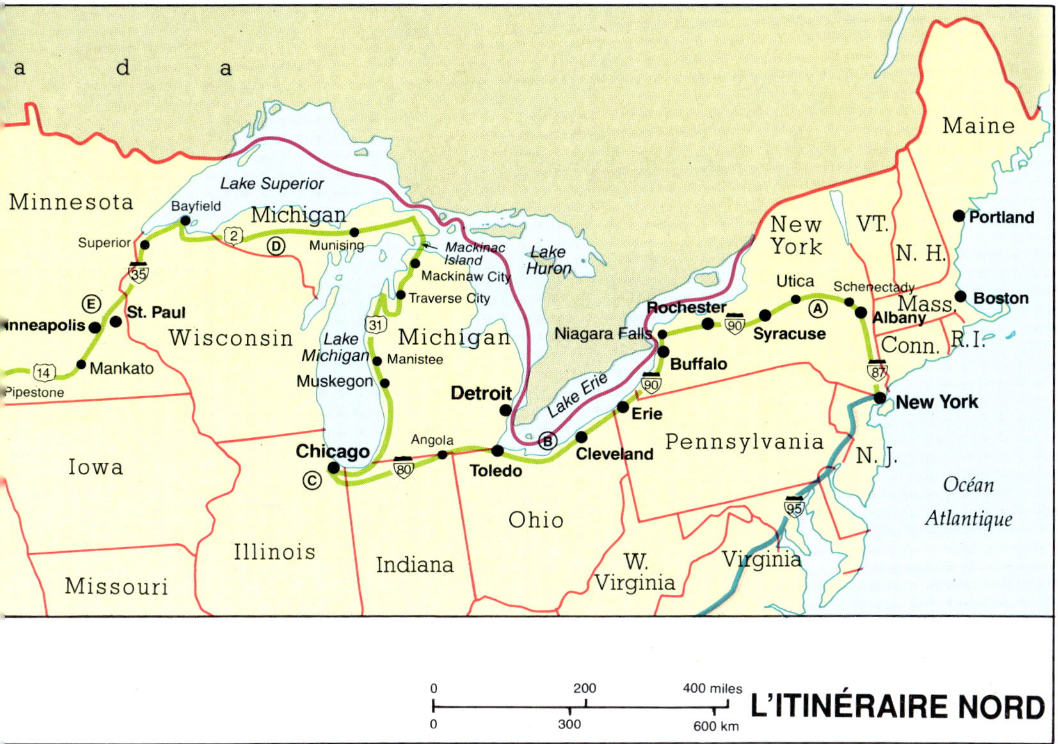

L'ITINÉRAIRE NORD

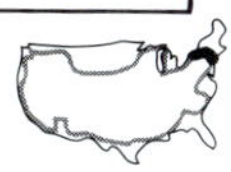

L'ÉTAT DE NEW YORK

En 1609, Henry Hudson découvrit l'embouchure de la rivière à laquelle il allait donner son nom. Ce qui est aujourd'hui l'État de New York était alors occupé par des Indiens iroquois, mohicans et algonquins. Le rapport que fit le navigateur anglais aux armateurs hollandais qui l'employaient incita des premiers colons à venir s'installer. Dès lors, cette terre eut une histoire similaire à la Nouvelle-Angleterre, marquée par les guerres indiennes et la guerre de l'Indépendance. La véritable expansion de l'État de New York est due à l'ouverture d'un accès jusqu'aux Grands Lacs.

Comment naquit le canal

L'idée d'un canal reliant Albany, sur le fleuve Hudson, et Buffalo, en bordure du lac Érié, fut tout d'abord accueillie avec ironie et scepticisme. Ses détracteurs le surnommèrent même «Clinton's Ditch» (le Fossé de Clinton) du nom de l'animateur de ce projet ambitieux, De Witt Clinton. Achevé en 1825, et abandonné au début du XXe siècle, cette voie fluviale servit à peupler les régions du Midwest et à développer les richesses de l'État de New York. Toutes les villes qui bordaient le canal furent à l'époque le site d'une activité intense; elles sont redevenues de paisibles cités, vivant parfois sur le souvenir de leur ancien prestige.

Suivre cette prestigieuse voie d'eau intérieure le long de l'Hudson, de New York à Albany, puis à l'ouest en direction de Buffalo, n'est certainement pas le plus court chemin possible. Il s'agit toutefois d'un itinéraire superbe et riche en histoire. Le fleuve, si majestueux qu'il inspira une école de peinture, est bordé de résidences et de manoirs prestigieux au milieu de terres boisées. Les noms des sites rappellent aux visiteurs l'identité des premiers habitants de la région: les Indiens woodlands, puis les immigrants hollandais.

Si vous choisissez de partir pour le nord, **Broadway** (la célèbre artère new-yorkaise) est la meilleure manière de quitter New York City. Broadway suit approximativement le cours de l'**Hudson** et prend la direction du nord après avoir dépassé le **George Washington Bridge** et **The Cloisters** (les Cloîtres). L'avenue croise ensuite la rivière **Harlem** dans le **Bronx**, dépasse **Van Cortland Park** et pénètre à **Yonkers**, à la limite du comté de Westchester. Broadway change ensuite plusieurs fois de nom: en certains endroits il s'agit de l'**Albany Post Road** ou **US 9**, mais elle conserve néanmoins son statut de grande voie de communication d'un bout à l'autre du comté de Westchester. On peut dire que **Yonkers**, partagé entre le Bronx et le Westchester, connaît des problèmes d'identité. On trouve dans cette cité industrielle le **Saint-Andrew's Course**, l'endroit à partir duquel le golf fut introduit aux États-Uni. A l'ouest de Broadway, dans un décor pastoral dominant le fleuve et les New Jersey' Palisades (une falaise boisée), on pourra visiter l'**Hudson River Museum**, installé dans une superbe demeure datant de la fin du XIXe siècle.

Plus on s'engage vers le nord, plus les villes, les villages et les hameaux rencon-

Pages précédentes : Higgins, le vétéran des routiers du Wyoming ; paysage du Montana, près de Belfry ; dans le Wyoming. A gauche, le Rockefeller Center à New York ; à droite, le Flatiron Building, gigantesque proue sur Broadway.

trés sont verts, fleuris, et tranquilles : ce sont d'ailleurs des signes de richesse qui ne trompent pas. La plupart des localités ont hérité de noms se terminant par « on-Hudson ». Entre Hastings-on-Hudson et Ardsley-on-Hudson, la route passe à proximité du **Ardsley Club**. Organisé en 1895 par un petit groupe de millionnaires, l'Ardsley Club fut le troisième parcours de golf américain. Si l'on en croit l'histoire locale, ses fondateurs furent également parmi les premiers propriétaires d'automobiles et testèrent ici les possibilités d'exploitation commerciale de ce nouveau mode de locomotion, et sa fiabilité.

Sleepy Hollow (Le val endormi)

Tarrytown, un élégant secteur résidentiel, s'étend de l'autre côté du **Tappan Zee Bridge** ; son nom l'indique bien (*tarry* signifie s'attarder), vous voilà dans un bel endroit pour faire une pause. Le romancier Washington Irving (1783-1859) s'installa ici dans les années 1800 et choisit ce décor pour plusieurs de ses romans. Il est possible de visiter la maison de l'écrivain, **Sunnyside**, qui a conservé une grande partie de son cachet de l'époque. Broadway traverse ensuite **Ossining**, qui abrite le célébrissime pénitencier de **Sing Sing**, aujourd'hui fermé. Les gens que vous pourrez rencontrer à la chambre de commerce de l'endroit (l'organisme qui s'occupe du tourisme), vous dirigeront plus volontiers vers l'**Old Croton Aqueduct**. Non loin de là, on atteint **Croton-on-Hudson**. Cette localité fut fondée par des travailleurs irlandais et italiens venus construire un barrage, Croton Dam, qui devint en fait un réservoir d'eau. Au début du siècle, une grande partie de l'intelligentsia de la métropole quitta Greenwich Village pour venir s'installer à Croton. Parmi elle figurait le journaliste radical John Reed, dont le personnage fut recréé par Warren Beatty dans le film *Reds*.

Plus au nord, la State 9D quitte l'US 9 et suit de plus près le cours du fleuve. Par **Garrison** on rejoint **Boscobel**, une gracieuse demeure dite de style Fédéral (de style Adam en réalité), construite à la fin

A gauche, idylle au champagne de deux yuppies ; ci-dessous, grimace d'Halloween dans une ferme.

du XVIIIe siècle, entourée de superbes jardins et d'une orangeraie. Plus loin, le village de **Cold Spring**, en bordure du fleuve, est une aubaine pour les chineurs: ils y trouveront toutes sortes de boutiques spécialisées, comme les antiquaires logés dans des demeures du XIXe siècle. Sur l'autre rive se dresse **l'académie militaire de West Point**, surnommée *The Point* par ses membres.

La State 9D rejoint ensuite l'US 9 au sud de Poughkeepsie et mène à **Hyde Park**, où l'on peut visiter la maison natale du 32e président des États-Unis, Franklin Delano Roosevelt. Le parc, dont la roseraie abrite la sépulture du président et de son épouse, est ouvert toute l'année jusqu'au crépuscule; les visiteurs y bénéficient de vues superbes sur l'Hudson. On peut accéder à la bibliothèque de recherches relatives à la vie et à l'époque du président, qui avoisine la superbe **Vanderbilt Mansion**, une résidence édifiée en 1898. Les trois édifices sont situés sur le bord de l'US 9, comme le **Culinary Institute of America**. Cet institut dirige trois excellents restaurants dans son enceinte qui couvre 30 ha le long du fleuve (réservation nécessaire).

Rhinebeck, toujours sur l'US 9, possède le plus ancien hôtel du pays (1700). Mais la plupart des visiteurs se rendent ici pour voir le **Dutchess County Fairgrounds**, où se déroule tous les ans une foire de l'artisanat. Les amateurs d'aviation ne manqueront certainement pas l'**Old Rhinebeck Aerodrome**, dans lequel un musée expose des avions de la première moitié du siècle. Des démonstrations aériennes sont organisées tous les week-ends; on peut même s'offrir un baptême de l'air en biplan!

A Rhinebeck, la State 9G quitte l'US 9; c'est une route plus tranquille et plus proche du fleuve. Vous pourrez admirer les vergers qui bordent la route des deux côtés. On produit dans cette région la célèbre pomme McIntosh et des stands de dégustation vous permettent d'y goûter. Mieux, vous pouvez aller les choisir vous-même dans les fermes des alentours. Juste au sud de Germantown, se trouve le **Clermont State Historic Site**, propriété, au XVIIIe siècle, de Robert R.

Ci-dessous, Uncle Sam signe des autographes ; à droite, aïeul de l'aviation au Rhinebeck Aerodrome.

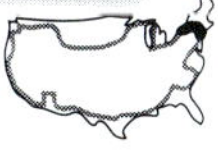

Livingstone, l'un des signataires de la Déclaration d'indépendance.

A une quinzaine de kilomètres plus au nord, s'étend **Hudson**. Au-delà du **Rip Van Winkle Bridge**, au sud de la ville, se dresse **Olana**, une demeure de style persan, qui appartenait au peintre Frederic E. Church (1826-1900) de l'Hudson River School. Perchée au-dessus d'une butte dominant le fleuve, cette maison offrait à l'artiste une vue idéale pour peindre son sujet favori. Le parc est aussi remarquable que la maison; c'est l'endroit rêvé pour organiser un pique-nique au printemps ou en été. En hiver, les patineurs s'en donnent à cœur joie sur le lac, et les skieurs de fond n'hésitent pas à venir tester ici leur endurance.

Le centre ville d'Hudson a été l'objet d'une vaste opération de rénovation pour préserver son caractère historique. De nombreux navires accostèrent ici au XVIIe siècle, et il y avait à l'époque un saloon fréquenté par tous les marins de passage. Au nord, la State 9J a le privilège d'être la route la plus proche de l'Hudson; elle suit en l'occurrence un tracé enchanteur. Juste avant d'arriver à **Kinderhook**, se trouve **Lindenwald**, où résida le huitième président des États-Unis, Martin van Buren. A Kinderhook, la **Van Halen House** est tout à fait représentative de l'architecture hollandaise dont on trouve des traces un peu partout dans la région.

Albany, Troy et Schenectady sont les trois pointes d'un triangle formé par la convergence de l'Hudson et de la Mohawk. Bien que ces trois cités ne soient plus les métropoles étincelantes qu'elles furent autrefois, elles sont parvenues à traverser toutes les crises et à survivre. L'US 9 et ses routes secondaires convergent puis traversent l'Hudson à Rensselaer, pour mener tout droit au cœur de marbre et de granit de la capitale de l'État de New York, **Albany**. L'importance de cette agglomération se lit avant tout dans ses bâtiments: comment ne pas remarquer les 39 ha du **Governor Nelson A. Rockefeller Empire State Plaza**, une sorte de conglomérat administratif et culturel comprenant une dizaine d'édifices, qui a été réalisé par l'architecte Edward Durrell Stone? C'est un des ensembles

Une image pittoresque de l'État de New York, l'Hudson River.

architecturaux contemporains les plus remarquables des États-Unis. Avec plus de quarante étages, le **Tower Building** offre une vue incomparable sur l'ensemble de la ville.

La région, explorée par le navigateur anglais Henry Hudson (mort en 1611), fut investie par des commerçants hollandais qui installèrent ici un port de commerce dynamique, avant l'arrivée du *Mayflower*. Peu de bâtiments de cette époque on survécu au temps, mais on peut visiter **First Church**, l'un des plus anciens lieux de culte du pays. En revanche, on trouve de nombreux monuments du XIXe siècle. Deux bâtiments présentent un intérêt particulier, le **City Hall** (l'hôtel de ville) et le **State Capitol**, au pied duquel se tiennent des marchés à la saison des récoltes.

Au nord d'Albany, sur la rive opposée de l'Hudson s'étend **Troy**, un site clé durant la révolution industrielle que connut l'Amérique. Elle fut également le lieu de résidence de l'écrivain Herman Melville. Dans la partie nord de la cité, on trouve l'**Oakwood Cemetery**, dans lequel se trouve la **tombe de l'Oncle Sam**. Sam Wilson était un négociant en viande de Troy qui approvisionna l'armée des États-Unis pendant la guerre de 1812. Le tampon *U.S. Beef* («Viande des États-Unis») fut interprété par *Uncle Sam's Beef*. La caricature de ce personnage, que tout le monde connaît, est par la suite devenue le symbole des États-Unis.

En traversant les rivières

L'US 4 quitte Troy et franchit l'Hudson pour gagner **Waterford**, un village construit par les Quakers (dissidents religieux persécutés) au XVIIIe siècle. On peut faire une visite guidée du village en contactant l'historien du village (personnage fréquent dans les hameaux de ce type). De Waterford, une autre route vous fait passer la Mohawk en direction de **Cohoes**, situé à l'endroit où la rivière forme de belles chutes d'eau. Cette cité connut son heure de gloire vers le milieu du XIXe siècle, en se consacrant au tissage du coton. En laissant l'Hudson derrière soi, Crescent Road suit la Mohawk

Ci-dessous, le State Office Building; à droite, le Capitol.

jusqu'à la sortie de Cohoes et franchit l'un des bras de la rivière vers **Crescent**. Une croisière nocturne sur la Mohawk, avec de nombreuses informations concernant le **canal Érié**, part au bout de ce pont. De Crescent à Vischer Ferry et Rexford, la **River View Road** suit le cours de la rivière en direction de l'ouest. On peut apercevoir de nombreux vestiges du canal. **Vischer Ferry** est une ancienne cité en bordure du canal, sur les rives de la Mohawk. Pour une grande part rien n'a changé depuis le XIXe siècle. Connu autrefois sous le nom d'Amity (Amitié), le hameau, perpétuellement secoué par des troubles liés à la vie du canal, n'avait en fait rien d'accueillant. On remarquera les vestiges d'aqueducs et de ponts bas construits par des fermiers le long de la River View Road. Mais jamais plus on n'entend retentir l'avertissement des usagers du canal: *«Pont bas! Tout le monde à plat ventre.»*

A Rexford, la State 146 traverse la Mohawk vers **Niskayuna**, sur la rive sud. Ici prospérait autrefois une communauté agricole d'Indiens mohawks, colonisée par les Hollandais en 1640. On trouve aujourd'hui le **General Electric's Research and Development Center**, l'un des plus grands centres de recherche électrique du monde. A l'est de Niskayuna s'étend **Schenectady**. Dans la ville, une plaque commémorative résume en quelques mots deux grandes pages de son histoire: *«Fondée par Van Curler en 1661. Brûlée par les Français et les Indiens le 8 février 1690.»* Ses fondateurs avaient entouré l'endroit d'une haute palissade, elle-même cernée par la Mohawk et le Binne Kill, parce que c'était le camp hollandais le plus à l'ouest. La palissade a disparu, démantelée lors de la Révolution américaine, mais la surface qu'elle protégeait est toujours appelée **Stockade** («palissade») et abrite des bâtiments anciens.

La situation stratégique de Schenectady a toujours favorisé son expansion commerciale et son importance dans le domaine des communications. La cité a apporté son aide aux troupes révolutionnaires qui se battaient dans la vallée de la Mohawk, et devint un port de première

Jolie bâtisse en bordure des Finger Lakes.

importance au cours du XIXe siècle. En 1831, elle fit office de terminus de la ligne ferroviaire utilisée par la première locomotive à vapeur des États-Unis, la De Witt Clinton. La ville fit fortune au XIXe siècle grâce à l'implantation de manufactures spécialisées dans la fabrication de balais! Pourtant elle n'a pas échappé au mouvement de récession industrielle qui a frappé l'ensemble du Nord-Est. La Schenectady Locomotive Works (devenue l'American Locomotive Company) ouvrit ici en 1851, bientôt imitée par Edison et sa Machine Works (ancêtre de la General Electric). La Locomotive Company ferma ses portes en 1970, mais les lumières brillent toujours sur la compagnie d'électricité.

Sur les traces des «bas-de-cuir»

On considère généralement que le véritable cœur de l'État de New York se situe à l'ouest du triangle industriel formé par Albany, Troy et Schenectady. Il s'agit d'une région essentiellement rurale, enclavée entre les montagnes Catskill au nord et les Adirondacks au sud, et surnommée Leatherstocking District («District des bas-de-cuir»), à cause du vêtement protecteur jadis porté par les pionniers. L'écrivain James Fenimore Cooper (1789-1851) immortalisa cette époque dans son roman *Bas-de-Cuir*.

On quitte Schenectady par le sud-ouest (la State 7). Après Rotterdam puis Duanesburg, la State 7, l'US 20 et l'I 88 convergent. Il faut prendre l'US 20 pour rejoindre **Esperance**, une jolie ville qui possède des maisons anciennes et des magasins d'antiquités. A environ 13 km au sud, le long de la State 30 se trouve **Schohairie**, le troisième village le plus ancien de la région. On peut y visiter l'**Old Stone Fort Museum Complex** qui fut une église (1722) avant d'être transformé en fort pendant la Révolution. Depuis 1889, l'endroit a été réaménagé en musée, avec une bibliothèque consacrée aux premières années de l'histoire américaine. Illustrant une partie de l'histoire locale, le **Middleburg and Schohairie Railroad** mérite une visite. Cette courte voie de chemin de fer

le canal Érié.

(9 km), construite à la fin des années 1860, servait au transport du houblon et d'autres marchandises.

L'US 20 passe ensuite à l'ouest de Sharon et de Sharon Springs: c'est l'une des plus belles portions de route du centre de l'État de New York, qui offre une vue panoramique sur la **Cherry Valley**. A **Richfield Springs**, connue pour ses eaux sulfureuses et son sol qui regorge de fossiles, la State 167 prend la direction du nord et rejoint **Little Falls**. Tout près se trouve le **Russian Orthodox Holy Trinity Monastery**. L'aspect de ce monastère est tout à fait surprenant et il contraste avec l'ensemble de l'histoire coloniale, les bâtiments du XIXe siècle et les fermes alentour.

A Little Falls, **Herkimer Home** fut la résidence du héros de la guerre révolutionnaire, le brigadier général Nicholas Herkimer: c'est l'occasion d'avoir un aperçu de la vie des colons, ne serait-ce qu'en observant le mobilier et les accessoires de la vie quotidienne. Cette ville, en bordure du canal, eut autrefois le privilège de posséder la plus grande écluse du monde (12,5 m de dénivelé). A l'ouest, on peut emprunter la State 5 et atteindre Herkimer, du nom du brigadier général; une statue y honore sa mémoire. La **Herkimer County Courthouse** est le tribunal dans lequel se déroula le procès de l'affaire Gillette, relaté dans un roman de Theodore Dreiser. Ce dernier fut adapté à l'écran par le cinéaste George Stevens sous le titre *Une place au soleil*, interprété par Montgomery Clift, Shelley Winters et Elizabeth Taylor.

Entre Herkimer et **Mohawk**, par la State 5S, on peut découvrir une église bâtie en 1730, la **Fort Herkimer Church**. La curiosité la plus intéressante de Mohawk est sans doute la magnifique propriété qui date de 1790 et qui domine la Mohawk Valley: **Dorothea's Christmas** («le Noël de Dorothée»). L'entrée principale et la salle de bal de cette demeure, qui compte en tout vingt-trois pièces, sont ornées d'une vingtaine d'arbres de noël, décorés de verreries européennes et de miniatures précieuses. On peut visiter cette extraordinaire forêt intérieure de mai au jour de Noël.

Dans la brasserie F. X. Matt d'Utica.

Ilion, petite enclave industrielle située juste après Mohawk, abrite le **Remington Firearms Museum**, consacré aux armes à feu d'hier et d'aujourd'hui qui furent créées par la célèbre Remington Arms Company. En poursuivant vers l'ouest, la route aboutit à **Utica**, la seule ville de moyenne importance depuis Schenectady.

Autrefois nommée Fort Schuyler, Utica possède un passé colonial et révolutionnaire d'une grande richesse. Prenez le temps de visiter le **Munson-Williams-Proctor Institute**, qui possède une très belle collection d'art européen et américain du XVIIIe au XXe siècle. Le bâtiment a été conçu par l'architecte Philip Johnson en 1960. Ce serait faire injure aux amateurs de bière que de passer sous silence la **F. X. Matt Brewery**, une brasserie qui produit l'*Utica Club*. La visite guidée de l'usine peut se poursuivre par une autre, au pub voisin d'aspect victorien.

La State 69 quitte Utica et gagne **Rome**, qui eut un rôle crucial dans l'édification du canal. Au-delà de ce point il n'existait aucune voie d'eau naturelle en direction de l'ouest. C'est donc ici qu'il fallut commencer à creuser. Pour commémorer cette partie importante de son histoire, un village des années 1840 a été reconstruit près d'une portion rénovée du canal: l'**Erie Canal Village**.

L'une des pièces les plus étonnantes est l'*Independence*, un paquebot halé par des chevaux sur la berge. En hiver, le village organise des promenades en traîneau. La présence du canal permit l'industrialisation de Rome; il en existe encore quelques traces. Les militaires y ont également installé une base aérienne que l'on peut visiter pendant l'été. Impossible de douter du patriotisme de Rome. Vous trouverez une reconstitution d'un fort du XVIIIe siècle, **Fort Stanwix**, qui a sa tombe du soldat inconnu de la Révolution américaine. Si vous avez envie de jouer au golf miniature, vous verrez que le parcours du **Fort Putt Miniature Golf** est jalonné de panneaux relatant les grandes dates de l'histoire des États-Unis. La State 46 vous conduit de Rome à **Oneida**, où vivent encore les Indiens oneidas. La communauté d'Oneida (qui est toujours associée à la ville bien qu'étant établie à

Ci-dessous, les écluses du canal Érié; à droite, les chutes de Chittenango.

Sherill) fut fondée en 1848 par des utopistes chrétiens qui s'appelaient eux-mêmes «les Perfectionnistes». Ils adhéraient à une morale très stricte qui visait au perfectionnement de la race humaine, et vivaient de la fabrication de vaisselle en argent. La communauté fut dissoute en 1881, mais l'activité de l'argenterie est toujours florissante. **Chittenango** est très proche d'Oneida par la State 5 (mais si vous voulez aller tout de suite aux chutes du Niagara, il faut suivre la direction de **Chittenango Falls**).

En ville, ne soyez pas surpris de voir des trottoirs jaunes: c'est un hommage à L. Frank Baum, l'auteur du célèbre *Magicien d'Oz*. Pour cette raison les habitants de Chittenango surnomment la ville «Oztown, USA». La State 5 mène ensuite à Syracuse.

Les Finger Lakes

Les Finger Lakes doivent leur nom à leur configuration en forme de doigt. Il s'agit de onze dépressions d'origine glaciaire. Outre les lacs, la région est célèbre pour ses vignobles, ses auberges pittoresques, ses sources limpides et son climat doux. **Syracuse** est la ville à partir de laquelle on accède aux Finger Lakes. Dans la ville, la State 5 devient l'Erie Boulevard et traverse le centre le long d'un fossé creusé par le canal Érié. Construit en 1849, le **Weughlock Building** servit à peser les cargaisons des bateaux qui empruntaient le canal, pour percevoir les droits de passage. Au début du siècle, le bâtiment devint un ensemble de bureaux. Dernière reconversion en date, il abrite désormais l'**Erie Canal Museum**.

Syracuse fut un important centre d'exploitation du sel, on la surnomma Salt City («Ville du sel»). Elle prospéra au XIXe et au début du XXe siècle, comme en témoigne son architecture très bien préservée. Le **Landmark Theatre**, construit dans les années 20, a été rénové et reconverti en centre culturel polyvalent. **Syracuse University**, située sur une colline dominant la ville, attire des foules d'amateurs de sport dans son immense **Carrier Dome**. Ceux qui préfèrent les activités plus calmes se tourneront vers la

L'automne dans la région des Finger Lakes.

Joe and Emily Lowe Art Gallery, et pourront en outre visiter l'**Everson Museum of Art**, dessiné par l'architecte I. M. Pei (qui a également conçu la pyramide du Louvre). La State 5 quitte Syracuse pour **Camillus**, où vous pourrez vous adonner sans restriction aux joies du canoë sur les 11 km de canal qui se trouvent dans le **Camillus-Erie Canal Town Park**. Plus loin, on rejoint l'US 20, une route qui dessert la pointe nord du plus grand des Finger Lakes. Après le Cayuga Lake, l'US 20 suit la Seneca River jusqu'à **Seneca Falls**, où fut signée la première Convention pour les Droits de la Femme. L'endroit est devenu un site historique protégé, avec le **Women's Hall of Fame Waterloo**. La route passe près du Scythe Tree («l'Arbre de la faux»), au pied duquel les fermiers plantaient leur faux avant de partir à la guerre. On arrive ensuite au Seneca Lake, dont **Geneva** est le véritable joyau, avec ses auberges et ses demeures d'une élégance rare.

A environ 30 km à l'ouest de Geneva, **Canandaigua** est installée sur la pointe nord du Canandaigua Lake. On peut visiter une maison de style Fédéral construite en 1816, la **Granger Homestead**, qui abrite un musée de la Voiture comprenant plus de quarante véhicules à traction animale. Au nord de la ville, par la State 21, on accède à un parc de 20 ha, **Sonnenberg Gardens**, qui abrite une résidence, la **Canandaigua Wine Tasting Room**, dans laquelle on peut déguster du vin.

La State 21 traverse Shortsville avant de gagner **Palmyra**, un lieu de pélerinage pour les Mormons. C'est ici que Joseph Smith eut la révélation divine qui le conduisit à fonder, en 1830, l'«Église de Jésus-Christ des saints du dernier jour», plus simplement appelée Église mormone. La ferme restaurée dans laquelle Joseph Smith passa son enfance ainsi que divers sites religieux, sont ouverts au public; de même la **Martin Harris Landmark Cobblestone House**. Construite en 1850, cette bâtisse est tout à fait représentative des fermes qui bordaient le canal Érié. 30 km environ séparent Palmyra de Rochester, sur la State 31. Les noms des villages que vous tra-

L'architecture historique de Syracuse: ci-dessous, la Syracuse Savings Bank; à droite, le Gridley Building.

verserez sont plus pittoresques que les localités elles-mêmes: tout d'abord Macedon (Macédoine), puis Egypt, où le New York State Barge Canal fait office de Nil!

Comme beaucoup d'autres villes, **Rochester** prospéra grâce au trafic sur le canal et connut le déclin lorsque d'autres moyens de transport se développèrent. Mais ici la reconversion a été un succès sans pareil et Rochester, tout en préservant une grande partie de son architecture XIXe, est en passe de devenir une vitrine pour les industries de haute technologie. Eastman Kodak est l'entreprise la plus importante de la ville, au point que l'on surnomme l'endroit Picture City («la Ville de la photographie»). L'ancienne demeure de George Eastman, le fondateur de Kodak, abrite aujourd'hui l'**International Museum of Photography**. L'**Eastman School of Music** finance de nombreux concerts, qu'il s'agisse de musique classique ou de jazz, et l'**Eastman Theatre** est le point d'attache du Rochester Philharmonic. Les éternels enfants visiteront **Margaret Woodbury Strong Museum** qui possède l'une des collections de poupées les plus complètes du monde. A Rochester les hivers sont particulièrement rudes, à cause de sa situation sur le **lac Ontario**, le plus oriental des Grands Lacs. Mais au mois de mai, **Highland Park** est un véritable enchantement: il s'y déroule le Lilac Festival, une rencontre florale consacrée au lilas, et l'on peut y découvrir toutes les espèces possibles de cet arbuste à fleurs.

Les chutes de l'histoire

La State 31 poursuit sa route sur les traces du canal Érié, de Rochester aux chutes du Niagara. Les noms des localités qui bordent la route — dont Spencerport, Brockport, Middleport et Gasport — rappellent au voyageur l'importance qu'avait le canal pour la région. Mais on trouve d'autres souvenirs de cette époque. **Medina** possède par exemple de nombreux bâtiments construits avec les pierres récupérées au cours des travaux, et l'on peut emprunter Culvert Road, une route qui passe sous le canal. A

Vue de Rochester.

Lockport, on trouvera le même type d'architecture, mais la ville est surtout connue pour son enfilade de cinq écluses (*lock* signifie écluse). De Lockport, la State 31 (Saunders Setara Settlement Road) mène directement aux **Chutes du Niagara** (Niagara Falls). L'aspect romantique de ce site célébrissime fonda un jour sa renommée mondiale de «capitale des lunes de miel». Aujourd'hui l'exploitation de l'endroit est tout entière vouée, il faut bien le dire, au culte du tourisme de masse et du dieu dollar. Sachez que vous vous rendez simplement dans le troisième site touristique (par l'importance de sa fréquentation, quelle que soit l'époque de l'année, quel que soit le temps qu'il fait) du continent américain. Il y a forcément des raisons à cela! Les trois millions de litres d'eau qui dévalent les chutes chaque seconde sont un pur vertige pour les sens. Les funambules les plus audacieux ont aussi traversé ce tonnerre aquatique, notamment M. Blondin, un acrobate français qui emmena en 1859 sur ses épaules... son imprésario ! La beauté naturelle de cet endroit prodigieux aurait certainement été dégradée à jamais sans le travail d'un paysagiste et de son équipe: Frederick Law Olmsted, Frederic Church et d'autres. Le résultat de leur campagne Free Niagara, pour lutter contre les abus de l'exploitation commerciale, fut l'institution de la Réserve naturelle du Niagara en 1875. La meilleure façon de voir les chutes est de revêtir les cirés et les chaussures fournis et de prendre le *Maid of the Mist*, un bateau qui vous emmène à proximité de la cascade. Vous pouvez également passer du côté canadien, qui offre une meilleure vue dans une ambiance moins commerciale. **River Road** longe la partie orientale du Niagara, laisse les chutes derrière elle, traverse le centre industriel de Tonawandas et rejoint **Buffalo**, sur la pointe est du lac Érié. A l'instar de la plupart des géants industriels sur le retour, la seconde ville de l'État de New York a acquis une mauvaise réputation. En fait, il existe une foule de raisons pour s'y arrêter. La première est qu'on y mange bien et pour des prix raisonnables. Une spécialité locale, les ailes de poulet aux épices, appelées *Buffalo wings* partout aux États-Unis, et simplement *Wings* («les ailes») ici, peut se déguster dans l'ensemble de la ville, comme à l'**Anchor Bar**, qui revendique la paternité du plat.

le Shea's Buffalo Theatre, l'un des grands palais américains du cinéma, est resté tel qu'il était dans les années 20.

Le passé brillant de Buffalo en fit la capitale des plaisirs de l'État de New York; outre la création d'une troupe de chanteurs, appelée les Christy Minstrels, un superbe palais du cinéma fut bâti dans les années 20. Le **Shea's Buffalo Theatre** a été restauré depuis, et son orgue fonctionne encore.

Une étude récemment menée a montré que cette cité possédait le plus grand nombre de livres conservés en bibliothèque aux États-Unis. L'**Albright-Knox Art Gallery** possède le fonds le plus important. De même que Rochester est le royaume de la firme Kodak, la **QRS Music Rolls** est fidèlement attachée à Buffalo. Cette compagnie, qui fabrique des rouleaux pour pianos mécaniques depuis 1900, fait preuve d'une longévité incomparable dans ce domaine. Les équipements les plus modernes ont été adoptés, mais la boutique de la société a conservé l'esprit qui était le sien à l'origine: celle d'un petit atelier familial.

L'EST A LA RENCONTRE DU MIDWEST

La ville de **Buffalo** fut l'un des principaux points de départ pour les colons du XIXe siècle qui allaient en direction du Midwest. De là ils se rendaient dans les principaux ports des Grands Lacs pour commencer une nouvelle vie. De nos jours, la route qui relie Buffalo aux États de cette région longe la rive du lac Érié à travers l'État de New York, la Pennsylvanie et l'Ohio. Bien qu'il s'agisse avant tout d'une zone industrielle, des kilomètres de rivage ont été préservés et conservent leur stupéfiante beauté naturelle. A Toledo, la route quitte le lac Érié pour rejoindre Chicago.

Au sud de Buffalo, l'US 62 rejoint **Hamburg**, où le *hamburger*, grande vedette culinaire des États-Unis, fut inventé en 1885. Pour célébrer le centenaire de cette glorieuse date de l'histoire, J. Wellington Wimpy vint à Hamburg pour y être consacré plus gros mangeur de hamburgers du monde... Localité essentiellement rurale, la ville abrite la plus grande foire du pays depuis 1868. 8 km séparent Hamburg du lac Érié où vous pourrez prendre la State 5 et gagner l'Ohio.

Le lac Érié est celui des Grands Lacs qui a souffert le plus de l'implantation des industries, bien qu'il soit encore possible de trouver des endroits où la rive ressemble à une plage de l'Atlantique. La portion qui s'étend de Silver Creek, dans l'État de New York, à la frontière de la Pennsylvanie, a été surnommée la «piste des antiquaires», tellement ces derniers sont nombreux. Par ailleurs, la route traverse une région vouée au noble art de la viticulture.

La State 5 vous conduit à travers ces terres couvertes de vignobles et d'arbres fruitiers. A **Silver Creek**, rendez-vous sans tarder dans **Jackson Street**, où s'élève le **Skew Arch Railroad Bridge**: un pont de chemin de fer construit en oblique vers 1869, dont il n'existe que deux exemples dans le monde, ici et en U.R.S.S.

A gauche, les chutes du Niagara; à droite, toute la chaleur du Midwest dans un sourire.

Dunkirk et Fredonia sont les destinations suivantes, en plein cœur du vignoble, l'un des plus grands du monde, qui s'étend jusqu'en Pennsylvanie. **Dunkirk**, avec son port naturel, est un grand centre nautique ainsi que l'épine dorsale de la Chautauqua Wine Trail, un circuit à travers les crus de Chautauqua. **Fredonia**, plus au sud, abrite la Grange Number One, première (et très puissante) association des fermiers américains. La ville est aussi célèbre car elle possède le premier puits de gaz naturel américain, installé en 1821.

Poursuivant son chemin le long du lac, la route traverse le **Lake Erie State Park** à **Brocton**, où les campeurs pourront dresser leur tente en toute tranquillité.

Westfield est la destination suivante. Ses habitants la désignent comme la «capitale mondiale du jus de raisin». La cité en effet est dominée par les installations de la Welsh Foods Inc., une compagnie qui fabrique une gelée de raisin très populaire. Étalée avec du beurre de cacahouètes entre deux tranches de pain, vous avez là (avec le fameux *hamburger*) la

quintessence de la cuisine américaine moderne! Il n'existe pas de frontière visible entre l'État de New York et son voisin à l'ouest, si ce n'est une ville nommée **State Line** («Frontière de l'État»), située en Pennsylvanie. Le paysage reste absolument le même: le lac d'un côté, les vignobles de l'autre. En saison, des stands installés de part et d'autre de la route vendent du raisin, sous toutes les formes possibles et imaginables. Seule une centaine de kilomètres de rivage du lac Érié empêche la Pennsylvanie d'être absolument dans les terres. Après State Line, on arrive à **North East**, la capitale de la minuscule industrie du vin de l'État. Plusieurs caves assurent ici la production et organisent des visites de leurs installations avec dégustation.

A 24 km à l'ouest du pays viticole, s'étend **Erie**, au large de laquelle la flotte du commandant Oliver Hazard Perry infligea une défaite aux Britanniques lors de la bataille du lac Érié en 1813. Malgré sa devise *Don't give up the ship !* («N'abandonnez pas le navire !»), on laissa sombrer le navire amiral *Niagara* dans ce qui devint plus tard **Misery Bay**. Cette baie est aujourd'hui une paisible zone de pêche au large de **Presque Isle**, et le navire fut repêché un siècle plus tard. Reconstruit depuis, le *Niagara* trône désormais en bordure du lac. Presque Isle est une avancée de terre dans le lac. On peut s'y rendre en voiture, approcher le phare, **Presque Isle Lighthouse**, et prendre le chemin du retour par le côté sud, vers Misery Bay. Vous pourrez admirer de superbes plages de sable, des bosquets colorés, des coins de pêche et de délicieux lagons.

Le nord de l'Ohio

A peine aurez-vous eu le temps de respirer que vous serez déjà arrivé en Ohio, la limite est du Midwest. L'I 90 coupe à travers les ondulations des terres cultivées de cette partie de l'État, passe Ashtabula, Geneva et Euclid, avant d'atteindre **Cleveland**. D'anciennes maisons en bois, les fumées de l'industrie lourde et une foule de drapeaux américains (le plus grand étant sans conteste celui qui orne la

Dans Misery Bay, sur le lac Érié.

façade d'un concessionnaire Honda), vous accueilleront à votre arrivée. Même si Cleveland est avant tout une capitale de la sidérurgie américaine et le principal centre de construction navale des Grands Lacs, elle a sa part de culture, comme en témoignent le Cleveland Orchestra, ou le **Cleveland Museum of Art**, un bâtiment néo-classique de 1916, dont l'ambition est d'illustrer toutes les civilisations et qui est essentiellement connu pour ses collections chinoises. **Public Square**, une place carrée vers laquelle convergent les axes principaux de la ville, est le centre originel de la ville.

La State 2 quitte Cleveland et prend la direction de l'ouest. A Ceylon, elle bifurque vers le lac Érié, et relie Sandusky Bay avec la **Marblehead Peninsula**. La State 165 vous conduit en bordure de l'eau et révèle toute la beauté de la péninsule, avec de petits ports très vivants, une forêt préhistorique, des vergers et des stands de fruits. Sur son extrémité rocheuse se dresse un phare qui fonctionne sans interruption depuis 1821, le **Marblehead Lighthouse**. Cette zone est en effet considérée comme la plus traître du lac Érié. Après la péninsule, la State 2 se dirige vers Toledo. Cette région fit partie du **Black Swamp**, des marais protégés qui formaient un excellent refuge pour la vie sauvage, s'étendant de Sandusky à Detroit. Aujourd'hui, rares sont les marais qui ont survécu en bordure de la route. La route file tout droit en direction de **Toledo**, et laisse derrière elle des boutiques d'appâts et des cinémas *drive-in*. A première vue, Toledo a l'air d'une forêt industrielle vieillie, mais il existe des signes certains de modernisation et de restauration. Il suffit de se rendre sur les rives de la **Maumee**, dans le centre ville, pour en être persuadé. L'important projet a été baptisé **Portside**. Ne manquez pas le **Museum of Fine Arts** qui possède une remarquable collection de toiles de maîtres, Watteau, Degas, Mondrian, Murillo, le Primatice etc. ainsi qu'une abondante collection de verrerie.

On quitte Toledo et le lac Érié par l'US 20, et l'on poursuit la route sur une centaine de kilomètres en direction de l'ouest, à travers les fermes de l'Ohio,

Crépuscule à Cleveland.

pour gagner directement la frontière de l'**Indiana**. La route longe la frontière avec le Michigan, qui n'est qu'à quelques kilomètres au nord. L'Indiana est surnommé Hoosier State, et ses habitants les Hoosiers. Une explication fantaisiste consiste à affirmer que les premiers colons de l'État répondaient toujours *« who's here ? »* quand on frappait à leur porte. Selon la seconde, un entrepreneur du canal nommé Samuel Hoosier aurait préférer embaucher des travailleurs de l'Indiana plutôt que d'autres, d'où leur surnom.

Après avoir roulé pendant une quinzaine de kilomètres dans l'État, quittez l'US 20 à Angola et empruntez l'I 69 qui part vers le sud. 25 km plus loin, l'US 6 vous conduira à travers le nord de l'Indiana jusqu'à l'**Illinois**. Aux alentours de **Kendallville**, le paysage est assez varié, mais une fois passé **Brimfield**, vous ne verrez que des champs de céréales, à perte de vue. Au sud de Brimfield s'étend le **Chain O'Lakes State Park**, une succession d'oasis de fraîcheur en plein cœur du **comté de Noble**.

De retour sur l'US 6, on peut apercevoir une foule de petites villes au milieu des champs de céréales. Nous sommes dans la partie sud du **comté d'Elkhart** qui doit sa célébrité à sa forte productivité et au nombre considérable de membres de la secte mennonite qui y vivent. Les Mennonites (ou Amish) vivent ici depuis un siècle ; les membres de cette secte inventive avaient proscrit de leurs vêtements tout ce qui était boutons ou fermetures éclair et refusaient l'usage de l'électricité et des véhicules à moteur. A **Nappanee**, **Amish Acres** est une ferme mennonite où le style de vie des Amish est expliqué aux visiteurs. Vous pourrez en savoir plus si vous allez passer une nuit dans l'un des Bed & Breakfast Amish du réseau créé par les Mennonites.

En poursuivant votre route sur l'US 6, vous parcourrez les dernières franges de l'Indiana rural, avant d'atteindre les aires industrielles de Chicago. Mais avant, vous passerez la **Kankakee River**, très poissonneuse, et **Westville**, célèbre pour son marché aux puces, **Pat's Favorite Flea Market**.

Dans le Chain O'Lakes State Park.

HENRY FORD ET LA CITÉ DE L'AUTOMOBILE

Si Henry Ford et **Detroit**, dans le Michigan, n'avaient existé, ce guide n'aurait probablement aucune raison d'être. Les Américains en âge de conduire roulent 12 500 km en moyenne par an. Il y a tellement de voitures aux États-Unis que toute la population pourrait se mettre au volant en même temps, et qu'il n'y aurait personne sur les sièges arrière ! Une large proportion de ces sièges (mais aussi des ventilateurs, carburateurs et autres jantes de roues) est fabriquée dans la cité de l'automobile.

La première voiture automobile fut un tricycle surmonté d'un moteur à un cylindre, mis au point par Carl Benz en 1885. Mais Ford réalisa la première voiture utilisable huit ans plus tard. Il fonda la Ford Motor Company en 1903 et, six ans plus tard, il avait déjà dix mille commandes pour sa Model T. En 1919, un million de voitures Ford avaient été vendues. Ford créa le démarreur à manivelle, la chaîne d'assemblage et, en 1914, il établit les six jours de travail par semaine à cinq dollars par jour. L'ensemble de ses innovations stimula l'économie de la ville, créa de nouveaux emplois et rendit les automobiles plus accessibles.

Le **Renaissance Center**, édifié dans les années 70, symbolisa le nouvel essor du centre ville de Detroit. Ce vaste complexe de boutiques, de restaurants, de bureaux et de centres culturels, enfermant un lac avec une cascade et des plantes exotiques, ne coûta pas moins de trois cent cinquante millions de dollars. A côté, la **Hart Plaza** est le site sur lequel sont organisés une douzaine de festivals ethniques, entre la fin avril et la mi-septembre. Et **Belle Isle**, sur la rivière Detroit, attire les foules estivales dans ses parcs, le **Safari Trail Zoo**, **Blue Heron Sanctuary**, le **Dossin Great Lakes Museum**, et la superbe collection d'orchidées du **Whitecomb Conser-vatory**. Pour clore la visite, il existe deux musées qui valent le détour. Le **Detroit Institute of Arts** expose plus de trente-cinq mille pièces réparties dans cent une galeries ; les trois sections principales de ce musée sont les arts décoratifs (avec des armes du Moyen Age), la peinture européenne et l'art d'Extrême-Orient.

Près de Dearborn, enfin, vous trouverez facilement les 260 ha du **Henry Ford Museum** et **Greenfield Village**. Le musée et le village ont été créés en 1929 par Henry Ford pour rendre hommage aux qualités du peuple américain. Il s'agit en fait du plus grand musée du monde, qui retrace les grandes lignes de l'histoire des États-Unis dans les domaines de l'artisanat, de l'industrie, de la science et des techniques. On peut y découvrir des locomotives à vapeur, des automobiles de la première heure, des machines agricoles ou des avions. On y a également recréé des résidences ou des ateliers célèbres comme le laboratoire de Thomas Edison à Menlo Park. Des forgerons, des souffleurs de verre ou des tisserands exercent leur art dans des boutiques du XIXe siècle restaurées, et vendent leurs réalisations aux visiteurs.

CHICAGO, CARREFOUR DU MIDWEST

Chicago est une ville dont on parle dans le monde entier. Victime de sa réputation de « ville gangster », elle est méprisée par les habitants de la côte Ouest et de New York. Du coup, elle reste au centre de tous les regards; ce dont témoigne d'ailleurs la foule de surnoms dont elle est affublée: « Deuxième Ville », « Ville des Vents », « Carrefour du Midwest », « Charcuterie du monde », etc.

Chicago n'est d'ailleurs plus une grande charcuterie, ses entrepôts de viande de porc et ses abattoirs ont été démolis en 1971. Aujourd'hui vous pouvez circuler dans la ville et la visiter sans être incommodé par les effluves pestilentiels. Pour ce qui est du vent, vingt et une autres grandes villes des États-Unis sont plus exposées que Chicago; ce surnom, qui date en fait du XIXe siècle, ne se référait sans doute pas à la météorologie. En revanche, sa réputation de carrefour du Midwest est indiscutable. Son réseau de voies ferrées forme l'ensemble le plus vaste du monde et **O'Hare** est l'aéroport de la planète qui a le plus de trafic.

Los Angeles a maintenant dépassé Chicago en importance. Mais Chicago est une vraie ville du Midwest, tournée vers la politique, le cosmopolitisme, la richesse culturelle: une ville de caractère, unique en son genre. Pour cette raison, elle n'arrive après aucune autre, et se moque bien des classements.

Le site qu'elle occupe, à la rencontre de la **Prairie**, de la **Chicago River** et du **lac Michigan**, était prédisposé à accueillir une grande cité. Avec la construction du canal dans les années 1840 (reliant les Grands Lacs et le réseau hydraulique du Mississippi), puis le développement du chemin de fer, Chicago connut une croissance prodigieuse: les commerçants et les immigrants déferlèrent littéralement dans ses rues. En 1871, une vache brisa une lanterne (c'est du moins ce que dit la légende) et provoqua un incendie désastreux, le *Great Chicago Fire*. A la place de l'étable, partie en fumée depuis bien longtemps, s'élève la **Chicago Fire Academy**, ornée d'une sculpture représentant une flamme géante. (Les habitants de la ville apprécient d'ailleurs les sculptures, et tous les grands noms ont la leur: Oldenburg, Calder, Picasso, Miro ou Dubuffet, etc.) Après le grand incendie, Chicago devint un grand atelier pour des architectes comme William Le Baron Jenny (le père des gratte-ciels), Louis H. Sullivan, Frank Lloyd Wright et, plus tard, Ludwig Mies van der Rohe. Toute l'histoire de la construction est représentée ici, de la **Chicago Water Tower and Pumping Station** (le seul bâtiment public à avoir échappé au grand incendie) à la **Sears Tower**, l'une des plus grandes tours d'Amérique. Mais le progrès a condamné à la démolition la plupart des bâtiments du XIXe siècle. Heureusement, le **Prairie Avenue Historic District** a survécu. « L'Avenue des Avenues » fut le havre des célébrités et des millionnaires avant de connaître un exode massif au début de ce siècle: ses maisons en brique ou en calcaire ont été largement démolies ou défi-

A gauche, voies ferrées convergeant vers Chicago, qui possède le réseau le plus développé du monde ; à droite, jeune cocher et son ami.

gurées. Celles qui restent sont désormais restaurées et protégées.

Toutes les villes en bordure de lac ont tendance à soigner leur ouverture sur l'eau; ce qui est chose faite pour Chicago depuis le début du siècle. Ce front de lac couvre 46 km de plages, de parcs extraordinaires qui ont tous leur propre personnalité, et rassemble certains des plus grands instituts culturels des USA: le **Museum of Science and Industry**, dans le quartier de South Side, le **Field Museum of Natural History**, le **Shedd Aquarium**, et l'**Art Institute of Chicago**, tout cela dans **Grant Park**. L'Art Institute doit essentiellement sa réputation aux toiles impressionnistes qu'il possède. Derrière le musée, un jardin public, le **Bandshell**, reçoit, dès que la belle saison est arrivée, les pique-niqueurs et les musiciens.

Oak Street Beach, dans le quartier de North Side, est une plage fréquentée par une foule colorée et vivante, tout entière occupée à ses loisirs. Il faut se tourner vers le **Lake Shore Drive**, l'avenue qui longe la plage, pour se rappeler que nous sommes bien en plein cœur d'une grande ville. Pour les Européens comme les Américains, Chicago est la ville type du film noir. Aucune autre n'a été aussi étroitement associée aux gangsters et à la corruption politique, cette dernière étant presque présentée comme une institution. Les visiteurs qui viennent à Chicago pour la première fois, mais qui connaissent leur filmographie sur le bout des doigts, s'attendent tous à rencontrer dans la rue des gens à la mine patibulaire, des Edward G. Robinson, des réincarnations d'Al Capone ou de Dillinger.

De fait, la politique a une réelle importance à Chicago. Il s'agit actuellement du fief de l'ancien candidat démocrate à la présidence, Jesse Jackson, mais personne n'a oublié ici les longues années durant lesquelles Richard J. Daley a occupé la mairie de la ville.

Chicago est également une ville d'écrivains. Un grand nombre d'entre eux ont livré au monde entier leur vision personnelle de la ville: James T. Farrell, Nelson Algren, Richard Wright, Saul Bellow, Studs Terkel, David Mamet…

Trio de jazz dans le centre moderne.

Si vous vous trouvez dans un quartier résidentiel près de North Side, et que vous apercevez un panneau *NO LIGHTS* («Pas de lumières»), rassurez-vous, cela n'a rien à voir avec la qualité des installations électriques du quartier. Il s'agit d'un débat permanent et passionné concernant **Wrigley Field**, le seul grand stade du championnat de base-ball qui ne soit pas équipé de projecteurs. Cela peut paraître ridicule à un profane, mais les amateurs de ce sport considèrent que la querelle a une grande importance. Les supporters de l'équipe locale sont opposés à la lumière artificielle et tiennent à l'originalité de leur stade, tandis que les dirigeants et les télévisions font pression pour installer des projecteurs électriques.

Enfin, Chicago est également synonyme de blues. Les plus grands chanteurs et musiciens de blues venaient (et viennent encore) de leur Sud natal pour faire carrière dans les clubs de la ville. Pour avoir un bon aperçu de cette musique, il suffit d'aller au **B.L.U.E.S.**, situé à North Halsted, ou bien au **Checkerboard Lounge**, au **Theresa's Lounge** à South Side, où des générations d'étudiants à l'université de Chicago ont écouté les classiques de Muddy Waters.

Les localités qui entourent Chicago comptent parmi les plus anciennes et les plus riches de toutes les banlieues américaines. **Glencoe**, à une trentaine de kilomètres au nord de la ville, possède un superbe jardin botanique, mais doit l'essentiel de sa réputation à un film interprété par Tom Cruise qui s'y déroulait, *Risky Business*.

Hemingway a grandi à **Oak Park**, à une dizaine de kilomètres à l'ouest du centre de Chicago par l'I 290. Plus présent dans ce faubourg est le passage du célèbre architecte américain Frank Lloyd Wright, qui vécut et travailla ici durant la première partie de sa carrière. Avant son départ pour le Wisconsin, il laissa derrière lui plus de vingt-cinq bâtiments. Il faut citer la **Thomas House** (1904, au 210 Forest Ave.), et surtout la **F. L. Wright House and Studio** (1889), une demeure impressionnante de vingt-cinq pièces qui fut habitée par l'architecte et sa famille pendant une vingtaine d'années.

Match de base-ball à Wrigley Field.

LA RÉGION DES GRANDS LACS

Extraordinaires mers intérieures, les Grands Lacs ont conduit des milliers d'explorateurs et de colons vers les régions du Midwest. Tous les États qui sont baignés par ces eaux ont été profondément marqués; et il n'est pas abusif de dire que l'**Indiana**, qui ne partage qu'une bande de 72 km avec le lac Michigan, n'échappe pas à la règle. On ne peut manquer d'être frappé par la diversité qui règne dans cette région: on y voit des rives d'une grande beauté, des forêts et des champs, des cités industrielles et des ports internationaux qui voisinent avec de paisibles ports de pêche, des fermes, des dunes de sable, de grands espaces où la vie sauvage conserve le droit de cité.

Il est certain que l'Indiana ne peut prétendre rivaliser avec le Michigan, qui touche pour sa part quatre des cinq Grands Lacs; mais la qualité prime parfois la quantité, et les quelques kilomètres de rivage valent largement le voyage. Partant de South Side à Chicago, l'US 20 longe la rive du lac, traverse l'Indiana et rejoint la frontière du Michigan.

Une première partie de l'itinéraire, à l'est de Chicago et à travers Gary, offre avant tout un paysage marqué par l'industrie lourde, malgré la présence d'une plage ou d'un parc ici ou là. Mais rapidement la nature reprend ses droits: vous pénétrez dans la zone protégée de l'**Indiana Dunes State Park and National Lakeshore**, avec ses superbes plages de sable, ses dunes et ses étangs entrecoupés de forêts et de prairies.

Le **Michigan** a reçu le surnom de Wolverine State (*wolverine* signifie glouton et désigne un mammifère carnivore également appelé goulu ou carcajou), même si on n'en trouve pas un seul. Cet État est également surnommé Great Lake State en raison de sa configuration très particulière: deux sortes de jetées au milieu des grandes mers intérieures que sont les lacs. «**La grande péninsule**» est la partie qui s'avance vers le nord; «**la petite péninsule**» est orientée, elle, d'est en ouest; un pont de 6 km relie les deux entre elles.

Petit matin brumeux dans l'Upper Peninsula du Michigan.

En quittant l'Indiana, l'US 12 se dirige vers Detroit et quitte le Michigan. Pour suivre la rive du lac vers le nord, emprunter l'I 94 puis l'US 31. Plus vous vous écarterez de Chicago, plus le calme reviendra. Vous découvrirez des localités pittoresques et toute une série de parcs nationaux. **Benton Harbor**, à 50 km environ au nord de la frontière de l'Indiana, possède un immense marché de fruits où les producteurs vendent directement aux consommateurs. Au début du siècle, une secte religeuse, la Maison de David, fondée par un homme qui se faisait appeler King Ben, s'était installée dans cette petite ville. La secte fut dissoute dans un climat très conflictuel.

On atteint ensuite les deux villes de **Douglas** et de **Saugatuck**, qui se font face d'un côté et de l'autre de la **Kalamazoo River**. Tradition séculaire, un bac fait la navette entre les deux rives. Également ancré à Saugatuck, le *Queen of the Saugatuck*, est un vapeur à aubes qui croise sur la Kalamazoo et qui s'aventure parfois sur les eaux du lac. Saugatuck est par ailleurs une jolie ville, qui a des auberges de campagne, des magasins d'antiquités, un artisanat local.

La route prend ensuite la direction des terres, jusqu'à **Holland**, qui fut, comme son nom l'indique, une colonie hollandaise au XIXe siècle, et qui n'a pas oublié ses racines. On y fabrique toujours des sabots de bois, l'ancien moulin à vent est toujours en fonctionnement et, au mois de mai, il s'y déroule le Tulip Time Festival.

De nouveau en bordure du lac, on atteint **Grand Haven** qui abrite la plus grande fontaine musicale du monde, et, plus au nord, **Muskegon**. C'est la plus importante cité de cette partie de la côte, et la porte d'accès à la **Manistee National Forest**. De l'autre côté de cette superbe forêt, on trouve la ville de **Manistee**. Ce nom vient d'un terme de la langue ojibwa signifiant «esprit des bois». L'endroit, qui fut entièrement reconstruit après un incendie survenu en 1871, est une superbe illustration du style victorien.

Avis aux gourmets: la partie nord-ouest de la péninsule, au nord de Manistee, est le pays des morilles. Soyez attentifs au printemps, vous aurez certainement la chance de découvrir ces merveilles.

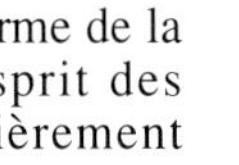

Leelanau, Leelanau, terre enchanteresse

Après Manistee, l'US 31 se dirige vers l'un des trésors du Michigan, la **péninsule de Leelanau**, nommée «enchantement de la vie» par les Ojibwas. Par chance, la State 22 serpente à travers cette côte et parcourt les magnifiques pays que sont les comtés de **Benize** et de **Leelanau**, riches en lacs et couverts de vergers. Vous verrez les plus hautes dunes de sable des États-Unis. Peu connue en dehors du Midwest, la péninsule est un endroit somptueux toute l'année.

Dès le départ, la State 22 longe des cerisiers. La cerise est une culture très importante dans cette partie du Michigan (la production locale représente environ le tiers de la production mondiale). En pleine saison (juillet), les cerises pendent aux branches et emplissent les cageots des stands en bordure de la route, avec toutes les nuances possibles du rouge. Ce ne sont pas les seuls fruits de la région: à **Elberta**, vous serez invité à déguster des pêches et vous pourrez admirer les vignes qui couvrent les principaux coteaux de la péninsule. Après Elberta et Frankfort, une petite route borde le **Crystal Lake**, tandis que les eaux du lac Michigan pointent derrière la forêt, rappelant sa taille démesurée. Si vous vous dirigez vers l'extrémité orientale du Crystal Lake, vous gagnerez **Benzonia**, **Beulah** et **Honor**. Les artisans américains ont été depuis longtemps attirés par la solitude de ces communautés paisibles.

Les cerises du Michigan, très réputées partout en Amérique.

De retour sur la State 22, juste après Crystal Lake, on atteint **Point Betsie**, que l'on remarque aisément grâce à un phare construit en 1858. Le père Jacques Marquette, qui a découvert le Mississippi, serait mort non loin de là en 1675. A quelques kilomètres de là on pénètre dans le **Sleeping Bear Dunes National Lakeshore**, un ensemble incroyable de 8 800 ha de dunes (dont certaines atteignent 100 m de hauteur), de lacs et de forêts, avec deux îles magnifiques.

Empire fut autrefois un grand centre de coupe de bois. La ville doit son nom à une goélette qui fut prise par les glaces à proximité du rivage, en 1865. Au nord de cette localité, la State 109 se sépare de la State 22 et conduit au **Dune Climb**, dune impressionnante, haute de 45 m. Les gens deviennent de minuscules silhouettes, et finissent par disparaître en continuant leur promenade sur ces hauteurs qui dominent le lac.

La State 109 vous ramène à la State 22, une route à propos de laquelle on pourrait raconter mille et une anecdotes. Peut-être remarquerez-vous un stand différent des autres: il n'y a personne pour vous servir ou pour recevoir votre argent. A la place, un petit panneau vous prévient: *«Dieu voit tout. Soyez honnêtes»*; vous avez à votre disposition un registre pour noter les transactions, une boîte pour déposer l'argent et une cassette pour la monnaie. Curieusement, cette stratégie commerciale semble dictée par le pessimisme plus que par la confiance.

Toujours sur la State 22, vous arriverez bientôt à **Leland**, une ville construite autour d'un goulet de jonction entre le **Big Lake** et le **lac Leelanau**. Malgré une vocation touristique évidente, c'est un endroit très vivant, avec une multitude de boutiques et de restaurants plaisants. **Fishtown**, en revanche, ne fait pas grand cas des apparences; on se consacre ici à l'activité de la pêche sans trop se soucier du reste. Sur l'autre partie de Leelanau, la route longe **Grand Traverse Bay** et rejoint **Peshawabestown**, un village ojibwa. A la base de la péninsule, **Traverse City** est la capitale mondiale de la cerise. Au mois de juillet s'y déroule le National Cherry Festival («Festival national de la cerise») avec ses concours du plus gros mangeur de tartes aux cerises, et du meilleur cracheur de noyaux... La première compétition, réservée aux enfants, offre des scènes truculentes.

L'US 31 remonte la rive occidentale de Grand Traverse Bay, passe les lacs **Elk** et **Torch**, puis atteint **Charlevoix**. Ce port, fondé par des Irlandais, est admirablement situé, entre les lacs **Michigan** et **Charlevoix**, en bordure de **Round Lake**. Les touristes sont nombreux l'été à y aller, en partie parce que c'est le point de départ d'excursions vers **Beaver Island**, surnommée l'île d'Émeraude.

Les habitants aiment désigner leur ville comme *Charlevoix the Beautiful*, et font tout leur possible pour que cette beauté ne s'altère pas: des pétunias ont été plantés en bordure de l'US 31 sur plus de 6 km! Dans les années 20, un promoteur immobilier, Earl Young, apporta sa contribution en optant pour la construction de maisons individuelles (et de deux motels) — trente en tout sur une période de quarante ans — appelées *stone cottages*. Sans expérience particulière de l'architecture, Young construisit ses maisons en utilisant de gros blocs de pierre pour les murs extérieurs, *«parce que j'aime le rocher»*, déclara-t-il simplement. Il vous suffit d'aller faire un tour sur **Park Avenue** pour juger du résultat.

De l'autre côté du lac Charlevoix, on peut visiter **Horton Bay**, un endroit où Ernest Hemingway passa une bonne partie de sa jeunesse. Horton Bay, et d'autres localités du Michigan, sont évoquées dans plusieurs de ses nouvelles dont *Là-haut dans le Michigan*, *La fin de quelque chose*, *Dix Indiens* (ces récits sont réunis dans *Les Neiges du Kilimandjaro*), qui mettent toutes en scène le même héros, Nick Adams. De Charlevoix, l'US 31 suit les courbes de Little Traverse Bay, traver-

Fresques sur une grange de la Leelanau Peninsula.

se **Petoskey**, puis **Bay View**, une localité plus calme que la précédente avec de jolis bungalows. On atteint, à une cinquantaine de kilomètres environ vers le nord, **Mackinaw City**, située sur le détroit de Mackinac, le point de jonction du lac Huron et du lac Michigan. Ce fut à l'origine un fort militaire (fort Michilimackinac) fondé par les Français au début du XVIIIe siècle, et un port de commerce. La partie militaire fut ensuite déplacée sur **Mackinac Island**, une île qui devint alors une plaque tournante du commerce des fourrures, et qui cessa de l'être avec la disparition des castors. L'endroit est maintenant une station saisonnière.

On peut se rendre dans Mackinac Island en prenant un ferry, soit à Mackinaw City, soit à Saint-Ignace (sur la pointe sud de la «petite péninsule»). Cette petite île rocheuse couverte de forêts a été l'enjeu de conflits au XVIIIe siècle entre Français et Anglais. Aussi peut-on y voir de nombreux édifices datant de l'époque révolutionnaire et du XIXe siècle. Une journée suffit à en faire le tour. Les véhicules à moteur sont interdits dans l'île, qui donne ainsi l'occasion de se laisser apprécier en toute quiétude, à vélo ou dans une voiture à cheval. En quittant les endroits les plus touristiques de l'île, vous bénéficierez de tout le caractère de Mackinac Island. La beauté naturelle des sites est complétée par la présence d'un ancien fort et de nombreuses églises. L'une d'entre elles fut déplacée du «continent» lorsque les eaux du lac étaient prises par les glaces! Vous verrez également le **Grand Hotel**, une superbe propriété construite à partir des pins blancs de l'île à la fin du XIXe siècle. On dit qu'elle possède le plus long auvent du monde, aussi vaste que la vue dont elle jouit sur les alentours.

La petite péninsule

Les deux péninsules du Michigan (distantes de 8 km) sont reliées entre elles par un grand pont, le **Mackinac Bridge** ou *Mighty Mac*. La date tardive de sa construction, 1957, explique pour une large part l'isolement de la «petite péninsule». Cette partie nord de l'État du

Mackinac Island, une station balnéaire très prisée.

Michigan, que l'on disait autrefois être sans intérêt, a vu des voyageurs, des missionnaires, des trafiquants de fourrures, des bûcherons et des mineurs y passer. Avec une population peu nombreuse et un cadre encore très sauvage, la péninsule attire aujourd'hui les visiteurs. Certains considèrent l'endroit comme le paradis des sportifs. En tout cas vous ne risquez pas d'y rencontrer les foules, même s'il y a plus de monde au début de la saison de la chasse.

Vers le lac Supérieur

Le pont vous conduit à **Saint-Ignace**, une cité fondée par des jésuites français, il y a plus de trois cents ans. Juste derrière la ville débute la **Hiawatha National Forest**, qui se prolonge jusqu'au lac Supérieur. Un trajet de 16 km environ vers le nord sur l'I 75 vous amène à la State 123. La route traverse cette forêt particulièrement dense, longe **Whitefish Bay** et aboutit à **Paradise**. Dans cette petite localité rustique, vous pourrez partir à la recherche d'agates sur les rives du lac. Toujours sur la State 123, à l'ouest de Paradise, on découvre, cachées dans les pins, les **Tahquamenon Falls**, deux cascades impressionnantes. La **Tahquamenon River** coule jusqu'au lac Supérieur en une suite de cascades et de rapides qui font la joie des amateurs de canoë et de kayak.

La State 123 quitte les chutes et se dirige vers le sud en direction de **Newberry** (située à égale distance du lac Michigan et du lac Supérieur). La State 28 prend ensuite le relais et mène à **Seney**, surnommée Sin City of the North («la Cité pécheresse du Nord»). Cette mauvaise réputation date de la fin du XIXe siècle, lorsque la région était investie par les bûcherons. Aujourd'hui aucun éclat ne trouble plus le calme de l'endroit, mis à part les cris des oies sauvages et des aigles qui nichent au **Seney National Wildlife Refuge**, une réserve naturelle.

De Seney, la route mène à **Shingleton** en bordure d'une autre partie de la **Hiawatha National Forest**. On poursuit ensuite vers le nord-ouest pour gagner **Munising**. A la sortie de la ville on a une

Tahquamenon Falls.

belle vue sur le lac Supérieur, et au nord on aperçoit le **Picture Rocks National Lakeshore**. Il vaut encore mieux admirer cet ensemble de falaises très découpées à bord d'un bateau d'où la vue est meilleure. A l'ouest de Munising, se trouve **Christmas** («Noël»), une localité qui joue de son nom de toutes les manières possibles (les panneaux indicateurs portent une foule de jeux de mots à l'adresse des visiteurs). Le long de cette partie nord de la State 28, vous remarquerez certainement d'immenses tas de bois, qui attestent de la rigueur particulière des hivers dans la région. Vous pourrez également voir des hardes de daims ou des curiosités locales. Par exemple, en traversant l'**Ottawa National Forest**, qui s'étend presque jusqu'à la frontière du Wisconsin, vous pourrez vous rendre au **Kenton and Happy's bar**, qui s'est surnommé lui-même *The Kenton Hilton*. Plus intrigant, l'un des panneaux de la route annonce *«Welcome to* ***Ewen****, Home of the 1893* ***World's Fair Load of Logs****»*. Vous découvrirez alors, derrière un cordon de protection, cinquante énormes billes de pin enchaînées sur un traîneau. A elle seule, la chaîne pèse plus de 900 kg. L'ensemble fut tracté sur la glace et la neige jusqu'à Chicago puis sur le chemin du retour à Ewen; depuis près de cent ans, rien n'a bougé. Vous pourrez profiter de votre pause pour manger un morceau au **Big Mama's Cafe** ou au **South Branch Saloon**.

On gagne ensuite **Bessemer**, puis, une quinzaine de kilomètres plus loin, **Ironwood** et la frontière du Wisconsin. La ville fut autrefois un important centre minier, mais aujourd'hui vous risquez de ne pas y rencontrer âme qui vive.

Le Wisconsin

Le Wisconsin («réunion des eaux» en indien winneebago) porte le surnom de Dairy State («l'État laitier»), à raison puisqu'il est le premier producteur de beurre et de fromage de l'Union. Le tourisme, dans cet État qui possède quelque dix mille lacs, y est aussi très épanoui.

Hurley fut au début du siècle une ville dynamique qui avait une mauvaise répu-

Le World's Fair Load of Logs, vieux de plus d'un siècle.

tation qui l'a poursuivie pendant de nombreuses années. La majorité de ses établissements étaient des bars qui changèrent de façade pendant la Prohibition mais qui continuèrent à prospérer dans la clandestinité. De nos jours, cette cité est fréquentée en hiver par de bien aimables skieurs, sans aucun point commun avec les aventuriers, les joueurs et les criminels de l'ancien temps.

L'US 2 quitte Hurley et traverse La **Bad River Indian Reservation** jusqu'à **Ashland**, au bord de **Chequamegon Bay**. Les coupes de bois et les magasins de fromages sont les deux grandes spécialités de l'endroit. Si vous vous y rendez en janvier, vous aurez une chance d'assister aux courses de chiens attelés.

Après Ashland, la State 13 contourne la **Bayfield Peninsula**, où la plupart des maisons sont construites en grès. Au début du siècle, cette pierre était extraite dans la péninsule puis envoyée à New York et à Boston.

Avant la crise économique de 1929, **Bayfield** était un port d'une grande richesse grâce aux activités de la pêche, du bois et à une fréquentation touristique de haut niveau. C'est aujourd'hui un petit village de pêcheurs qui possède un charme extraordinaire. On peut faire des excursions sur les **Apostle Islands**, un archipel situé dans les eaux profondes du lac Supérieur. Le groupe se compose de vingt-deux îlots. Vingt d'entre eux appartiennent au National Park System. **Madeline Island** est le plus grand et aussi le seul qui soit habité toute l'année.

Si vous choisissez de visiter les Apostle Islands, vous aurez l'occasion de traverser une partie du **lac Supérieur**, la plus grande réserve d'eau douce du monde (à part les calottes glaciaires). Fougueux et vaste comme un océan, le lac Supérieur est le plus profond, le plus traître mais aussi le plus beau des Grands Lacs. Les marins respectent ces eaux, ne serait-ce que parce qu'ils ont appris à les craindre. Le dernier bateau à y avoir sombré était un navire canadien qui transportait de l'alcool de contrebande, à l'époque de la Prohibition.

Au nord de Bayfield, le long de la State 13, s'étend une réserve indienne, la **Red Cliff (Ojibwa) Indian Reservation**. On rejoint ensuite **Cornucopia**, le village le plus au nord du Wisconsin. La route suit le cours de la **Brule River**, une superbe rivière à truites qui se jette dans le lac à **Superior**. Celle-ci est la principale ville de la région, et son activité économique se déploie sur les quais. Des bateaux du monde entier transbordent des marchandises, notamment du minerai et des céréales. Toutefois, le trafic du minerai a suivi le déclin de la métallurgie, ce qui peut se ressentir dans l'atmosphère des rues de la ville.

En quittant Superior, la State 35 s'engage dans les vertes prairies de l'industrie laitière et laisse derrière elle les grandes forêts du Nord pour rejoindre les deux villes jumelles du Minnesota. La transition entre les deux types de paysage est aussi soudaine que rafraîchissante. Après **Cozy Corners** et **Dairyland**, sur le chemin de **Luck** et de **Centuria**, on traverse de petits villages dont le charme est de posséder une église luthérienne et d'avoir une population qui ne dépasse pas les huit cents habitants. En quittant Centuria, la route se dirige à l'ouest, en direction de **Saint-Croix River**.

Big Bill.

LES JUMELLES DU MINNESOTA

A cause de leur proximité géographique, **Minneapolis** et **Saint-Paul**, sur les deux rives du Mississippi, seront éternellement associées et désignées sous le surnom de *Twin Cities*, «les villes jumelles». Fraternelles mais pas identiques, elles sont comme les deux faces d'une même pièce: différentes et néanmoins inséparables. Saint-Paul est la plus conservatrice des deux; elle a gardé un charme un peu désuet qui n'est pas sans rapport avec l'époque victorienne. Minneapolis semble plutôt tournée vers l'avenir, la compétition économique et le cosmopolitisme, tout en privilégiant une certaine idée de la qualité de la vie.

Les traits qu'elles ont en commun — l'héritage des premiers colons, de fortes racines européennes — sont responsables de ce développement urbain harmonieux. La maîtrise de cette croissance constitue d'ailleurs un modèle pour nombre de métropoles des États-Unis, surpeuplées et minées par la criminalité. Les pionniers du Minnesota furent poussés par les circonstances à coopérer les uns avec les autres, et cet esprit de solidarité et de fraternité envers les étrangers prévaut encore aujourd'hui. Les habitants d'ici ont développé un esprit de civisme et de tolérance inaltérable, avec un sens évident de la morale et du bon sens. Pour ceux qui s'intéressent à la vie politique des États-Unis, signalons que Chicago a servi de tremplin aux carrières de Richard J. Dailey et de Jesse Jackson, et le Minnesota à celles de Hubert Humphrey et de Walter Mondale. Les loisirs représentent également une grande part de la vie des habitants des villes jumelles. Ils combinent une grande créativité avec une philosophie visant à exploiter au maximum leurs inventions. A titre d'exemple, la *snowmobile* (une sorte de moto des neiges) et le ski nautique sont nés ici.

Sans ses cours d'eau, le Minnesota ne serait pas ce qu'il est; le nom même de cet État vient d'un terme sioux qui veut dire «eau bleu ciel». La rive du lac

Le centre moderne de Minneapolis domine les eaux du Mississippi.

Supérieur marque la frontière de la partie nord-est de l'État et le Mississippi baigne toute sa partie est. On dit aussi du Minnesota que c'est « le pays des dix mille lacs », même s'il en contient bien plus. Au XVIIIe siècle, des explorateurs français s'aventurèrent dans la région et la surnommèrent « L'Étoile du nord ». Pendant environ cent cinquante ans, les Sioux et les Ojibwas qui occupaient ce territoire furent chassés par des centaines de colons, et le temps attisa la violence des conflits entre les différents groupes.

Afin d'assurer la sécurité des premiers colons et d'établir un poste sûr pour les échanges de marchandises, **Fort Snelling** fut construit en 1819 sur une falaise dominant la convergence de la Minnesota River et du Mississippi ; le site est actuellement occupé par Minneapolis. A partir de 1865, l'occupation devint insupportable pour les Sioux : le fort fut dévasté par les Indiens qui, sur 500 km, traquèrent les fermiers et les poussèrent à se replier dans les fortifications. Le massacre du Minnesota ne fut que le premier épisode d'un conflit qui aboutit finalement à la destruction complète de la culture indienne. Aujourd'hui, Fort Snelling a été reconstruit, et des acteurs jouent pour les visiteurs le rôle des soldats aux alentours de 1827. Ces mêmes figurants participent également à certaines manifestations commémoratives comme le Fur Traders' Rendez-Vous.

L'Œil de porc

L'augmentation des échanges commerciaux le long de la rivière donna naissance aux deux villes jumelles Minneapolis et Saint-Paul. Cette dernière était à l'origine un centre de navigation fluviale qui portait le nom de Pig's Eye (« Œil de porc »), d'après Pig's Eye Parrent, le propriétaire d'un saloon en bordure du fleuve. La très industrieuse Minneapolis se développa en amont, autour des **Saint-Anthony Falls**, une source d'énergie indispensable pour faire fonctionner les scieries et les moulins. Les deux cités furent envahies par une arrivée massive d'immigrants, principalement en provenance du nord de l'Europe, et qui

A Fort Snelling, le canon continue de tonner pour les touristes.

venaient exploiter les richesses des grandes forêts du Nord: le bois et le minerai de fer. Encouragés par la politique agricole des autorités, les colons se consacrèrent ensuite à la culture du blé.

Au début du siècle, grâce à leur situation à la lisière des Grandes Plaines du Nord, l'une des principales régions agricoles des États-Unis, les villes jumelles connurent une croissance très rapide.

Les habitants du Minnesota ne sont jamais indifférents à la position de leurs deux villes dans le monde de l'agriculture, et les rapports du Minneapolis Grain Exchange, la plus grande bourse aux céréales du monde, retiennent l'attention de tous. D'ailleurs, les élévateurs à grain qui surplombent le Mississippi constituent des curiosités pour les visiteurs, au même titre que **Saint-Paul's Cathedral**, le **Capitol Building**, ou la tour des **Investors Diversified Services** de Minneapolis (la plus haute, avec ses 235 m, entre Chicago et San Francisco).

Le secteur industriel a également connu un essor notable dans les villes jumelles: la Minnesota Mining et la Manufactoring Co. (3M), qui produit de célèbres rubans adhésifs, se sont diversifiées pour être à l'abri d'éventuelles crises économiques. Ces deux géants offrent à leurs employés des loisirs dignes d'un club de vacances, avec golf, ski, tennis… et les chercheurs et les ingénieurs ont à leur disposition des laboratoires parmi les plus performants du monde.

Avec des industries qui ne polluent pas (ou presque pas), des banlieues intégrées, des instituts culturels de grande qualité, des bâtiments publics parfaitement conçus, des espaces verts, les villes jumelles passent pour l'archétype des métropoles modernes aux yeux d'une grande majorité d'Américains. La plupart des visiteurs sont frappés par la propreté de l'endroit, à tel point que les eaux boueuses du Mississippi semblent faire tache dans ce tableau idyllique. **Riverplace**, un marché en bordure du fleuve, est l'apogée de ce souci de propreté; il se trouve le long de **Historic Main Street**, à **Lourdes Square**. Le climat a donné beaucoup de souci aux habitants des deux villes et, au fil des ans, les entrepreneurs ont peaufiné leurs méthodes pour affronter des hivers très rigoureux. Dans le centre ville, les «ponts de cristal», des structures qui enjambent les rues commerçantes et permettent aux clients de se rendre d'un magasin à l'autre sans s'exposer aux rigueurs du froid, se sont multipliés. La population est particulièrement fière de résister à des records de fraîcheur tout en menant une vie normale. La neige et la glace sont même célébrées pendant le Saint-Paul's Winter Carnival. Rassurez-vous, on trouve quand même quelques habitants qui préfèrent se rendre au Festival estival de Minneapolis!

Édifié en 1971, le **Walker Art Center** est un musée de réputation internationale, consacré à l'art contemporain. Attenant au musée, le **Guthrie Theatre** abrite une troupe célèbre, qui joue essentiellement des pièces de Shakespeare. Les amateurs de danse se tournent vers la **Northrup Dance Season**. Il faut encore compter avec le cinéma, la musique classique, ou le jazz. A **Mendota**, une toute petite cité située à l'ouest du Mississippi, vous pourrez vous rendre au **Hall Bros Emporium of Jazz**, qui a la réputation d'être le plus vieux club de jazz existant.

Champ de blé à Saint-Paul.

LE MISSISSIPPI : LE GRAND FLEUVE

La plupart des voyageurs d'aujourd'hui ne connaîtront jamais la véritable communion du légendaire Huckleberry Finn et de Jim l'esclave noir avec le majestueux fleuve Mississippi. Plus de trente ponts modernes franchissent le fleuve, et les voyageurs passent ces eaux en quelques secondes, sans presque s'apercevoir de rien. La tranquillité de la traversée rend désuète la réputation de danger attachée à ces eaux sombres. Pourtant elle ne l'est pas le moins du monde. Les pilotes de barges, les éclusiers et les pêcheurs le savent parfaitement, eux qui ont le plus grand respect pour le caractère changeant du fleuve. On trouve plus d'un éclusier qui pourrait reprendre ce conseil à un pilote d'une petite embarcation: *«Respecte le fleuve, ou bien il te forcera à le respecter.»* L'explorateur espagnol de Soto, qui affirmait avoir découvert le fleuve en 1541, aurait bien surpris les Indiens algonquins qui vivaient là depuis plus d'un millénaire et qui ont donné au Mississippi son nom: *missi* (grande) *siipii* (rivière).

En 1682, alors que les Indiens vénéraient le dieu de la rivière qui leur apportait l'eau et la nourriture, l'explorateur français La Salle descendit le fleuve et réclama l'ensemble du territoire au nom de la France. Quarante ans plus tard, la Nouvelle-Orléans, Prairie du Chien, Saint-Louis et plusieurs autres possessions étaient établies. En 1803, les Français vendirent le Mississippi avec la Louisiane.

Le Grand Mississippi, le troisième réseau fluvial du monde, naît dans le **lac Itsaca**, dans le nord-ouest du Minnesota. Pendant 842 km, il grossit petit à petit, pour devenir le géant bleu qui dévale les chutes de Saint-Anthony, à Minneapolis. Au long des 2 962 km de son cours, le fleuve longe la frontière de dix États américains et reçoit l'eau de plusieurs autres fleuves, le Wisconsin, l'Ohio, le Missouri, l'Arkansas et la Red River, avant d'atteindre le delta de la Louisiane et le golfe du Mexique. A cet endroit, le Mississippi, qui était au départ un petit cours d'eau limpide, reçoit le nom d'Old Muddy (*mud* signifie boue), pour tout ce qu'il draîne d'alluvions.

Sur les rives du géant

Les visiteurs qui se rendent aujourd'hui dans les grandes cités construites en bordure du fleuve, ont devant les yeux un spectacle qui n'a rien de romantique. Les constructions modernes tournent le dos aux villes plus anciennes qui s'étaient élevées au même endroit, et les anciennes constructions de caractère, souvenirs d'une époque de gloire et de richesse, sont abandonnées à leur décrépitude.

De nombreuses digues font écran entre les villes et le fleuve; des usines désaffectées exposent leurs vitres brisées et la population pauvre dresse des cabanes de fortune sur les rives des faubourgs désolés. Dans le même temps, la plupart des habitants des villes ont émigré vers ce qui constitue la nouvelle place centrale, le centre commercial. Les automobilistes qui désirent voir autre chose du Mississippi peuvent emprunter la **Big River Road**, qui suit scrupuleusement la rive occidentale du fleuve, et offre parfois des vues extraordinaires sur le paysage, comme au **lac Pepin**.

Vous pouvez également profiter des excursions en bateau qui sont organisées au départ des grandes villes, par exemple celle qui relie Dubuque à Davenport, dans l'Iowa, à bord d'un vieux bateau à aubes.

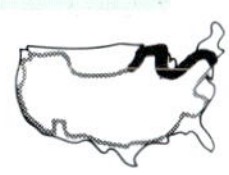

LE MISSISSIPPI ET LE MISSOURI

La région qui s'étend entre le Mississippi (dans le Minnesota) et le Missouri (dans le South Dakota), est une frange de transition entre les États du Midwest et ceux de l'Ouest, tant sur le plan géographique que dans les domaines de la culture et des mentalités. En réalité, cette transition est assez subtile. Si vous écoutez l'autoradio, vous vous apercevrez peut-être que les annonces des cours au Minneapolis Grain Exchange sont de plus en plus espacées. L'accent des populations n'est plus exactement le même ; pour peu que vous soyez familiarisé avec la langue américaine, vous le remarquerez certainement. Les transformations géographiques sont malgré tout plus nettes, le Missouri faisant office de frontière naturelle entre les terres à blé (le Grain Belt) et l'Ouest.

Le Minnesota

La partie du Minnesota qui s'étend au sud-ouest des *Twin Cities*, est, on ne s'y trompe pas, un pays de fermes. La région fut colonisée par des immigrants européens et scandinaves au cours de la seconde moitié du XIXe siècle. Ils dévastèrent les forêts et retournèrent la terre vierge, découvrant le sol fertile de la prairie du Midwest. La plupart de leurs descendants poursuivent le travail de fermage de leurs ancêtres, bien qu'il ait pris une autre envergure. Ne parle-t-on pas ici d' « agribusiness » ?

De toute évidence, les fondateurs de **New Prague**, une cité dominée par la **Saint-Wenceslas Church**, n'avaient pas l'intention de cacher leurs racines d'Europe orientale. A l'ouest de New Prague, le long de la State 19, on remarque des bâtiments circulaires surmontés d'un toit conique, qui dressent leur allure médiévale au beau milieu des champs de céréales. A **Le Sueur**, l'US 169 franchit la Minnesota River et pénètre dans une vallée luxuriante qui est célèbre pour ses petits pois, la **Valley of the Green Giant**. Le Green Giant (« le Géant Vert ») est par ailleurs un thème largement exploité par les publicités américaines. Vous en verrez une représentation au bord de la route, qui souhaite la bienvenue aux automobilistes.

Continuant son chemin vers l'ouest en direction de **Mankato**, l'itinéraire aborde le **Blue Earth Country** (« Le Pays de la Terre bleue ») après la **Blue Earth River**. Vous êtes dans l'une des régions agricoles les plus productives des États-Unis, un domaine de verdure parsemé de lacs. Le fermage moderne est resté une affaire de famille, et il n'est pas rare de voir dans les champs tous ses membres conduire des machines agricoles. On rejoint ensuite **Windom**, ville à partir de laquelle le relief devient plus vallonné. Des antennes paraboliques sont installées partout dans la campagne et chaque localité possède son marchand de cassettes vidéo. Après **Fulda**, les cultures forment un ensemble kaléidoscopique très réussi.

La pierre rougeâtre, vénérée par les Indiens qui en faisaient des pipes sacrées, fait l'essentiel du charme de la petite ville de **Pipestone**, située près de la frontière du South Dakota. Les bâtiments construits à partir de cette pierre bordent

A gauche, vestige dans le Minnesota ; à droite, culture ultramoderne.

ici ou là **Main Street** et **Hiawatha Street**. La beauté et la rareté de cette pierre en font sa valeur; aussi ces édifices sont-ils parmi les derniers de leur genre. L'utilisation du quartzite n'est plus rentable aujourd'hui, mais dans les vingt ans qui ont précédé la naissance de ce siècle, c'est grâce à cette pierre que Pipestone a été édifiée: la **County Courthouse** (le tribunal du comté), la **Public Library**, le **Bank Building**, le **Calumet Hotel**, et surtout le **Moore Block** (1896) en sont de brillants témoins. L. H. Moore décora ce dernier bâtiment avec une quantité de motifs, des anges, des soleils, des gargouilles, un diable, et en fit la façade la plus voyante de la ville.

Ce minerai (du quartzite) est appelé *pipestone* («pierre à pipe») ou *catlinite* (du nom de George Catlin (1796-1872), peintre qui s'intéressa à sa production). Les tipis qui se trouvent au nord de la ville sont tout à fait authentiques. Les carrières de quartzite qui se trouvent à Pipestone et dans la région, appartiennent à la terre sacrée des Sioux et d'autres Indiens.

On peut faire une petite promenade (2 km environ) sur le **Circle Trail**, qui traverse la prairie autour des carrières: on verra le **Hiawatha Lake**, les **Winnewisa Falls**, les falaises de quartzite et les produits de l'érosion qui ont reçu les noms d'**Old Stone Face** et d'**Oracle**. Sur le chemin, une pierre gravée rappelle la présence de l'expédition Nicolet, dont les membres traversèrent la région en 1836, lors de leur exploration du Haut Mississippi.

La route entre Pipestone et **Jasper** (qui possède aussi des bâtiments en quartzite) met en relief un caractère propre à ces zones rurales: l'osmose entre les terres et les équipements. Même les structures obsolètes ne sont pas détruites; elles sont simplement laissées à l'abandon, destinées peut-être à retourner dans le sol.

Le South Dakota: l'East River

L'organisme responsable du réseau routier du South Dakota a décidé d'utiliser la quartzite de la région; voilà pourquoi le route qui suit la frontière est rose. Elle

A Pipestone, les motifs de Moore Block rendent le quartzite plus étonnant encore.

vous conduit à **Garretson**, dont le **Devil's Gulch** a fait la réputation. Le Gulch est un ravin au milieu des falaises de quartzite qui dominent **Split Rock Creek**. Si l'on en croit la légende, cette déchirure du rocher aurait été causée par un coup de tomahawk du Grand Esprit. Une autre histoire raconte que le célèbre hors-la-loi Jesse James aurait réussi à échapper à ses poursuivants en sautant le Gulch à cheval. Par chance, les voyageurs d'aujourd'hui ont à leur disposition un petit pont qui leur évite le grand saut…

Le Devil's Gulch donne à Garretson une image appartenant au registre mythique du Far West, mais il s'agit avant tout d'une petite localité de fermiers dont le paysage est dominé par les élévateurs à grain. Vous pourrez vous restaurer au **Tom's Bar**, et y commander quelques spécialités locales, de la bière, des pizzas, ou un *Spaghetti Western*.

Les prairies de la partie est du South Dakota et les pionniers qui ont colonisé ces terres ont été immortalisés par l'image et la littérature populaire. Les peintures de Harvey Dunn, par exemple, un descendant de ces immigrants, représentent la vie quotidienne de ses ancêtres, thèmes que l'on retrouve dans l'œuvre de Laura Ingalls Wilder, *La Petite Maison dans la prairie* (connue en France grâce à la télévision).

L'I 90 traverse ensuite en ligne droite cette région qui est plus vallonnée et moins verte, les cultures étant plus diversifiées. Toutes ces productions rejoindront, après la récolte, **Sioux Falls**, le centre commercial.

Plus à l'ouest, à **Mitchell**, on trouve un monument de style byzantin décoré avec des grains, et dédié à l'agriculture: le **Corn Palace**. Ce sera pour tous les voyageurs l'occasion de faire une pause bien méritée.

Plus l'I 90 se rapproche de la Missouri River, qui divise le South Dakota en deux parties, l'East River et la West River, plus on rencontre un type de sol différent: des collines couvertes de cylindres de foin se succèdent à l'infini. En traversant les prairies de **Fort Pierre National Grasslands**, vers la ville de **Pierre**, l'Ouest commence à apparaître.

Le Corn Palace de Mitchell.

LE SOUTH DAKOTA : LA WEST RIVER

Cette partie occidentale du South Dakota est indiscutablement le lieu de naissance du « Grand Ouest ». Les arêtes des Badlands et les collines sombres des Black Hills s'élèvent au-dessus de la prairie et frappent immédiatement le regard. Mais la beauté évidente de cette région ne constitue pas le seul centre d'intérêt; elle a été le témoin vivant d'une histoire tumultueuse. A l'ouest de Pierre et de la Missouri River, l'US 14 apparaît comme un ruban d'argent coupant à travers l'herbe des vallonnements. La route coïncide avec une portion de l'**Old Deadwood Trail**, une piste légendaire de diligences. Ces dernières se rendaient peut-être dans des terres sauvages, elles n'en étaient pas moins des îlots de civilités où s'observaient des règles très strictes. *« Si vous buvez, partagez votre bouteille avec les autres »*; chiquer du tabac était autorisé, mais il était recommandé de cracher *« ...dans le sens du vent, jamais dans l'autre »...*

La route prend la direction du sud puis reprend la direction de l'ouest vers **Cottonwood**, une cité qui est annoncée par des champs de coton. En poursuivant leur chemin, les automobilistes sont sollicités par des panneaux les suppliant de s'arrêter à Wall Drug, un établissement situé à **Wall**, sur la bordure nord des Badlands. Tout dépend de votre soif, de votre faim et de votre fatigue : vous pouvez soit faire effectivement une pause immédiate à Wall, soit poursuivre, tourner vers le sud à Cottonwood et entrer directement dans les Badlands.

La route qui vous conduira à Cottonwood est en gravier et longe les collines du **Buffalo Gap National Grassland**. Dans cette zone protégée, le Service national des forêts est en train de restaurer la prairie qui a été saccagée par des pâturages intempestifs et d'autres maux. A l'ouest de la route, un paysage fantastique domine l'horizon, les **Badlands**. Ce nom (*bad land* signifie « mauvaise terre ») a été hérité des Sioux. Les trappeurs français du début du XIXe siècle décrivaient les lieux comme une région dangereuse à traverser. La plupart des voyageurs d'aujourd'hui doivent partager cet avis, puisqu'ils tournent le dos aux Badlands et se précipitent vers les Black Hills pour admirer les visages sculptés du Mont Rushmore.

Ce paysage tourmenté par l'érosion a souvent servi de symbole pour exprimer le malaise de la jeunesse ou le déracinement. Le chanteur Bruce Springsteen a exploité ce thème (*Badlands*, 1978), de même que le cinéaste Terence Malick (*Badlands*, 1973). Malgré ces sombres connotations, le site est d'une beauté époustouflante, notamment dans la **vallée de la White River**. On a dit des Badlands que c'était un « enfer pris par les flammes », mais ce sont pourtant le vent et l'eau qui ont sculpté ces formes impressionnantes. Des arêtes, des tours, des aiguilles et des canyons se dressent vers le ciel, et présentent des couleurs qui prennent les teintes les plus remarquables à l'aube et au crépuscule.

Le **Badlands National Park** est composé de plusieurs parcelles de terrain,

Deux figures d'antan : à gauche, le shérif de Deadwood ; à droite, bison sur les terres des Black Hills.

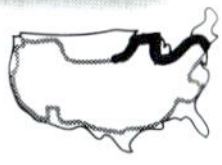

prises dans le Buffalo Gap National Grassland et la **Pine Ridge Indian Reservation**. Les voyageurs ont parfois la surprise de rouler dans un paysage de collines verdoyantes, puis d'être confrontés brusquement aux Badlands, au pied de gigantesques châteaux de sable, ou au bord d'un canyon. Un circuit de 65 km traverse le parc et donne accès aux sites qui ont un intérêt géologique ou paléontologique.

La vie dans les Badlands

Les Badlands regorgent de fossiles du miocène et de l'oligocène (des périodes remontant à près de trente-cinq millions d'années). Les spécialistes ont ainsi pu déterminer que ces terres étaient habitées par des ancêtres de chameaux, de tigres ou de chevaux. La plupart de ces empreintes ont été recueillies par la **South Dakota School of Mines and Technology** qui les expose au **Musée géologique** de **Rapid City**. Certains de ces animaux fossiles ont alimenté les légendes sioux qui parlent d'un «Cheval-Tonnerre». Cet animal mythologique aurait eu la faculté de descendre du ciel pendant les orages et de tuer les bisons.

Mis à part les fossiles, il existait une vie animale bien réelle dans les Badlands jusqu'au XIXe siècle. Mais elle fut décimée dès la fin du siècle par les prospecteurs d'or qui se rendaient dans les Black Hills. Grâce aux politiques de protection et de repeuplement menées par les autorités fédérales, des bisons, des antilopes et des chiens de prairie se sont à nouveau implantés sur ces terres. Les chiens de prairie sont des animaux qui vivent embusqués dans des réseaux de tunnels et de cavités. Si d'aventure vous vous approchez trop près, vous ne manquerez pas d'entendre un aboiement strident qui ne vous laissera aucun doute.

Ces chiens sont l'un des fléaux pour les ranchs, dans la mesure où le bétail peut être attaqué s'il vient à passer sur des trous habités. Une autre calamité est le climat, aussi sévère qu'imprévisible. Les anciens parlent toujours du blizzard de 1905, au cours duquel les températures basculèrent brutalement: on passa sans

Dans les Badlands.

transition des douceurs printanières aux rigueurs les plus extrêmes de l'hiver.

Des milliers de têtes de bétail et de chevaux émigrèrent vers le sud, chassés par le vent, et trouvèrent la mort devant la face nord des Badlands.

Terres désolées ou terres habitées ?

Assez peu de gens visitent les Badlands, et les touristes qui viennent ne s'y attardent guère. Mais ces voyageurs sont encore très nombreux comparés aux habitants des Badlands. L'un de ces résidents, Lavanne Green, compte parmi les plus accueillants; il s'agit de la propriétaire du **Woodenknife Drive-Inn** à **Interior** (population: soixante-dix habitants). Personne ne peut manquer cet établissement: son enseigne au néon ressort particulièrement bien sur la nudité du paysage, insistant sur deux mots que tous les gens connaissent, *eat* et *food*.

Scenic (un adjectif qui signie superbe, touristique) est un hameau délabré qui a reçu ce nom par dérision. Une église minuscule, des cabanes abandonnées, quelques *mobile homes* et une poste sans âge, des voitures désossées constituent l'essentiel du décor; et, en bordure du lieu-dit, l'endroit que les gens viennent voir: le **Longhorn Saloon**. L'établissement date de 1906, et la poussière qui recouvre le sol s'est accumulée depuis cette date, comme les trous de balles et les fers de marquage pour le bétail qui ornent le plafond. Des sièges de tracteurs montés sur des barils servent de tabourets de bar. Sur la façade, ornée de crânes, on peut lire un avertissement: *« No Indians allowed »* (« Les Indiens restent dehors »). Pourtant, le barman est un Sioux oglala de la Pine Ridge Reservation.

Cette réserve indienne jouxte la parcelle sud du Badlands National Park, et coïncide avec le comté de Shannon, qui a le revenu par habitant le plus faible des États-Unis. Sur ces terres, une petite vallée, la **Wounded Knee Creek**, mène de la White River au site du célèbre massacre qui s'est déroulé le 29 décembre 1890 et qui constitue le dernier épisode tragique des guerres indiennes. Wounded

Une église solitaire domine le site du massacre de Wounded Knee.

Knee est aux États-Unis un symbole vivant, même s'il est diversement interprété par les uns et par les autres.

Wall Drug, dans le village du même nom, est le *drugstore* le plus incroyable qui ait jamais été conçu. Situé sur la partie nord des Badlands, le long de la route principale, il est pratiquement impossible de ne pas y faire un tour pour une raison ou pour une autre, lorsque l'on passe dans cette région du South Dakota. La première raison est la présence le long de la route de ces panneaux qui ont été installés par l'apothicaire Ted Hustead au début des années 30. A partir de la Missouri River, le plus stoïque des voyageurs commence à ressentir le besoin d'un bon verre d'eau glacée de chez Wall Drug. C'est de cette manière que le premier *drugstore* d'un petit village poussiéreux a commencé sa carrière: c'était un *Ice Water Store* («boutique d'eau glacée»). Aujourd'hui, Wall Drug couvre la presque totalité de Main Street. On peut toujours y trouver un cachet d'aspirine et le prendre avec un verre d'eau fraîche. Mais l'établissement s'est singulièrement agrandi. On trouve une chapelle pour ceux qui cherchent à se recueillir, une boutique spécialisée dans les vêtements et les bottes, une librairie, une galerie d'art, et un assortiment incroyable de curiosités touristiques, dont des répliques en plastique du Mont Rushmore (pour ceux qui en ont assez de faire des kilomètres en voiture), des images de Butch Cassidy et de Sundance Kid, etc. Le café est gratuit pour les chasseurs, les skieurs, les couples qui passent leur lune de miel, les militaires et les conducteurs de poids lourds. Un jour faste, vingt mille personnes environ passent à Wall Drug. Ce *drugstore* fait partie des grandes réussites du commerce américain. 80 km environ vous séparent de **Rapid City**. La route traverse des étendues de prairies et de champs de blé. Rapid City, construite par des prospecteurs en 1876, est la cité qui permet d'accéder aux Black Hills.

Paha Sapa

«... Aussi longtemps que la rivière coulera, que l'herbe poussera, et que les

Fronton du saloon de Scenic.

arbres feront des feuilles, Paha Sapa — les Black Hills du South Dakota — resteront la terre sacrée des Indiens sioux.» (Extrait du Traité de 1868 entre le gouvernement des États-Unis et le peuple sioux.)*«Il y a de l'or dans ces montagnes!»* (un cri lancé par les éclaireurs de l'armée des États-Unis en 1874).

Ces paroles résument parfaitement le déroulement de l'histoire des **Black Hills** à la fin du XIXe siècle. Une période marquée par les trahisons, les déceptions et le sang versé. Les droits éternels des Sioux sur les Black Hills furent reconnus par les Blancs, pour qui ces montagnes n'offraient aucun intérêt, jusqu'au moment où l'on y découvrit de l'or.

En 1874, le général George Armstrong Custer dirigea une expédition de reconnaissance. La présence d'or fut alors confirmée et une foule de prospecteurs se rua dans les montagnes, en dépit du traité de 1868. Des années de combat suivirent, mais les Sioux ne retrouvèrent jamais leurs droits sur Paha Sapa.

Les foules n'ont toujours pas abandonné les Black Hills, et surtout pas le **mont Rushmore**, ce «phare de la démocratie» qui n'a jamais été achevé.

Après Rapid City et tous les développements touristiques de l'US 16, on trouve un itinéraire d'une tout autre nature, l'**Iron Mountain Road**, qui fait partie de ces routes spectaculaires des Black Hills construites dans les années 30 pour le confort des touristes : on y trouve des virages en épingle à cheveux, des tunnels creusés dans le granit, des ponts qui avaient autrefois une structure en bois.

Au lieu de tourner et virer sur les flancs de la montagne, l'Iron Mountain Road monte tout droit vers le sommet. Elle passe par le mont Rushmore, que l'on aperçoit pour la première fois à la sortie d'un tunnel. Tous ceux qui ont vu un jour le film d'Alfred Hitchcock, *La Mort aux trousses*, auront alors la saisissante impression de revoir une scène du film, celle où Cary Grant et Eva Marie Saint, poursuivis, escaladent les gigantesques visages sculptés dans le rocher. Pourtant personne ne grimpe ici ; l'escalade du site est formellement interdite. Si vous voulez voir de plus près les traits des présidents

Vieille station-service près de la frontière entre le South Dakota et l'Iowa.

américains, il vous faudra louer un hélicoptère.

La montagne doit son nom à Charles E. Rushmore, un procureur de l'État de New York qui visita la région en 1885. Un jour qu'il désignait ce sommet et qu'il demandait son nom (il n'en avait pas encore), il s'entendit répondre obligeamment *« le mont Rushmore »*.

Dans les années 20, Doane Robinson, l'historien attitré du South Dakota, étudia des projets susceptibles d'attirer les visiteurs vers les Black Hills. Il privilégia l'idée d'une sculpture géante qui représenterait quelques-uns des personnages célèbres de ces montagnes. En définitive, les présidents des États-Unis les plus connus (George Washington, Thomas Jefferson, Abraham Lincoln, puis Theodore Roosevelt) furent retenus. En 1927, un ancien élève de Rodin, le sculpteur Gutzon Borglum (alors âgé de soixante ans) fut chargé de réaliser ces portraits géants. Il consacra le restant de sa vie à ce travail prodigieux. La mort du sculpteur et le bombardement de Pearl Harbor mirent un terme aux travaux. Borglum voulait que les présidents soient sculptés jusqu'à la taille. S'il avait commencé son travail par le bas, les Américains auraient eu là une drôle d'image de la démocratie !

Rapidement, le projet devint un objet de controverse, parce que c'était un gouffre financier et à cause du tempérament de Borglum. A titre d'exemple, on raconte qu'il décida d'incorporer Roosevelt à sa galerie de portraits, uniquement parce que l'exécution de ses lunettes représentaient une grande difficulté technique. Quoiqu'il en soit, l'ambition et le talent de Borglum furent à la mesure du projet, et le mémorial reste une illustration superbe de son génie.

Les visiteurs se retrouvent tous au **Mount Rushmore National Memorial**, et il faut une armée de gardiens de parkings pour surveiller ces centaines de voitures qui font un peu penser à un Salon de l'automobile. A certaines époques de l'année, le défilé des touristes venus de tous les pays du monde devient une attraction aussi intéressante que le mont Rushmore lui-même...

Le Mount Rushmore National Memorial.

SALT LAKE CITY ET LES MORMONS

Salt Lake City, dans le centre-nord de l'Utah, est une ville qui vit largement du tourisme, grâce à la célébrité mondiale de l'**Église de Jésus-Christ des saints des derniers jours**, plus connue sous le nom d'**Église mormone**. Pour célébrer le jour où Brigham Young fonda le royaume mormon de Deseret et Salt Lake City, le **This Is The Place Monument** s'élève dans le débouché de l'**Emigration Canyon**, sur les contreforts ouest des **Wasatch Mountains**. Les Mormons furent précédés par des explorateurs espagnols au XVIIIe siècle, et des trappeurs, mais ils furent les premiers à installer ici une colonie blanche. Ils fuyaient la persécution politique, économique, sociale et religieuse dont ils étaient victimes depuis que Joseph Smith avait fondé l'Église à Fayette, dans l'État de New York, en 1830. Lorsque ce dernier fut lynché par des opposants, Brigham Young devint le nouveau prophète de l'Église (selon les Mormons, le Christ est vivant et guide son Église par l'intermédiaire de prophètes sur la terre). Il partit à la tête de fidèles vers le Grand Lac Salé et, le 24 juillet 1847, il toucha la terre de sa canne en déclarant: *«This is the place»* («Cet endroit est le bon»).

Aujourd'hui les principaux bâtiments de l'Église se trouvent dans le centre ville. **Temple Square** (4 ha) est le grand sanctuaire mormon; on y trouve de nombreux monuments et une demi-douzaine d'églises (dont le superbe **Mormon Temple**) enclos derrière un mur. Au sommet des six flèches qui couronnent le temple, s'élève la statue dorée de l'ange Moroni, qui dicta à Joseph Smith, dans une sorte de révélation, *Le Livre de Mormon*. La violence est très rare dans cette ville de cent soixante-dix mille habitants, dont 56 % sont des Mormons. Il est difficile d'y trouver de l'alcool (l'Église interdit son usage, ainsi que celui du tabac, du café, du thé et des drogues), et le taux de divorce est le plus faible du pays. Pour les Mormons, la famille est une structure essentielle; les jeunes gens se marient tôt. La polygamie constituait l'une des bases de l'Église (Brigham Young aurait eu vingt-sept femmes), mais elle fut abolie en 1890 après de sévères conflits avec Washington.

Certains quartiers de la ville n'ont rien (ou très peu) à voir avec l'Église. Surmonté par un dôme en cuivre et entouré de jardins fleuris, le **Capitol**, qui abrite la Chambre des représentants, le Sénat et la Cour suprême de l'État, est l'un des édifices gouvernementaux les plus remarquables des États-Unis. On peut aussi admirer le **Salt Palace** (une salle de concerts de vingt-huit mille places), le **Bicentennial Center for the Performing Arts** (une autre salle de spectacle) et le **Pioneer Trail State Park** (un parc comprenant une dizaine de bâtiments rénovés d'époque coloniale).

Le **Great Salt Lake** (le **Grand Lac Salé**) est situé à 32 km au nord-ouest de la ville. Cette étendue salée morte et surchauffée fait plus de 100 km de longueur. Si vous supportez les mouches (omniprésentes), nous vous conseillons vivement de faire le détour.

Crazy Horse

Le mont Rushmore n'est pas le seul site sculpté des Black Hills. On peut aussi visiter le **Crazy Horse Memorial**, une sculpture entreprise par Korczak Ziolkowski, un disciple de Borglum. Si le mémorial du mont Rushmore est inachevé, celui de Crazy Horse, de dimensions encore plus ambitieuses, en est encore au stade des balbutiements. Ziolkowski, aujourd'hui disparu, a laissé des plans et des instructions détaillés, si bien que le site — la cité de Crazy Horse, depuis les travaux — fourmille d'ouvriers.

Ziolkowski fut engagé par le chef Henry Standing Bear pour sculpter le portrait du grand chef sioux Crazy Horse, afin que les hommes blancs sachent que *« les peaux-rouges avaient aussi leurs grands héros »*. Bien que huit millions de tonnes de rocher aient déjà été déblayées depuis 1949, il est encore impossible de visualiser l'image du guerrier à cheval, sans l'aide d'une représentation en plâtre au 1/34e. Cela dit, la visite du site vaut largement le déplacement, ne serait-ce que pour l'**Indian Museum of North America**, ou l'**atelier de Ziolkowski**.

Tout ce que l'on y apprend sur la vie du sculpteur, sur sa famille, son travail, ses idées, est absolument passionnant. Il se décrivait lui-même comme un « raconteur d'histoires en pierre », et ces mots ont été gravés sur sa pierre tombale.

Au sud du mont Rushmore et de Crazy Horse, se trouve **Wind Cave**, la première grotte à avoir été déclarée parc national. Avec **Jewel Cave** (l'équivalent un peu plus à l'ouest), elles constituent respectivement les huitième et quatrième plus grandes grottes du monde. Dans ces splendides galeries souterraines, on peut admirer d'extraordinaires formations de calcite colorée, et des structures en nids d'abeilles qui sont extrêmement rares ailleurs. Mais sachez que la visite de ces grottes demande un réel effort, même s'il n'est pas besoin d'être un sportif de haut niveau.

Au nord de Wind Cave, en direction de Lead, on prend ensuite la **Needles Highway**, une autre grande route des Black Hills qui fut construite pour donner

Le Crazy Horse Memorial, hommage inachevé à un héros indien.

accès aux Needles, ces aiguilles de granit qui surgissent des Black Hills. La route traverse de nombreux tunnels et offre de superbes panoramas sur la région. Mais n'oubliez pas de vous servir de votre klaxon lorsque vous roulez, vous éviterez ainsi des face à face désagréables...

Du plomb à l'or

Après Needles Highway, en poursuivant votre chemin vers **Lead**, vous traverserez de sombres et denses pinèdes ; l'atmosphère se remplit alors du parfum des pins. Ce sont ces paysages très particuliers qui ont donné leur nom aux Black Hills. La ville de Lead (dont le nom signifie « mine de plomb ») possède en fait la mine d'or la plus importante des États-Unis, la **Homestake Mine**. Il s'agit de toute évidence d'une ville de prospection. L'ensemble de l'activité minière est désormais souterraine et le principal intérêt « visible » de la cité reste l'**Open Cut**, une entaille faite dans le flanc de la montagne, où les premières pépites furent trouvées en 1876. Les habitants de Lead aiment dire de leur ville que c'est une cité à trois dimensions : plus d'un mile en altitude, plus d'un mile en longueur et plus d'un mile en profondeur.

Portrait d'un guerrier sioux du siècle dernier, de Mark R. Stewart.

Le Grand Ouest

Au nord-est de Lead, **Deadwood** est une autre ville des Black Hills bâtie lors de la ruée vers l'or. C'était en fait le principal centre de prospection avant que le filon de Lead ne soit découvert. Dans les années 1870, cette cité fut l'archétype de la cité du Grand Ouest avec tous ses mythes, grâce en particulier à des personnages comme Wild Bill Hickok et Calamity Jane, qui sont d'ailleurs enterrés l'un à côté de l'autre, au **mont Moriah Cemetery**, bien au-dessus de la ville, conformément aux dernières volontés de Calamity Jane.

Depuis cette époque, Deadwood est devenue une charmante localité avec une rue principale (**Main Street**) chargée d'histoire, nichée haut dans la montagne et soucieuse de préserver son image « Grand Ouest ». Le shérif de l'endroit a d'ailleurs l'allure qui convient parfaitement à son rôle; on jurerait qu'il a été le témoin de centaines de rixes et de règlements de comptes. Et il n'hésite pas à affirmer : *« Il y a encore eu une fusillade de la semaine dernière ! »*

Vous pourrez toujours visiter le **Saloon #10**, où Wild Bill fut abattu par Jack McCall, un endroit que l'on présente parfois comme *« le seul musée du monde avec un bar »*. L'autre grande attraction de l'endroit reste bien entendu ses boutiques d'orfèvrerie. On réalise ici des objets en mélangeant à l'or jaune, l'or rouge (avec du cuivre et de l'argent) et l'or vert (avéc du zinc et de l'argent); le symbole de cette technique est la feuille de vigne tricolore. Enfin, d'intéressants monuments vous attendent : le **Green Door Brothel** et le **Bela Union Theatre**, des établissements qui servirent d'église, de tribunal et d'hôtel de ville.

Mais sachez que toutes les légendes qui sont attachées à la ville font désormais sourire ses habitants. Ainsi en témoigne une chaise placée devant un établissement et sur laquelle un écriteau dit : *« La seule chaise à Deadwood sur laquelle fut tué Wild Bill. »*

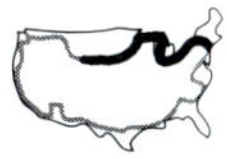

"WHERE THE
WEST BEGINS"

LE WYOMING ET LE MONTANA

Que dire de l'Ouest, sinon qu'il ne ressemble à rien d'autre aux États-Unis. C'est la terre des dernières chances et des rêves oubliés, mais c'est aussi un espace de grandes étendues sauvages somptueuses où la population est très peu nombreuse. Ici, le sport favori des habitants n'est pas le football américain, ni le baseball, mais le rodéo. Le Wyoming, *Big Wyoming*, et le Montana, *Big Sky Country*, sont les deux États les plus typiques de l'Ouest. Ce sont eux qui ont le plus de bars, de *drive-in*, de stations-service, de voitures et de *mobile-homes* par habitant.

Lorsque vous descendez des Black Hills du South Dakota par le spectaculaire **Spearfish Canyon**, vous rejoignez directement l'I 90, à moins de 16 km de la frontière du Wyoming. Le *Cowboy State* vous souhaite la bienvenue par l'intermédiaire d'un grand panneau qui mentionne : *« Vous voici dans le Big Wyoming. »* Et tandis que le South Dakota a choisi l'image de ses plus grands présidents pour le représenter, le Wyoming préfère celle d'un cow-boy monté sur un cheval qui cherche à le désarçonner. Cet État possède une petite partie de la **Black Hills National Forest**, près de **Sundance**, à côté de la frontière. Hardy Longabaugh, qui reçut le célèbre surnom de Sundance Kid, fut soupçonné du meurtre du shérif, et se réfugia avec sa bande dans une planque, **Hole in the Wall**, à 240 km au sud-ouest d'ici. Autrefois limitée au périmètre de l'État, la célébrité de ce hors-la-loi a maintenant franchi de nombreuses frontières grâce au film de George Roy Hill dans lequel jouait Robert Redford, *Butch Cassidy and the Sundance Kid*. A la sortie de Sundance, l'US 14 tourne en direction des Black Hills et passe aux abords d'une autre célébrité cinématographique, la **Devil's Tower**, cette tour rocheuse qui obsède les personnages de *Rencontres du troisième type*, de Steven Spielberg. On aperçoit cette dent rocheuse à plus de 150 km. Haute de plus de 260 m, elle s'élève sur la rive opposée de la **Belle Fourche River**, à l'endroit où les Black Hills rencontrent les ravins et les prairies des plaines. Les premiers Blancs qui explorèrent la région lui donnèrent ce nom étrange de Devil's Tower (« La Tour du diable »), ce qui est probablement une déformation d'un premier nom indien. Elle était au centre de nombreuses légendes sioux avant de devenir un important point de repère pour tous ceux qui s'aventurèrent dans les contrées de l'Ouest. La plupart des visiteurs se contentent de l'admirer de loin, mais on peut se promener au pied (attention aux serpents à sonnettes). Vous pourrez vous rendre compte qu'il s'agit d'un site vraiment extraordinaire, avec des dimensions et une forme presque surnaturelles, qui resplendit encore plus au crépuscule. Le président Theodore Roosevelt en fut tellement impressionné qu'en 1906 il en fit le premier monument national.

Au sud de la Devil's Tower, la route rejoint l'I 90 à **Moorcroft**, une ancienne ville d'élevage de bétail. Une grande piste, la Texas Trail, passait par ici au XIXe siècle, foulée par les cow-boys qui

…ux cow-boys : à gauche, …igie indiquant l'ouest ; à droite, bien vivant, dans le TX Ranch.

menaient les bêtes jusque dans le Montana. Plus à l'ouest, par **Gillette**, on trouve de vastes et superbes plaines. Avant de traverser deux cours d'eau, la **Powder River** et la **Crazy Woman Creek**, vous apercevrez au loin les sommets enneigés des **Bighorn Mountains**.

Lorsque l'on voyage en direction de l'ouest, ces montagnes sont les premières que l'on rencontre. Elles doivent leur nom à une espèce de mouton autrefois très répandue dans ces montagnes, le *big-horn*, qui a maintenant presque totalement disparu. Aussi abruptes que majestueuses, les Bighorn Mountains annoncent déjà les Rocheuses. Les contreforts est sont traversés par l'I 90, comme ils l'étaient jadis par le Bozeman Trail, une piste tracée au XIXe siècle dans le territoire de chasse des Sioux, des Crows, des Cheyennes, et qui fut donc le théâtre d'affrontements sanglants.

Buffalo, là où la route prend la direction du nord, reçut son nom en hommage à sa «cousine» de l'État de New York; les bisons, ces animaux américains qui peuplaient autrefois les grandes plaines, n'y sont strictement pour rien. Ce fut l'une des toutes premières cités de cette partie du Wyoming; par sa rue principale passait une ancienne piste. Vous pourrez y visiter le **Johnson County Jim Gatchelle Memorial Museum**, qui commémore la Johnson County Cattle War (guerre du comté de Johnson), qui éclata dans les environs de Buffalo en 1892: les gros propriétaire du Sud de l'État, sous prétexte de punir des voleurs de bétail, envahirent le comté de Johnson en détruisant tout sur leur passage. La cavalerie américaine dut intervenir pour faire cesser «la guerre du bétail».

La route de Buffalo à Sheridan passe à proximité des ruines de **Fort Phil Kearny**, un monument classé. Cette installation de l'armée fut certainement la plus détestée de toutes celles qui bordaient la Bozeman Trail; abandonnée en 1868, elle fut immédiatement incendiée par les Indiens de la région.

Située à une trentaine de kilomètres au sud de la frontière du Montana, la petite ville de **Sheridan** est la capitale d'un comté qui était autrefois peuplé par les

Le Sheridan Inn ; Buffalo Bill y logea.

Indiens crows. Elle vit essentiellement de l'élevage de bétail. Le chemin de fer y fit son apparition en 1890, immédiatement après la découverte du charbon, et joua un rôle de premier plan dans le développement de la ville.

Les Américains connaissent Sheridan grâce surtout à la fête qui s'y déroule vers la fin du mois de juillet, l'All American Indien Days, un rassemblement de plus de cinq mille Indiens de différentes tribus, et à son hôtel, le **Sheridan Inn**. Juste en face de la gare ferroviaire, se dresse le Sheridan Inn, ouvert en 1893 par la Burlington Railroad and Sheridan Land Company. Ce bâtiment élégant, devant lequel court un long auvent, fut abandonné et voué à la démolition vers le milieu des années 60. Heureusement il fut sauvé par le propriétaire d'un des ranches de la région, Neltje King, qui y voyait plus qu'une vieille bâtisse délabrée. A ses yeux, cette perte signifiait la disparition de l'une des grandes pages de l'histoire de la région. Le Sheridan a réouvert: c'est devenu un restaurant qui abrite un musée consacré à la grande époque des pionniers. Construit sur le modèle d'une auberge écossaise, la plupart des matériaux qui servirent à l'édification du Sheridan furent envoyés de l'Est par chemin de fer. A l'époque, l'établissement avait la réputation d'être l'hôtel le plus moderne entre Chicago et San Francisco. Plusieurs présidents y séjournèrent, ainsi qu'un grand nombre de célébrités comme Ernest Hemingway ou le général Pershing. Des propriétaires de ranches étaient capables de faire des kilomètres et des kilomètres pour passer ici un week-end agréable, tandis que leurs femmes conservaient à l'hôtel une malle entière de robes de soirée.

L'hôtel fut le premier édifice de la région à être équipé de baignoires et d'ampoules électriques. Le courant était produit par une ancienne batteuse, et les ampoules étaient allumées du crépuscule jusqu'à minuit; à ce moment, un coup de sifflet retentissait pour avertir les clients et éviter qu'il ne soient surpris par l'obscurité. Quelques années plus tard, le Sheridan Inn fut aussi le premier établissement à s'équiper du téléphone, une

Deux portraits de Buffalo Bill ; ci-dessous, en compagnie du chef Sitting Bull.

ligne directe avec le drugstore. Mais la plus grande fierté de l'hôtel fut toujours son bar, construit en Angleterre avec du chêne et de l'acajou, et que l'on peut toujours voir. Ce bar fut envoyé de l'Est avant l'achèvement de la ligne de chemin de fer, si bien qu'il fallut le convoyer à partir de Gillette dans une voiture tirée par des bœufs. Sa célébrité est si grande qu'il a même reçu un surnom, le **Buffalo Bill Bar**. La raison est très simple: William F. Cody, alias Buffalo Bill, avait fait du Sheridan Inn sa deuxième maison, et en possédait une partie. Il avait l'habitude de s'asseoir sous l'auvent pour faire répéter les numéros qu'il présentait dans un show à travers les États-Unis.

Les guerres indiennes

Au nord de Sheridan, par l'I 90 qui se dirige vers Billings dans le Montana, se trouvent deux sites réputés qui furent le théâtre de guerres indiennes dans les années 1860. Sur ces terres fertiles, où se sont installés des ranches, les troupeaux de bisons étaient autrefois très nombreux.

Connor Battlefield se situe à **Ranchester**: c'est d'ici que le général Patrick E. Connor partit à la tête d'une troupe de plus de trois cents soldats contre un camp arapaho. Le massacre se solda par la mort de soixante-quatre Indiens et l'anéantissement du camp. Les femmes et les enfants ne furent pas épargnés, ce qui valut au général de perdre son commandement.

Juste au nord de Ranchester on atteint la frontière du Montana et la **Crow Indian Reservation**. La route suit le cours de la Little Bighorn River et pénètre dans un pays formé de prairies ondulantes agrémentées d'une végétation luxuriante.

A **Garryowen**, on trouve **Custer Battlefield**, le second des champs de bataille que nous venons d'évoquer. La bataille de Little Bighorn, surnommée «Le dernier combat du général Custer», ne dura pas plus de temps qu'il en faut à un homme blanc pour avaler son souper, si l'on en croit un observateur de l'époque. Les Sioux et les Cheyennes qui prirent part à la bataille connurent la plus

Tableau montrant le général Custer en pleine bataille.

grande défaite de leur histoire. Deux cent soixante pierres tombales en marbre blanc marquent aujourd'hui le site, avec les paroles du chef oglala Black Elk, en lakota et en anglais: *«Reconnaissez le Pouvoir de la Paix.»*

Après ce site, on atteint **Crow Agency**, le chef-lieu de cette réserve indienne de plus d'un million d'hectares. A l'origine, un traité accordait 15 millions d'hectares au territoire crow. Cette zone traversée par la rivière Bighorn fut décrite ainsi, dans les années 1830, par le chef crow Rotten Belly: *«Notre terre est dans un endroit idéal. On peut y trouver tout ce qui est bon. Aucune terre n'est comparable à celle des Crows.»* De Crow Agency à **Billings**, l'I 90 longe la bordure nord de la réserve indienne. Avant de franchir la **Yellowstone River** à Billings, on est assailli par les émanations malodorantes des abattoirs.

On dit que tout est possible en Amérique. Et en vérité, on peut vivre un jour les habitudes de la routine, lire les journaux, prendre les transports en commun, aller au cinéma, et se retrouver plongé le lendemain dans l'immensité d'espaces sauvages où les gens vivent, à peu de chose près, comme leurs ancêtres le faisaient au début du siècle.

Tout commence au **Billings Logan International Airport**, où un groupe de personnes venant d'horizons complètement différents se rencontrent et attendent qu'Abby Tillett les conduise dans son élevage de vaches.

La famille Tillett dirige un ranch, le **TX Ranch**, dans la grande tradition de l'Ouest. Il se trouve à **Lovell**, dans le Wyoming, juste au sud de la frontière avec le Montana. Lovell est connue pour la foire annuelle qui s'y déroule en juillet, les Mustangs Days. L'été, les Tillet doivent conduire le bétail dans les pâturages du Montana, et Abby part avec son fils Hip rejoindre les installations prévues pour les «pieds tendres».

Le campement est situé au beau milieu des collines de la réserve crow, entre la **Bighorn River** et les **Pryor Mountains**. En chemin, la qualité de la route se détériore au fur et à mesure que l'on progresse vers des terres isolées: de la pierre,

La mystérieuse Medicine Wheel.

puis un chemin de terre, et enfin une piste qu'il vaut mieux emprunter à cheval.

N'espérez pas trouver ici le confort moderne; de plus c'est un endroit où l'on travaille très dur. Il n'y a pas de lits (on dort sous la tente), pas d'électricité, pas de téléphone, pas d'eau courante. Si vous mourez d'envie de prendre une douche après une rude journée passée en selle, il y a une technique très simple: vous prenez un sac étanche que vous remplissez d'eau au ruisseau le matin, vous le laissez chauffer au soleil toute la journée, et le soir venu vous le suspendez au-dessus de votre tête et vous y faites un trou. Tous les gens qui sont venus au TX Ranch y ont trouvé leur bonheur et sont repartis après une semaine bien plus régénérés que s'ils avaient passé le même temps dans n'importe quel club de vacances. Certains reviennent ainsi chaque année reprendre une bouffée de «vie authentique». Le TX Ranch n'est pas le seul à être ouvert aux visiteurs. Vous obtiendrez tous les renseignements utiles en contactant les offices du tourisme de la région.

La Medicine Wheel

A l'approche des Bighorn Mountains par l'I 90, du Montana au Wyoming, on aperçoit peu à peu une route qui remonte les pentes enneigées. En prenant à l'ouest de Ranchester la direction de Lovell, vous pourrez en suivre le chemin. L'US 14, à la sortie de Ranchester, grimpe dans la Bighorn National Forest jusqu'à **Burgess Junction**. A partir de cet endroit, la progression devient nettement plus difficile; aussi, de nombreuses aires de sécurité ont-elles été prévues.

Une trentaine de kilomètres après Burgess Junction, on aborde pendant 5 km une route de gravier qui conduit à l'**Indian Medicine Wheel**. La route, de relativement bonne qualité, est en revanche extrêmement étroite, mais le paysage et la vue valent vraiment la peine d'aller jusqu'au bout. Avant d'arriver, vous avez le choix entre un radar (qui n'a rien d'historique) et l'ancienne Indian Medicine Wheel, en prenant sur la droite. Cette «roue magique» est la plus élaborée d'une série de cercles de pierre qui

L'Old Trail Town, à Cody.

ont été découverts à l'est des Rocheuses. Ses vingt-huit rayons forment une roue presque parfaite de 22 m de diamètre. On estime que cette réalisation est vieille de plus de six siècles, mais sa fonction reste mystérieuse. Comme souvent en pareil cas, les spécialistes pensent à un calendrier astral indien.

L'US 14A descend ensuite vers le **Big Horn Basin**. Protégée par les montagnes environnantes, cette région bénéficie d'un climat plus clément que dans le reste de l'État. Essentiellement vouées à l'élevage, ces terres furent le théâtre des derniers grands conflits de la « guerre du bétail », qui opposa les cow-boys, les bergers et les fermiers au début de ce siècle.

L'US 14A rejoint ensuite Cody à partir de Lovell, en traversant la Shoshone River Valley. **Lovell** fut fondée par des propriétaires de ranches dans les années 1870. Toujours associée à l'élevage, cette petite cité est également connue comme la « ville des roses ». Après Garland, les Rocheuses apparaissent pour la première fois, avec au premier plan la **Heart Mountain**. On arrive tout de suite après à Cody, une petite ville qui doit son nom et sa célébrité à Buffalo Bill, de son vrai nom William F. Cody (1846-1917).

La cité de Buffalo Bill

Il est impossible de traverser **Cody** sans s'apercevoir des hommages qui sont rendus à la mémoire de ce personnage aux multiples facettes : cavalier pour le Pony Express (ce réseau postal qui acheminait à cheval le courrier entre le Missouri et San Francisco), soldat, chasseur de bisons pour préserver les lignes de chemin de fer, chef de l'armée des éclaireurs, propriétaire de ranch, acteur puis homme de spectacle avec sa Wild West Exhibition, un spectacle en vogue dans toutes les grandes villes des États-Unis à la fin du XIXᵉ siècle. Il fut l'homme qui influença de façon déterminante l'image de l'Ouest américain à travers le monde.

Cody est la ville la plus touristique de la contrée et tout y rend hommage à son héros Buffalo Bill. La ville est aussi le passage obligé des visiteurs qui se rendent au parc national de **Yellowstone**.

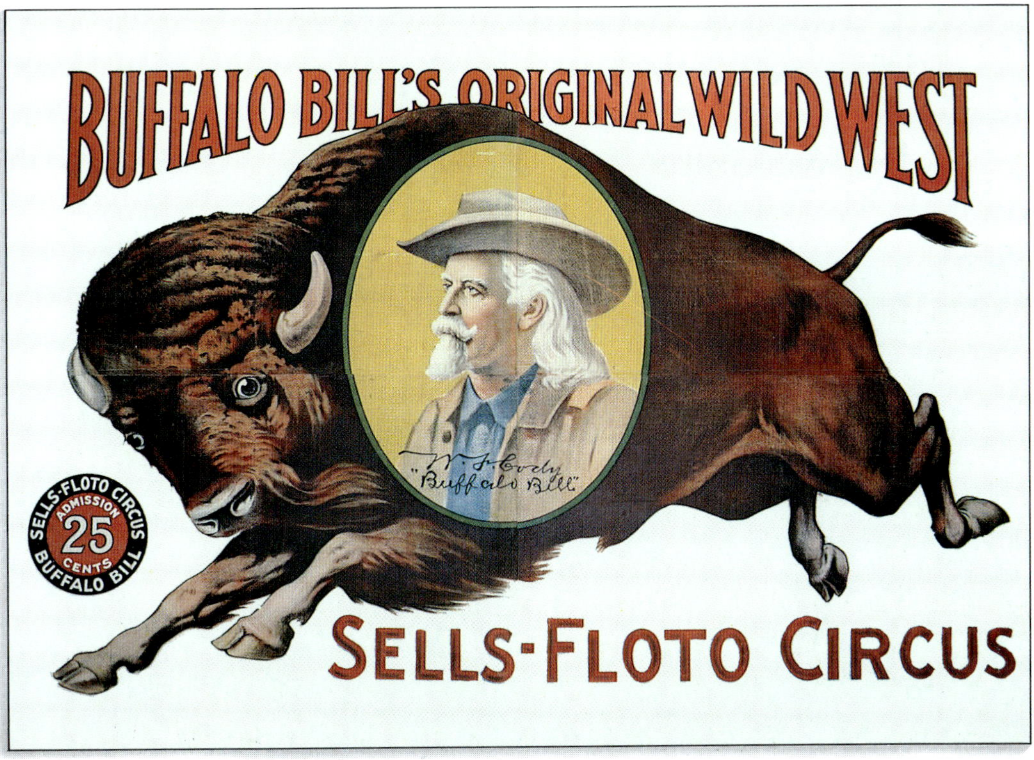

Affiche originale d'un spectacle, qui appartient au Buffalo Bill Historical Center.

Vous pourrez visiter le **Buffalo Bill Historical Center**, qui regroupe quatre musées: le **Buffalo Bill Museum**, la reconstitution de sa maison natale qui expose ses objets personnels; la **Whitney Gallery of Western Art**, où sont exposées des peintures inspirées par la conquête de l'Ouest; le **Plains Indians Museum**, qui rassemble une grande collection d'objets sioux, cheyennes, shoshones, crows, arapahos et blackfeet. Plus impressionnante encore peut-être est la série de pictogrammes réalisés par Sitting Bull lorsqu'il était emprisonné à Fort Randall en 1882 et qui représentent les événements les plus importants de sa vie. Le quatrième musée, le **Winchester Arms Museum**, réunit une collection de plus de cinq mille armes à feu. Cody est également la cité du **Night Rodeo**, une vieille tradition qui se déroule lors des fêtes du 4 juillet (date anniversaire de l'Indépendance), et qui permet à Cody de revendiquer le titre de «capitale mondiale du rodéo». Légèrement à l'ouest de Cody a été reconstruite l'**Old Trail Town**, avec notamment le **Museum of the Old West** qui retrace plusieurs siècles de l'histoire de l'Ouest. On pourra également voir la **Hole in the Wall Cabin**, la cabane qui abritait Butch Cassidy et Sundance Kid.

Plusieurs personnalités de l'Ouest ont été enterrées ici, dont John Jeremiah Liver-eating Johnston, un personnage légendaire interprété par Robert Redford dans le film *Jeremiah Johnson*. Johnston mourut dans un hospice, loin des montagnes dans lesquelles il avait passé sa vie. Son corps fut rapatrié ici au cours d'une cérémonie émouvante, à laquelle participa Robert Redford.

A l'ouest de Cody, l'US 14 longe la branche nord de la Shoshone River qui serpente au milieu des formations colorées du **Shoshone Canyon** et passe à proximité du **Buffalo Bill Dam**, le premier barrage en béton construit dans le monde. La route s'engage dans un tunnel sous la **Rattlesnake Mountain**, et poursuit son chemin dans la **Wapiti Valley**, aux pâturages irrigués et aux superbes collines. Vous êtes sur le domaine de la **Shoshone National Forest**, et vous approchez du Yellowstone National Park.

La Shoshone National Forest, dans le Wyoming.

DENVER : LA VILLE EN HAUTEUR

Denver est la capitale du Colorado et une des villes les plus dynamiques des États-Unis. Ses deux surnoms, Queen City of the Plains («La Reine des Plaines») et Mile-High City («La Ville en hauteur»), indiquent qu'elle se trouve sur un plateau au pied du versant est de la Front Range des Rocheuses.

Sept kilos d'or ont été utilisés pour recouvrir le dôme du **Capitol Building**, un hommage à la ruée vers l'or qui fut à l'origine de l'édification de la ville, au milieu du XIXe siècle. La première colonie se composait en effet de prospecteurs d'or et d'administrateurs nommés par le gouverneur du Kansas, James W. Denver, qui donna son nom à la cité. La poudre d'or était alors la seule monnaie qui avait cours. Des foules de prospecteurs malchanceux, lassés par leurs recherches, affluèrent à Denver pour y trouver des armes, des bouteilles d'alcool et des femmes; aussi les salles de jeu ne fermaient-elles jamais. La légende raconte qu'un jour, un juge du comté y perdit plus de trente lots de terrain en moins de dix minutes. Ainsi, la prospérité de Denver ne cessa jamais de s'accroître, malgré le grand incendie de 1863, la crue désastreuse de la Cherry Creek l'année suivante, et un net déclin démographique. Entre 1880 et 1890, la découverte de mines d'argent donna un nouvel essor à la ville, dont la population tripla durant cette période. L'urbanisation de Denver date également de ces années. Depuis, la cité est devenue un grand centre pour les échanges commerciaux, les transports, l'agro-alimentaire et le secteur bancaire. Une visite de la ville vous permettra de voir plusieurs établissements intéressants. Tout d'abord une brasserie, la **Coors Brewery** (visite gratuite); l'**US Mint** (l'un des trois établissements aux États-Unis où est frappée la monnaie) qui, après Fort Knox, est la plus grande réserve d'or du pays; et la **Casa Bonita**, le plus grand restaurant d'Amérique qui abrite une curiosité fort originale: une cascade de 8 m descendue par des kayakistes experts!

Denver possède la collection d'art indien la plus complète du monde. La majeure partie de ces objets se trouve au **Denver Art Museum**, qui possède également des œuvres asiatiques et précolombiennes. Ce bâtiment de dix étages est recouvert d'un million de carreaux de verre gris; des ouvertures oblongues laissent passer la lumière extérieure sans que celle-ci ne détériore les œuvres exposées.

Enfin, Denver est une ville agréable. Les **Rocheuses** sont à moins d'une heure de voiture, et l'ensemble des espaces verts de la ville représente une superficie de plus de 100 ha. En plusieurs endroits de la cité on remarque un amour évident des habitants pour l'ouverture vers l'extérieur. Par exemple, la **16th Street**, appelée le **Mall** et bordée de belles demeures victoriennes, a été aménagée en une agréable promenade piétonne. La salle de concert la plus fréquentée est une réalisation merveilleuse: le **Red Rocks Amphitheater** est une installation à ciel ouvert, taillé dans du grès rouge, sur une colline dominant la ville; un cadre idéal pour la musique!

LES ROCHEUSES DU NORD

Les parcs nationaux des Rocheuses du Nord, Yellowstone, Grand Teton et Glacier, sont situés dans des régions d'une beauté à vous couper le souffle. La vie sauvage a été remarquablement bien préservée dans ces trois parcs. Celui de Yellowstone ne compte pas les geysers et les sources chaudes; celui de Grand Teton englobe une grande partie de la haute vallée des Tetons, et se trouve dominé par une chaîne montagneuse, le Teton Range; enfin, dans celui de Glacier on peut admirer de spectaculaires cols de montagnes.

La route qui relie Yellowstone et Glacier traverse la zone la plus occidentale des **Great Plains**, les terres de chasse traditionnelles des Indiens de la région. Une première description de ce domaine fut donnée par Lewis et Clark au début du XIXe siècle, puis par Charles Russell. Le paysage est maintenant dominé par des ranches et de vastes étendues de blé.

Yellowstone est à la fois un symbole et un sanctuaire. Ce parc, situé dans la partie nord-ouest du Wyoming, est le plus ancien (1872) et le plus vaste des sites naturels protégés des États-Unis. Pour la plupart des visiteurs, il est aussi le plus beau de tous. Son paysage, sculpté par le feu de l'activité volcanique et par l'eau, a été surnommé «la plus grande concentration de merveilles sur la face du monde»; ses formes et ses couleurs «dépassent toutes les ressources de l'art humain». Son activité géothermique est exceptionnellement importante: on a recensé plus de dix mille sources chaudes. Cet espace abrite également les derniers grizzlis (environ trois cent cinquante), ces ours gris qui ont pratiquement disparu aujourd'hui. Tout contribue ici à émerveiller l'œil le plus blasé.

Bien que les Indiens aient chassé sur ces terres pendant des siècles et des siècles, l'honneur de leur découverte revient à John Colter, le premier Blanc à avoir posé le pied dans ce qui est devenu le Wyoming. Plus tard, au XIXe siècle, les prospecteurs et les trappeurs ont traversé cette région, notamment Jim Bridger dont la réputation reposait sur sa connaissance de ces montagnes. Il fut tellement impressionné par les arbres pétrifiés de **Specimen Ridge**, qu'il n'hésita pas à laisser libre cours à sa verve lyrique, en affirmant qu'il avait rencontré *«des arbres pétrifiés, remplis d'oiseaux pétrifiés qui chantaient des airs pétrifiés»*. En 1870, l'inspecteur général du Montana, Henry Washburn, conduisit une expédition afin de dresser un portrait fidèle des caractéristiques de la contrée et en revint si bouleversé qu'il décida de créer «un parc pour la nation». Ce qui fut fait deux ans plus tard.

Yellowstone embrasse une superficie de plus de 800 000 ha. Ceux qui aiment les contacts directs avec la nature la plus sauvage peuvent être rassurés, cette région demeure isolée de la civilisation. Pour les visiteurs moins intrépides, 500 km de routes ont été aménagés. La **Grand Loop Road** permet d'accéder à la plupart des grandes curiosités, de **Yellowstone Lake** et du **Grand Canyon of Yellowstone** aux **Mammoth Hot Springs** et à l'**Old Faithful**. Toutes sont extraordinaires.

Beaucoup de visiteurs se rendent au geyser Old Faithful («vieux fidèle») comme par obligation. Bien qu'il ne soit plus aussi ponctuel qu'autrefois (65 mn 30 s exactement entre deux éruptions), le geyser continue de satisfaire l'attente des foules entre vingt et une et vingt-trois fois par jour. C'est aussi une belle occasion pour observer certains touristes américains, et recueillir quelques «tranches de vie» particulièrement intéressantes...

Ceux qui viennent ici pour voir les animaux sauvages ne repartent jamais déçus. Malheureusement, pour les humains comme pour les bêtes, les touristes oublient parfois la peur et le respect qu'ils devraient naturellement ressentir devant des animaux réellement sauvages. L'un des gardiens du parc raconte que certains, qui reculeraient devant le moindre chien de leur quartier, n'hésitent pas à poser à côté d'un ours qui fait deux fois leur taille. Et ce qui doit arriver arrive parfois: ours et bisons peuvent blesser ou tuer. Ce gardien souligne le fait que si un bison est toujours isolé, c'est parce qu'il n'aime pas beaucoup les contacts.

Artist's Point, dans le Yellowstone National Park, Wyoming.

Les ours sont encore plus dangereux; ils ont été dispersés dans les endroits les plus isolés du parc, mais ils ne craignent pas d'approcher des lieux fréquentés. Il est recommandé à tous de ne pas chercher à les approcher, notamment les grizzlis, qui ont des réactions dangereuses et imprévisibles. Le meilleur moyen pour éviter de se retrouver face à face avec un ours qui pourrait vous trouver à son goût est de visiter le parc en hiver, durant la période d'hibernation. L'hiver arrive très tôt à Yellowstone et c'est peut-être lorsque le parc est recouvert de neige qu'il est le plus spectaculaire. Les *snowmobiles* permettent un accès limité, mais la meilleure façon de visiter le parc est alors de chausser des skis. Vous pourrez ainsi rejoindre les sources d'eau chaude et observer tous les animaux qui vivent à proximité en suivant leurs traces.

Nature et vie nocturne

A l'approche de l'hiver, les cerfs canadiens, ou wapitis, quittent les hauteurs et se réfugient dans le National Elk Refuge, près de Jackson, dans le Wyoming. Bien qu'elle ne suive pas exactement le tracé de leur migration, l'US 89, prise en direction du sud, passe la limite sud de Yellowstone et traverse le parc de **Grand Teton**, la station de ski de Jackson Hole, en longeant le Refuge des wapitis, avant de gagner la ville de Jackson.

Les Rocheuses sont certainement un des grands trésors des États-Unis et les montagnes de **Teton Range** en sont la plus belle pièce. Ces hauteurs enneigées qui prennent parfois des teintes d'améthyste, dominent l'horizon à l'ouest de la route et possèdent un véritable pouvoir d'envoûtement. La **Snake River**, qui mérite bien son nom (snake signifie serpent), traverse une cuvette glaciaire, la **Jackson Hole Valley**, entourée par le Teton Range et la chaîne de **Gros Ventre**. Les trappeurs du début du XIXe siècle arpentaient déjà ces terres, et la vallée reçut son nom de David E. Jackson, l'un des plus célèbres d'entre eux. A partir des années 1880 des pionniers fondèrent des villages. Cette région est, depuis lors, restée un pays d'élevage, bien que le touris-

Yellowstone.

me ait pris une importance capitale dans l'économie locale, surtout avec l'installation massive des sports d'hiver. L'un des habitants de Jackson a défini le climat de l'endroit de cette manière: *« Le printemps, c'est deux semaines pendant lesquelles la neige est moins bonne. »* Non loin de là, le pic **Rendez-vous** est un candidat sérieux pour être l'à-pic le plus vertigineux du monde. Le meilleur moyen d'en juger est de prendre le téléphérique qui mène au sommet. La vue que l'on a de ce point élevé est extraordinaire.

L'Ouest mythique et l'Ouest contemporain se sont donné rendez-vous à **Jackson**, la patrie des cow-boys portant des lunettes de soleil Vuarnet. Cette petite ville, célébrité des États-Unis, entretient avec soin sa « couleur locale ». Il suffit de se rendre dans les bars pour en avoir une idée très précise. Sautez par rexemple sur la selle d'un des tabourets du **Million Dollar Cowboy Bar**...

Au nord de Jackson, s'étend le **National Elk Refuge**, fondé en 1912 pour protéger l'hibernation des wapitis qui y viennent désormais par milliers, alors qu'à l'époque ils étaient décimés par la faim. Des visites de la réserve sont organisées régulièrement, mais elles sont suffisamment brèves pour ne pas troubler la tranquillité des animaux. Au printemps, ils perdent leur bois. Ceux-ci sont récupérés par des boy-scouts qui les vendent en faisant de considérables profits. Ces bois sont souvent acheminés jusqu'en Extrême-Orient, et réduits en poudre; on prête à cette préparation des vertus aphrodisiaques.

Notre itinéraire reprend à Gardiner, dans le Montana, au bord de l'US 89, juste au nord de Yellowstone, à la bordure méridionale de la **Gallatin National Forest**. En quittant le parc national de Yellowstone, la route traverse des plaines dénudées et des fermes irriguées avant d'atteindre la forêt. L'US 89 joue ensuite à cache-cache avec la Yellowstone River avant de croiser l'US 10 à **Livingston**.

En prenant cette dernière en direction de l'ouest, on atteint **Bozeman**, dans la **Gallatin Valley**. Les Indiens blackfeet, crows, cheyennes et snakes qui chassaient dans cette vallée l'avaient appelée « La

Wapiti aux aguets.

vallée des Fleurs». De retour d'une expédition destinée à découvrir des pistes, William Clark traversa ce territoire en 1806, avec l'autorisation des Indiens. Plus tard, John Bozeman et Jim Bridger y conduisirent des carrioles de pionniers en violation complète des traités, en prenant donc des risques considérables. Cette nouvelle voie reçut le nom de Bonanza Trail («la piste de la Richesse») mais aussi celui de Bloody Bozeman («la Sanglante»), et reste le symbole de la traîtrise des pionniers les plus intrépides.

Comme dans la plupart des cités de l'Ouest, la rue principale de Bozeman conserve de nombreux souvenirs historiques. On peut également y visiter le **Museum of the Rockies**, un musée consacré aux richesses géographiques et culturelles des Rocheuses du Nord.

Au nord-ouest on rejoint ensuite Manhattan, puis **Three Forks** («la Fourchette»), de l'autre côté de la Madison River. La ville doit son nom à sa situation particulière, au confluent des rivières **Gallatin**, **Madison** et **Jefferson**, qui forment la source du Missouri. William Clark mena son expédition de 1805 jusqu'à ce point. Il s'était engagé à remonter le fleuve Missouri, persuadé qu'il rejoindrait ainsi le Pacifique; la découverte de Three Forks le détrompa. Toutefois ils parvinrent à ouvrir le passage vers l'ouest pour toutes les générations suivantes. Depuis cette époque, et malgré la création d'un parc national, la vie sauvage a été nettement altérée. Si le cœur vous en dit, vous pouvez faire l'ascension du «Lewis Rock», ce rocher sur lequel le compagnon de Clark, Meriweather Lewis, fit un croquis de la campagne environnante. A l'entrée du parc subsistent les vestiges d'une ville fantôme, **Second Gallatin City**. Les villageois quittèrent le confluent des trois rivières pour venir s'installer ici, à proximité de la piste des diligences, après que le vapeur eut cessé de desservir Gallatin City. Mais ce déplacement, rendu inutile par l'apparition du chemin de fer, fut bref.

Quelques kilomètres à l'ouest de Three Forks, par l'I 90, la couleur du paysage change brutalement pour laisser apparaître les ondulations dorées des champs

Randonnée à cheval dans la Teton National Forest.

de blé. L'US 287 bifurque en direction de Helena. Après Townsend, **Canyon Ferry Lake**, à l'est de la route, prend des allures d'oasis au milieu de la prairie. A l'arrière-plan s'élèvent les **Big Belt Mountains**. L'US 287 rejoint ensuite l'I 15 qui parvient à **Helena**, le siège du gouvernement de l'État.

La ville est réputée pour son bourbon *Lewis and Clark*, mais aussi pour son artère principale, **Last Chance Gulch**, qui possède encore plusieurs demeures de la fin du XIXe siècle. Les amateurs de peinture feront certainement une halte à la **Montana Historical Society**, qui possède une superbe collection de toiles de Charles Russell (1864-1926), surnommé « l'artiste cow-boy ». Ce peintre jouit d'une haute considération dans le Montana, et l'une de ses œuvres orne la Chambre des représentants: il s'agit d'une fresque intitulée *La Rencontre de Lewis et Clark avec les Indiens flatheads à Ross' Hole*.

En quittant la ville, la route traverse des zones urbanisées qui n'ont rien d'exceptionnel, puis pénètre dans une plaine dénudée. Près de **Wolf Creek**, la route franchit plusieurs plateaux rocheux et redescend vers le fleuve Missouri.

A **Ulm**, juste avant Great Falls, une petite route de gravier vous conduira pendant plusieurs kilomètres jusqu'au **Lazy J Ranch**, puis à **Ulm Pishkun**, qui signifie « saut de bison ». Avant de connaître le cheval, les Indiens chassaient les bisons en les pourchassant jusqu'à ce qu'ils sautent des falaises et se tuent. Des outils en pierre étaient utilisés pour les achever et les dépecer au pied des falaises. Plusieurs centaines d'endroits comparables ont été identifiés aux États-Unis, la plupart dans le Montana. Ulm Pishkun est redevenu un endroit paisible, oublieux du sang et des grognements de bisons agonisants.

A la sortie d'Ulm, la route longe la **Lewis and Clark Trail** vers **Great Falls**, au centre du pays de Charles Russell. Un autre musée rend hommage au travail du peintre, et présente également son atelier, ainsi que sa collection personnelle de vêtements et d'objets indiens. Le **Mint Bar** possédait autrefois une bonne collection de ses toiles, lorsque l'artiste les don-

Bisons dans les plaines du Montana.

nait pour payer ses notes, mais elles ont été rachetées par un collectionneur.

Russell arriva dans le Montana à l'âge de 15 ans, et fut tout au long de sa vie un témoin attentif de la transformation de ce pays. Son œuvre est un reflet sensible et romantique de la beauté, de la vie et des passions qui furent celle de l'Ouest à cette époque. La région de Great Falls servit de cadre à la plupart de ses réalisations. Grâce à lui, sera préservé à jamais le souvenir des troupeaux de bisons arpentant ces immenses prairies.

Après Great Falls, l'US 89 prend la direction du nord-ouest pour rejoindre le parc national de Glacier, grossièrement bordé par le **Continental Divide**. En météorologie, cette région est connue sous le nom de Northwest Chinook Zone: un endroit très particulier, soumis aux changements de températures les plus extrêmes en raison de la transition géographique entre les Grandes Plaines et les Rocheuses. La route représente approximativement la base du «triangle d'or», une contrée très riche de production agricole où les élévateurs à grains annoncent de loin aux voyageurs la présence d'une ville. Après **Fairfield** et un passage obligatoire au **Silver Dollar Bar**, il vaut mieux fermer les fenêtres de la voiture et filer au plus vite pour éviter les odeurs pestilentielles du nord de **Choteau**. Après **Bynum** (où vous trouverez une épicerie, un bar, et quelques maisons), la route traverse le paysage bien connu des champs découpés en parcelles géométriques.

Au nord de **Dupuyer**, une minuscule localité dévastée par une inondation en 1964, la route pénètre dans la **Blackfeet Indian Reservation**. Les Indiens blackfeet sont venus s'installer au pied des Rocheuses, après une longue migration en provenance de l'Est.

Browning est le chef-lieu de cette réserve: on peut y visiter le **Museum of Plains Indians**, qui abrite une collection complète d'objets évoquant l'histoire de ces Indiens. Il faut encore citer le **Museum of Montana Wildlife**, et le **Hall of Bronze**, qui présente l'œuvre du sculpteur et taxidermiste local, Bob Scriver. Le grand événement de l'année se déroule au mois de juillet, lorsque

Dans le Montana : à gauche, dans la Gallatin National Forest; ci-dessous, grizzli.

Browning accueille les **North American Indian Days**, l'un des rassemblements indiens les plus célèbres du pays.

Environ 20 km au nord-est de Browning, on atteint Camp Disappointment («Le Campement de la Déception»). Alors qu'on espérait que la source de la **Marias River** coulerait au nord du 49e parallèle, étendant le territoire qui avait été acheté avec la Louisiane, les prospecteurs découvrirent qu'elle coulait à l'ouest. Ceci, ajouté au climat peu agréable et à la pauvreté du gibier, explique le surnom donné au campement. Le paysage qui sépare Browning de Saint-Mary, à l'entrée orientale de Glacier, est tout simplement superbe. De Browning à Kiowa, la route file tout droit vers l'ouest et pointe comme une flèche sombre vers les montagnes illuminées par le soleil. Au nord de Kiowa, l'US 89 vire au nord-ouest et gravit les hauteurs en décrivant de plus en plus de lacets. Plus au nord, la route redescend prudemment sur Saint-Mary, avec des rampes de secours pour les camions dont les freins lâcheraient.

Glacier National Park

La petite ville de **Saint-Mary** sépare deux plans d'eau, le Lower Saint-Mary Lake et le Saint-Mary Lake, et marque le point de départ oriental de la **Going-to-the-Sun Road** qui parcourt le parc national. L'atmosphère qui règne à Saint-Mary est très amicale, les gens étant attentifs à satisfaire les visiteurs qui viennent à **Glacier**. Le **Park Cafe**, à l'extérieur de l'entrée du parc, propose d'excellentes pâtisseries maison, et des petits déjeuners d'inspiration mexicaine dont vous garderez longtemps le souvenir…

Ouverte en 1933, Going-to-the-Sun Road est la seule route qui traverse le parc, et le divise en deux parties d'importance à peu près équivalentes. Toujours prêts à trouver des hyperboles flatteuses, les Américains ont surnommé ce tronçon «les 80 km de route les plus beaux du monde». Ils passent en plein cœur de Glacier, une zone montagneuse très sauvage et parfaitement préservée, comme on en trouve peu en Amérique du Nord. La route grimpe jusqu'à un col, le **Logan**

Deux habitants du Glacier National Park.

Pass, longe le **Garden Wall** et rejoint les rives du **Lake McDonald**, avant d'atteindre la ville de **West Glacier**.

Glacier est le parc national des Rocheuses le plus reculé et le moins visité des trois, bien moins que Yellowstone, quoique la circulation soit parfois chargée sur Going-to-the-Sun. Il vaut mieux choisir ses heures pour prendre la route : en début et en fin de journée, à la fin du printemps et à l'automne. Elle est très encombrée de la mi-juin à la mi-octobre.

Les occasions de partir en randonnée dans le parc sont extrêmement nombreuses. Ses cinquante glaciers, ses deux cents lacs, ses alpages et ses forêts sont un véritable paradis pour les pêcheurs, les marcheurs et tous les amateurs de nature. Deux chalets rustiques en pierre (**Granite Park** et **Sperry**) que l'on rejoint à pied ou à cheval, hébergent les visiteurs pour la nuit. Ces deux abris ont été construits vers 1914. Le Continental Divide est l'épine dorsale de Glacier, croisé par Going-to-the-Sun à Logan Pass. C'est l'endroit idéal pour admirer (et parcourir) le **Hanging Garden Trail**, qui mène à de vastes alpages. On peut y rencontrer une faune très diverse, des castors, des mouflons, des écureuils, et des fleurs magnifiques qui poussent au pied d'arbres étrangement déformés qui ont reçu le nom de *Krummholz* (de l'allemand, « bois de lutin »). Les avertissements que nous vous avons donné à propos de Yellowstone sont également valables ici : le parc abrite des ours noirs et des grizzlis, et mieux vaut ne pas chercher à les approcher. Le **Highline Trail**, de l'autre côté de la route en partant de **Hanging Garden**, est une randonnée plus sportive, et plus dangereuse ; là encore un minimum de prudence est nécessaire.

Près de la limite occidentale du parc, (un endroit très fréquenté quelle que soit l'époque de l'année), on rejoint **McDonald Creek**, un cours d'eau où se réfugient les saumons *kokanee* après leur migration à la fin de l'automne. Cet événement attire des centaines d'aigles ainsi que de nombreux amateurs d'oiseaux qui se postent derrière le moindre fourré, avec leurs jumelles et leurs télescopes, pour observer ces grands prédateurs.

Glacier National Park, Montana.

SKIER DANS LES ROCHEUSES

Aux États-Unis, il n'existe pas un véritable amateur qui n'ait jamais skié dans les Rocheuses, ou n'envisage de le faire un jour. Ces immenses sommets s'étendent sur le Colorado, le Montana, le Nouveau-Mexique, l'Utah et le Wyoming. Les pentes sont en moyenne recouvertes par 0,5 à 1 m de neige. Le plus difficile est de choisir votre destination, tant les stations et les sites sont nombreux. Voici les plus importants.

Colorado

L'une des principales stations de cette région est **Aspen**, qui est reliée à **Buttermilk** et à **Snowmass**. Le domaine d'Aspen est surtout célèbre pour l'après-ski. L'achat d'un forfait permet la découverte des quatre domaines d'Aspen, plus **Aspen Highlands**, et offre l'accès à une variété incroyable de pistes. **Breckenridge**, **Copper** et **Keystone** sont des stations voisines, à

Dillon, dans le Colorado; il ne faut pas plus de 30 mn pour aller de l'une à l'autre (un forfait spécial, *Ski-the-Summit*, donne accès aux trois). Breckenridge est une ancienne ville minière avec des bâtisses de tous les styles, des maisons victoriennes rénovées, des bars «westerns», des boîtes de nuit et toutes sortes de boutiques. Le domaine skiable est extrêmement diversifié. La station de Copper est plus orientée vers le ski sportif. Keystone propose, pour sa part, deux domaines skiables et un centre de cross-country. **Vail** est le centre le plus vaste des États-Unis avec quatre-vingt-quinze pistes de tous les niveaux. La station est parfaitement équipée, tant pour le ski que pour les services ou les plaisirs nocturnes.

Montana

Big Sky est certainement la meilleure station de cet État, avec trente-neuf pistes de tous niveaux. Autre choix possible, **Big Mountain** à Whitefish.

Nouveau-Mexique

Voilà tout le charme du Sud-Ouest, des habitations qui ressemblent à celles des Alpes, un domaine skiable de plus de 400 ha, ce qui fait de **Taos** un joyau. Les autres stations de l'État sont **Angel Fire**, **Rio Costilla**, **Santa Fe** et **Sierra Blanca**.

Utah

Les débutants seront à leur aise à **Deer Valley**, près de **Park City**, où les pistes sont parfaitement entretenues et faciles. Pour skier au mois d'avril, vous pouvez compter sur **Alta** qui se vante de n'avoir aucun canon à neige tellement l'enneigement est sûr. La poudreuse de l'Utah a la réputation d'être la plus légère qui soit; vous en trouverez toujours de bonne qualité à **Snowbird**.

Wyoming

Dans **Jackson Hole**, à Teton Village, on trouve à peu près tout ce que l'on veut, de la poudreuse, des pistes difficiles, des faciles, des bosses, une piste de 11 km, etc.

DE L'AUTRE COTÉ DU CONTINENTAL DIVIDE

A l'image des cours d'eau qui suivent la direction de l'ouest pour rejoindre le Pacifique, la civilisation a pris possession de ces terres occidentales. Les Nez-Percés, les Kootenais, les Pend-d'Oreilles, les Flatheads et d'autres tribus des montagnes vivaient et chassaient en paix dans ces régions. Plus tard, les Blackfeet franchirent le Continental Divide et les rejoignirent après avoir volé des chevaux; une migration largement imitée ensuite par d'autres communautés indiennes ainsi que par des colons.

Les premiers Blancs qui arrivèrent ici furent des trappeurs et des négociants, au début du XIXe siècle, suivis par des prospecteurs d'or et d'argent. Les fermiers qui partaient pour l'Ouest traversèrent les Rocheuses et continuèrent leur route, et certains s'installèrent dans la partie orientale de l'actuel État de Washington. Avec l'apparition du chemin de fer, l'industrie du bois trouva de larges ressources dans les forêts de cette partie de l'Amérique.

L'US 2 quitte le parc national de Glacier en direction de l'ouest, vers Kalispell et Libby, dans le Montana, et franchit très vite la **Flathead River**, qui serpente au milieu des forêts impressionnantes de la **Flathead National Forest**. Cette zone protégée, véritable paradis pour les amateurs de solitude, englobe plus de 4 millions d'ha de paysages préservés, uniquement accessibles à pied et, parfois, à cheval. Ici s'étend la **Bob Marshall Wilderness**, que les habitants d'ici désignent affectueusement par *The Bob*: un pays de hautes montagnes, de forêts vierges et de lacs en altitude.

L'US 2 traverse aussi **Hungry Horse** («cheval affamé»), qui doit son nom au fait que, jadis, des chevaux de trait qui s'étaient échappés avaient été retrouvés à l'article de la mort, avaient été soignés et sauvés. En chemin, vous pourrez découvrir quelques curiosités typiques de cette région forestière, comme le **Pines Cafe and Museum of Mounted Fish** à **Columbia Falls**, dans lequel on peut déguster des spécialités locales mais aussi admirer une exposition de vingt et une espèces différentes de poissons; plus étonnant encore, un gigantesque pin trône au beau milieu de la salle à manger.

La route passe ensuite par **Kalispell** («prairie au-dessus du lac»), et rejoint **Pend d'Oreille**. Cette dernière localité fut fondée dans les dernières années du XIXe siècle par un riche banquier, propriétaire de ranches, Charles Conrad, et reste la seule cité de quelque importance dans cette partie du Montana. Le film de Michael Cimino, *Heaven's Gate* fut tourné ici. A l'ouest de Kalispell, la **Kootenai National Forest** prend le relais de la Flathead. Au fur et à mesure que l'on progresse vers Libby, les signes de l'industrie du bois deviennent de plus en plus évidents. La coupe de bois est la principale activité de la région depuis 1892, date à laquelle les rails du Great Northern Railroad firent leur apparition. Mais comme dans toutes les forêts protégées des États-Unis, la coupe est soumise à un règlement sévère et Kootenai possède de larges zones protégées. Une faune

A gauche, habitant de Cut Bank, dans le Montana; à droite, vallonnements du Nord-Ouest.

très variée y a trouvé refuge: des daims, des wapitis, des élans du Canada. Si vous désirez les approcher, rendez-vous à la **Libby Ranger Station**. Cet organisme de surveillance possède un réseau de tours d'observation qui servaient autrefois à détecter les incendies. Avec l'arrivée de moyens de surveillance plus modernes, les tours ont été abandonnées, mais la Libby Ranger Station en a ouvert une au public, au sommet de la **Big Creek Baldy Mountain**.

La tour d'observation

La State 37 qui part de Libby permet d'atteindre les chemins forestiers; le dernier d'entre eux grimpe au sommet de la montagne et vous conduit au pied de la tour d'observation, **Big Creek Baldy Lookout**. Les deux derniers kilomètres sont particulièrement pentus et difficiles, mais du sommet le panorama est vraiment époustouflant. Du haut de cette tour de 12 m, vous aurez l'impression d'être porté sur un petit nuage. On pénètre dans une pièce vitrée de 20 m^2, bordée de tous les côtés par une terrasse extérieure, avec tout ce qu'il faut pour survivre, c'est-à-dire le confort minimum. A vos pieds s'étendent des kilomètres et des kilomètres de forêt dans toutes les directions. L'endroit, balayé par le vent, a tout de l'îlot romantique et isolé, propice aux méditations existentielles, et offre des nuits étoilées incomparables. De retour à Libby, où l'on aperçoit les **Cabinet Mountains** du centre ville, l'US 2 mène rapidement à la frontière de l'Idaho. La route longe la Kootenai River et passe à proximité de superbes cascades, les **Kootenai Falls**, avant de traverser **Troy**, où se trouve le plus important gisement d'argent des États-Unis.

Lorsque la prochaine station-service est en vue, vous avez quasiment franchi la frontière de l'Idaho. Bien que le paysage soit une succession ininterrompue de forêts denses, de cours d'eau et de montagnes, la partie nord de cet État est une région de transition. Plus on se rapproche du Pacifique, plus les mythes qui forgent la réputation du grand Ouest américain s'évanouissent en fumée. De fait, les cha-

Tour d'observation à Kootenai, dans le Montana.

peaux de cow-boys se font de plus en plus rares. L'US 2 pénètre dans le **comté de Boundary** («Frontière»), qui jouxte le Montana, l'État de Washington et la Colombie britannique au Canada, et rejoint l'US 95, juste au-dessus de **Bonners Ferry**. A **Sandpoint**, sur la rive du grand lac Pend d'Oreille, l'US 2 reprend la direction de l'ouest, tandis que l'US 95 traverse le lac pour gagner, au sud-ouest, Cœur d'Alene. De 1890 à 1910, trois lignes transcontinentales de chemin de fer ont traversé cette partie de l'Idaho, favorisant l'établissement d'une série de petites villes qui bordent actuellement la route.

Avant d'atteindre Cœur d'Alene, l'US 95 touche l'I 90. Un petit détour vers l'est vaut vraiment la peine, parce que cette route longe la rive du **Cœur d'Alene Lake** sur 17 km, mais surtout parce qu'elle vous conduit vers deux vestiges du XIXe siècle, l'Old Mission et Enaville Resort.

La **Cœur d'Alene Mission of the Sacred Heart** se dresse au sommet d'une colline qui surplombe l'I 90, et ce depuis 1853. Il s'agit en fait du plus ancien bâtiment de l'Idaho, une construction en bois et en boue séchée réalisée par le père Anthony Ravalli avec l'aide des Indiens de la région.

Les Robes noires

Les jésuites, dont Ravalli faisait partie, s'installèrent dans cette partie de l'Idaho en sachant qu'ils seraient bien accueillis par les Cœur d'Alene, des Indiens auxquels les tribus voisines avaient vanté les grands pouvoirs des «Robes noires». Véritable héritier de la Renaissance, l'éducation européenne de Ravalli se sent nettement dans l'aménagement de la mission; un style que l'on peut qualifier d'italo-américain. L'intérieur spacieux, qui rappelle un peu celui d'une cathédrale, est orné de chandeliers de fortune fabriqués avec du fer-blanc, de papiers peints qui sont en fait des journaux recyclés, de crucifix sculptés dans le pin, et d'un autel en bois peint en trompe-l'œil qui imite le marbre. En 1877, les Indiens furent obligés d'abandonner cette mission

Image du passé à Enaville Resort.

pour rejoindre une réserve plus au sud, mais ils continuent à considérer que ce lieu leur appartient, et s'y retrouvent le 15 août pour célébrer l'Assomption. La mission devint également un point de rendez-vous pour les trappeurs, les prospecteurs et tous les brigands des montagnes, au point que la cavalerie venait fréquemment y rétablir l'ordre. Au mois de juillet s'y déroule une grande foire, l'Historic Skills Fair, où se retrouvent une foule d'artisans et de Cœur d'Alene.

Enaville Resort

Il n'y avait pas de confessionnal à la mission jusque vers la fin du XIXe siècle, mais les pères décidèrent d'en installer un, à cause de l'apparition d'un établissement douteux qui s'appelle aujourd'hui Enaville Resort. Il est situé à l'est de la mission, le long de l'I 90. Enaville Resort fut construit en 1880 pour héberger les prospecteurs d'or et d'argent qui parcouraient la région. Occupant une position stratégique, près des coupes de bois, du chemin de fer et de la **Cœur d'Alene River**, ce bar-hôtel attira toute la faune locale et devint rapidement la «maison de tous les vices».

Autres temps, autres mœurs, Enaville Resort est aujourd'hui un endroit paisible dans lequel il fait bon se reposer, boire un verre, manger un morceau et retrouver ses amis. Le mobilier et les éléments de décoration se sont empilés au fil des ans et l'on remarque particulièrement des pièces fabriquées par un mystérieux Finlandais, Mr. Egil. Il utilisa des matériaux hétéroclites tels que des bois de cerfs, des cornes et des peaux. En échange, il avait droit au gîte, au couvert et aux chopes de bière. Joe Breckenridge bénéficiait d'un arrangement semblable: ce peintre réalisait des copies des toiles de son ami Charles Russell, contre une bonne quantité de bière. Deux de ces toiles ornent encore les murs du saloon.

Il faut rouler quelques kilomètres vers l'ouest sur l'I 90 pour quitter l'Idaho et pénétrer dans la partie orientale de l'État de Washington. Le paysage, composé de terres désertiques, de canyons, de fermes irriguées et de champs de blé, contraste

A la conquête de l'Idaho.

fortement avec la verdure luxuriante que l'on vient de quitter. Historiquement, cette région de l'Amérique était peuplée par de nombreuses tribus indiennes qui vivaient notamment sur les rives de la Columbia River. Les premiers colons blancs rencontrèrent de nombreux obstacles, dont le Grand Coulee, qui offrait peu de passages.

A partir de 1880, les pionniers accomplirent de gigantesques travaux, mais ils restèrent peu nombreux jusqu'à l'achèvement d'un barrage, le **Grand Coulee Dam**. Construit au moment de la grande crise économique de 1929, le barrage et le Columbia Basin (un système d'irrigation et de production d'électricité) transformèrent définitivement le visage de cette contrée.

Après **Spokane**, l'US 2 traverse les vastes ondulations dorées des champs de blé qui font partie de l'Inland Empire, un riche plateau agricole qui fournit jusqu'à un quart de la production américaine de blé. La route gagne ensuite les abords du barrage, et les villes d'Electric City, de Grand Coulee, de Grand Coulee Dam et de Coulee City. A **Wilbur**, la State 174 vire au nord et rejoint Grand Coulee, où la State 155 prend le relais jusqu'au barrage. Vous ne devez pas le manquer.

Le barrage de Grand Coulee.

L'importance du Grand Coulee Dam ne saurait être sous-estimée, que ce soit sur le plan économique ou plus simplement par son aspect: ses 1 592 m de long et ses 168 m de haut permettent l'irrigation de 400 000 ha et alimentent une importante centrale hydro-électrique. Bien qu'il soit âgé de plus de cinquante ans, ses lignes ont gardé une allure moderne.

Le périple sur la State 155, du barrage à Coulee City et à l'US 2, est d'une grande beauté. A l'ouest de Coulee City, par l'US 2, on retrouve les vallonnements des champs de blé, avec ici et là des fermes qui surgissent au milieu du paysage; on ne peut s'empêcher de penser à des étendues désertiques. La silhouette bleue des montagnes — première manifestation de la chaîne côtière — apparaît au loin comme un mirage.

Près de **Farmer**, la route est une véritable invitation aux pointes de vitesse. Il n'est pas rare d'y croiser une Chevrolet avec, dépassant par une fenêtre arrière, une paire de pieds, tandis que le chant des criquets couvre le bruit du moteur... On croit presque revoir une scène de film américain. Ralentissez en traversant **Douglas**. On rejoint ensuite paisiblement **Waterville**, pour y prendre le frais en fin de journée.

A **Orondo**, l'US 2 borde la Columbia River puis rejoint l'un de ses affluents, la **Wenatchee River**. Vous vous trouvez dans le pays des vergers: ces étendues vertes couvrant les terres fertiles tranchent avec les collines dorées. Des stands proposent aux voyageurs des abricots, et les panneaux annoncent simplement *COTS*.

Peu à peu la route gagne les hauteurs et atteint les domaines forestiers, puis passe par **Leavenworth**, une station de ski de style pseudo-bavarois qui donne accès à la **Wenatchee National Forest**. Les **Cascade Mountains** sont maintenant bien autre chose qu'une ombre au-dessus de l'horizon. Le long de la **Skykomish River**, à travers la **Snoqualmie National Forest**, l'US 2 traverse plusieurs petites bourgades comme Gold Bar et Startup et vous conduit au nord-est de Seattle.

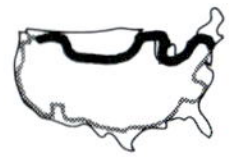

SEATTLE : UNE JEUNE VILLE PORTUAIRE

Si l'Hudson's Bay Company refusa autrefois de faire de Seattle un centre d'échanges commerciaux, elle est pourtant devenue une ville portuaire d'importance et est considérée par une grande majorité d'Américains comme l'une des villes les plus agréables du pays.

Le centre ville fut détruit par un terrible incendie, et reconstruit avec le souci d'embellir le visage des anciens quartiers. Seattle connut des hauts et des bas ; elle fut parfois abandonnée par ses habitants, mais elle les vit aussi revenir à elle. Cette histoire qui paraît déjà riche de multiples péripéties a débuté il y a moins d'un siècle et demi.

Parmi les villes américaines, Seattle est une ville jeune. Un octogénaire de Seattle, arpentant doucement les étals du marché de Pike Place dit de lui qu'il est un pionnier, et c'est à peine une exagération ; il serait plus vrai de dire qu'il est le fils de pionniers. L'histoire de Seattle a débuté en 1851 avec l'arrivée de quelques colons partis de New York : sept hommes, cinq femmes et douze enfants. Ils établirent un premier campement et le déplacèrent ensuite au bord d'Elliott Bay, vers ce qui est aujourd'hui Pioneer Square.

Bien qu'il soit rendu hommage à la plupart des pionniers de cette époque, puisque leur nom a été donné à une rue de la ville, une omission importante mérite d'être signalée : celle de David Swinson Maynard, surnommé *Doc*. Médecin de formation, *Doc* était également un homme d'affaires rusé, un philanthrope, et l'ami des Indiens de la région. Sa venue, en 1852, fut le véritable point de départ de l'histoire de la ville, à laquelle il insuffla une bonne partie de ses convictions, et donna son nom, qui vient de celui du chef des Indiens duwamish, Sealth. On raconte à ce sujet que le vieux chef réclama 16 000 dollars aux pionniers pour l'utilisation de son nom, affirmant qu'après sa mort, il se retournerait dans sa tombe à chaque fois que le mot serait prononcé. Une compensation ici-bas pour le futur dérangement en quelque sorte…

La Space Needle, qui domine tout le paysage urbain.

Doc Maynard était célèbre pour sa générosité ; il aidait tout le monde, surtout ceux qui participaient au progrès et à la prospérité de la ville. Il donna de nombreuses parcelles de terrain — l'une revint à Henry Yesler, qui établit une scierie au bord de l'eau. Les cabanes en bois furent ainsi fabriquées à Mill Street (rue de la Scierie), aujourd'hui **Yesler Way**. Lorsque l'on se promène sur cette artère, il devient vite évident que les rues ne se coupent pas comme elles le devraient, et comme elles le font dans la plupart des villes américaines. Cet étrange tracé, qui apparaît sur une carte de la ville, est l'héritage étonnant d'une vieille querelle entre Maynard et Denny (l'un des premiers pionniers) qui possédaient de larges parcelles de terrain de part et d'autre de Yesler Way. Jamais ils ne se réconcilièrent, et les dessins des rues ne coïncidèrent pas.

En 1889, les habitants de cette petite localité en bois eurent le choix entre resserrer leurs rangs ou quitter les lieux pour tenter l'aventure ailleurs : un incendie venait de tout détruire. Ils choisirent la première solution et la ville fut reconstruite, plus solide et plus belle, avant que les dernières cendres n'aient eu le temps de refroidir. Le nouveau tracé fut conçu pour éviter aux effluves malodorants, dus aux marées, d'envahir la ville.

De l'or ! De l'or ! De l'or

Ce fut ce cri, imprimé en première page du *Seattle Post-Intelligencer*, le 17 juillet 1897, qui inaugura la ruée vers l'or du Klondike (une région du Nord-Ouest canadien). L'arrivée du vapeur *Portland* avec ses soixante-huit prospecteurs et ses 2 t d'or marqua le début d'une nouvelle époque pour la ville. Beaucoup partirent alors tenter leur chance, des quatre coins du monde et d'Amérique. Le maire de Seattle ne balança pas non plus ; il prit quelques affaires et s'en alla au Canada. Les marchands de Seattle comprirent instantanément quel profit ils pouvaient tirer d'un tel événement. Deux semaines seulement après l'arrivée du *Portland*, environ 325 000 dollars de marchandises avaient été vendus, et cela ne faisait que commencer. Seattle gagna la compétition commerciale, et devint le premier fournisseur des expéditions pour le Klondike. Ce ne fut pas une simple affaire de chance, un hasard qui fit que Seattle se trouvait au bon endroit, au bon moment. Cette formidable expansion fut aussi le résultat, de la part des habitants et des commerçants de la ville, d'une volonté farouche de réussir et de prospérer.

Sans doute les choses auraient-elles été différentes si un journaliste, Erastus Brainerd, n'avait pas fait une énorme publicité pour Seattle en écrivant dans des journaux du monde entier que cette ville étaient le rendez-vous de tous les prospecteurs du Klondike. Il réussit également à publier des articles de lecteurs imaginaires qui chantaient les louanges de Seattle. Cette campagne de presse connut un succès étourdissant. En huit mois, les marchands de la ville écoulèrent plus de 25 millions de dollars de marchandises. En deux mots, la ruée vers l'or des années 1890 fit de Seattle le plus important centre d'échanges du nord-ouest des États-Unis.

Plus la ville gagna de l'importance, plus sa population s'installa vers le nord. Seattle entreprit une autre transformation de son visage : elle nivela les collines qui la bordaient dans cette direction. Ces collines existent toujours néanmoins, mais elles ne sont plus aussi abruptes qu'elles l'étaient à l'époque.

Le quartier de **Pioneer Square**, le centre historique de la ville, fut peu à peu abandonné. Il devint le quartier des ruines et des pauvres, à l'image du centre ville d'autres cités américaines. La crise économique de 1929 ne fit qu'accentuer ce phénomène.

La réaction se produisit à la fin des années 60 à l'occasion d'un ambitieux programme de destruction et de reconstruction. Avec les succès économiques qu'elle connut dans le monde entier, Seattle profita d'une vague de prospérité et d'expansion. Certains politiciens, considérant que le quartier de Pioneer Square était une insulte à la richesse de leur ville, programmèrent sa démolition pure et simple. Des opposants à ce projet se battirent bec et ongles pour sauver les souvenirs qui étaient attachés à ce quartier historique, et gagnèrent leur combat.

Pioneer Square est maintenant devenu un quartier chargé de la mémoire des pionniers de Seattle.

Cette place classée n'a rien d'une accumulation stérile d'édifices restaurés. Il s'agit au contraire d'un lieu vivant qui reflète plusieurs époques de l'évolution de Seattle. Les bars « western » côtoient ainsi des centres commerciaux de tous types. Une véritable faune habite le quartier, doté de multiples abris et missions destinés à l'héberger. Pioneer Square reste le havre traditionnel de cette population hétéroclite et rien n'a été fait pour la chasser d'ici. Elle partage l'endroit avec les touristes, les directeurs de galeries d'art, les gérants de cafés et tous les autres.

Le quartier étant assez petit, nous vous conseillons de vous y promener à pied. Le point de départ logique est **Pioneer Place**, une place pavée agrémentée de pergolas en fer forgé (1910), un totem et le buste du chef Sealth. On peut s'inscrire à une visite guidée en se rendant à la **Doc Maynard's Public House**. En face d'un établissement social fondé lors de la crise économique de 1929, la **Bread of Life Mission**, se dresse une superbe librairie, l'**Elliot Bay Book Company**. Le café de la librairie accueille régulièrement des séances de lecture de poèmes. Tout autre est l'atmosphère du **J & M Cafe and Cardroom**, où revivent les souvenirs des premiers pionniers et des joueurs de cartes de l'époque.

Art, musique et cuisine

La plus grande concentration de galeries d'art de Seattle se trouve dans le quartier. Parmi elles, il faut mentionner **Flury and Company** où sont exposées de nombreuses photos d'Edward S. Curtis, qui a longtemps travaillé sur le thème des Indiens d'Amérique. A côté, **Bud's Jazz Records** oganise de nombreux concerts de jazz pendant la journée. Les orchestres peuvent même jouer telle ou telle composition à la demande !

Toute la gamme possible de restaurants existe ici, du plus chic au plus décontracté, mais un seul utilise un train en modèle réduit pour vous apporter l'addition.

Le port de Seattle, hier et aujourd'hui.

L'**Iron Horse Restaurant** est un endroit *« que les enfants adorent »* affirme la publicité, mais les adultes n'hésitent pas non plus à commander un café de plus pour voir revenir le petit train ! Vous êtes dans un véritable musée dédié au chemin de fer, qui abrite des souvenirs du sol au plafond. Des rails font le tour de la salle, avec deux lignes distinctes : sur une première sont apportées les commandes, tandis qu'une seconde fonctionne vide et en permanence.

Si vous vous rendez au **Klondike Gold Rush National Historical Park**, vous aurez l'exposé le plus complet qui soit sur « La Ruée vers l'or », grâce tout d'abord à une projection permanente du film de Charlie Chaplin, *La Ruée vers l'or*. Ceux qui aiment les choses concrètes peuvent demander à voir une démonstration sur l'art et la manière de trouver de l'or.

Yesler Way mène au rivage, à l'endroit où le *Portland* accosta et déchargea sa fabuleuse cargaison d'or. Ce sont avant tout des quais où l'on travaille, mais on y trouve aussi d'autres établissements, des restaurants pour la plupart. Si vous avez la narine fine, vous remarquerez certainement les effluves de saumon fumé qui baignent l'endroit : c'est l'une des spécialités culinaires de Seattle.

Le marché de Pike Place

Vous pourrez vous rendre ensuite au **marché de Pike Place**, l'autre grand amour des habitants de la ville. Il fut un temps menacé de fermeture, mais au lieu de cela, il a été rénové et fonctionne sans interruption depuis 1907.

Le marché fermier le plus ancien d'Amérique fut institué par des habitants estimant qu'ils payaient trop cher les produits de l'épicerie. Aujourd'hui, les étals continuent de fournir aux habitants de Seattle, à des prix très raisonnables, des produits frais en provenance des quelques fermes qui subsistent encore dans la partie occidentale de l'État de Washington. Il est connu pour être le meilleur marché de tous les États-Unis, une réputation certainement justifiée dans un pays où la qualité des produits frais passent souvent au

Au Pike Place Market.

second plan. Mais on ne trouve pas que de la nourriture à Pike Place. On y rencontre une population vivante et colorée, des gens de toutes sortes qui participent à la vie très particulière de l'endroit, à son rythme trépidant. Notez bien le quartier des poissonniers, celui des fleuristes, les animations de rues, et les stands des artisans. L'**Athenium Inn**, qui n'a rien d'un restaurant grec, est ouvert depuis 1909, avec sa fontaine de soda, sa vue sur la baie, et ses quelque cent cinquante marques de bières.

Le **Read All About It Newsstand** affiche ceci : *« Achetez votre journal à un être humain plutôt qu'à une machine »*, et propose à ses clients plus de cent cinquante quotidiens et plus d'un millier de magazines… Vous aurez là toute l'information pour tout savoir ce qui se passe dans le monde. Enfin, la place manque pour citer toutes les échoppes que vous verrez en vous promenant, mais soyez sûr que le spectacle en vaut la peine.

Le **Seattle Center** est certainement plus connu pour le monorail qui vous y conduit que pour le centre lui-même. Il s'agit d'un parc de 30 ha, construit sur le site de l'exposition universelle de 1962, une sorte de conglomérat culturel qui abrite les compagnies symphonique, de ballet, d'opéra et de théâtre de Seattle.

Le grand événement de l'été est le **Pacific Northwest Festival**, qui donne *L'Anneau des Nibelungen*, de Richard Wagner. Ce festival est l'équivalent américain de celui de Bayreuth en Allemagne. Parmi les autres attractions de l'endroit, on peut visiter le **Pacific Science Center**, le **Seattle Art Museum** ainsi qu'un parc de loisirs.

On ne peut évoquer Seattle sans parler de la **Space Needle** (« L'Aiguille de l'espace ») que vous remarquerez certainement. Cette tour de 185 m de haut, qui domine le paysage urbain, est devenue le symbole de Seattle, même si d'un point de vue esthétique elle ne fait pas l'unanimité. Un restaurant panoramique tournant y a été aménagé et, au-dessus, une seconde plate-forme panoramique : la vue est absolument superbe, on aperçoit le majestueux mont Rainier et la chaîne montagneuse Olympic à l'ouest, les montagnes

En face de Seattle, le mont Rainier.

des Cascades à l'est et la mer tout autour. Les publicitaires américains n'ont pas oublié de profiter de ce site surélevé, et les messages publicitaires fleurissent désormais sur les toits alentour, à l'attention des visiteurs de la Space Needle!

Une ville verte

Les habitants de Seattle sont des gens qui sortent facilement de chez eux et qui aiment vivre dehors. Le climat maritime est particulièrement doux, hiver comme été, et les plans d'eau suffisamment nombreux pour satisfaire les amateurs de voile, les véliplanchistes, les nageurs, les plongeurs, les pêcheurs, etc. Les massifs montagneux de la région sont le point de rendez-vous des grimpeurs, des randonneurs et des simples promeneurs enthousiastes. Mais il n'est pas nécessaire de quitter Seattle pour sortir du tohu-bohu urbain. 2 000 ha d'espaces verts ont été aménagés dans le périmètre urbain, et c'est l'un des premiers atouts de la réputation de cette cité. Cette passion pour les parcs remonte aux origines de Seattle; plusieurs des jardins où l'on peut se rendre aujourd'hui étaient à l'époque des lieux de rassemblement pour les Indiens de la région.

Les frères Olmstead (des paysagistes rendus célèbres par la conception de Central Park à New York) furent consultés au début du siècle pour réaliser un grand projet de parcs à Seattle. Ils décidèrent de mettre en place une série de «jardins de voisinage» accessibles à pied de n'importe quelle demeure de la ville. Cette idée s'avéra de plus en plus intéressante au fur et à mesure que la population de Seattle augmenta. **Volunteer Park**, à **Capitol Hill**, est l'un de ces espaces conçus par les frères Olmstead. Le quartier de Capitol Hill reçut son nom lorsque Seattle espérait devenir la capitale de l'État. On y trouve le bâtiment principal du Seattle Art Museum, abritant une riche collection d'art oriental.

Le cosmopolitisme de Seattle

A l'est de Pioneer Square s'étend le quartier d'**International District**, toujours

Les jardins en terrasses d'International District.

surnommé **Chinatown** par certains. En effet, se sont rassemblés ici des immigrants originaires de toutes les parties de l'Asie, et récemment du Sud-Est asiatique. Sur la colline, **Kobe Terrace** est dédié à l'amitié entre les habitants de Kobe, au Japon, et ceux de Seattle. Quand, au printemps, les cerisiers du Mont Fuji sont en fleur, ce jardin acquiert une beauté tout à fait délicate.

Le **Burke-Gilman Trail**, l'un des parcs les plus récents de la ville, a été ouvert en 1978. Aménagé le long du tracé d'une voie de chemin de fer abandonnée, il s'étend du haut du **Lake Union** à celui du **Lake Washington**. Il est réservé aux cyclistes, aux marcheurs et aux coureurs à pied.

Avec le déclin général de l'industrie ferroviaire aux États-Unis, ce sont des kilomètres et des kilomètres de voies ferrées qui attendent d'être recyclés. Cette expérience originale pourrait être suivie par de nombreuses autres dans tout le pays. Une nouvelle fois, ce sont les habitants de Seattle qui sont à l'origine de cette idée.

La pluie et la fête

Pour de nombreux Américains, Seattle est synonyme de pluie. Certains vont même jusqu'à penser que les habitants de la ville ont encouragé cette réputation afin d'éviter de nouvelles installations dans la région !

La moyenne des précipitations annuelles est de 86 cm, c'est-à-dire inférieure à celle de la majorité des autres métropoles américaines. Simplement les pluies sont plus fréquentes ici qu'ailleurs. La plupart du temps, un plafond nuageux empêche de voir le mont Rainier.

Bumbershoot, le festival d'art le plus important du Nord-Ouest, se déroule le premier week-end de mai. Entre les concerts, les expositions d'art et les stands de nourriture, on se croirait vraiment dans une grande fête familiale. Mais la célébration la plus importante de Seattle, et aussi la plus caractéristique, est la Seafair: il s'agit d'une grande fête organisée autour de manifestations aquatiques en tout genre et qui se déroule sur un mois, en plein été.

La vie façon Club Med.

L'OLYMPIC PENINSULA

L'Olympic Peninsula forme l'extrémité nord-ouest de l'État de Washington. C'est une terre sauvage et exotique d'une grande beauté, que l'on rejoint très facilement à partir de Seattle, de Tacoma ou de Victoria, en Colombie britannique. La péninsule est séparée de ces villes par le détroit de Juan de Fuca et le Puget Sound, mais surtout par les différences climatiques, géologiques et le rythme très particulier qui dirige la vie de cet endroit somptueux. En plein cœur de la péninsule s'élèvent les **Olympic Mountains**, dont les sommets sont couverts de neiges éternelles. Ces montagnes, inexplorées jusque dans les années 1890, ont été longtemps le sujet de mythes et de légendes. La première expédition, partie de Seattle, pensait qu'elle allait découvrir des sauvages cannibales. Les Indiens qui vivaient sur le littoral de la péninsule évitaient de s'aventurer à l'intérieur, persuadés qu'ils allaient subir les foudres de la colère d'un personnage tout-puissant, Thunderbird, qui vivait au sommet du Mont Olympus.

Ces chaînes montagneuses font partie d'une zone protégée à l'intérieur de l'**Olympic National Park**, qui englobe au total 365 000 ha dans l'enceinte de la péninsule. La plupart de ces chaînes se trouvent dans l'intérieur des terres, mais il existe aussi un ruban de littoral pacifique de plus de 80 km, compris dans le parc national. Quelques routes seulement sillonnent le parc et restent à la périphérie. En fait, le parc proprement dit est entouré par l'**Olympic National Forest**, qui est assez difficile d'accès. La majeure partie de la péninsule étant placée sous juridiction fédérale, il existe des conflits permanents avec l'industrie du bois.

Les visiteurs qui se rendent dans l'Olympic Peninsula peuvent admirer les vallées de la Hoh, de la Quinault et de la Queets River, les pics glaciaires des montagnes Olympic, le littoral déchiqueté du Pacifique, ainsi que des villes de bûcherons, des villages de pêcheurs, et neuf réserves indiennes. Comme dans tous les endroits sauvages, la faune est présente, et il n'est pas impossible de croiser des élans, des aigles ou des pumas. **Port Townsend** se trouve à l'extrémité nord-est de la péninsule, à l'entrée du **Puget Sound**, ce bras de mer qui mène à Seattle. Cette dernière n'est qu'à une heure de route. A **Edmonds**, au nord de Seattle, un ferry effectue la traversée et vous dépose à **Kingston**. De là, il faut encore rouler un peu sur une très belle route avant de rejoindre Port Townsend.

Bûcheron posant fièrement sur la souche de l'arbre qu'il vient d'abattre.

Port Gamble est une petite cité charmante qui se plaît à dire qu'elle est une « communauté forestière éternelle ». Elle l'est effectivement, et conserve vivant le souvenir d'une époque révolue, celle des bûcherons légendaires. Ensuite, la route franchit le Hood Canal qui est plus l'œuvre des glaciers que celle des hommes. De **Discovery Bay** (l'endroit rêvé pour acheter des huîtres et des fruits de mer), la State 20 gagne Port Townsend.

Fondée en 1851, à peu près en même temps que Seattle, il s'agit de la ville la plus ancienne de la péninsule. Ses habitants espéraient que Port Townsend, grâce à l'Union Pacific Railroad, allait devenir le grand port du nord-ouest des États-Unis. Mais ce fut Seattle qui bénéficia de cette position avantageuse. Les rails furent arrachés, les banques fermèrent et la plupart des habitants partirent chercher fortune ailleurs.

Ville de villégiature, on peut encore y voir d'élégantes demeures victoriennes qui rappellent certaines résidences de San Francisco. Déclarée *National Historic District*, Port Townsend est devenue le havre de nombreux artistes et celui de la **National School of Wooden Boatbuilding**, qui tente de faire survivre un art millénaire : celui de la construction de bateaux en bois.

L'US 101 fait le tour de la péninsule, suivant un itinéraire qui rappelle vaguement la forme d'un fer à cheval. Au nord, cette route traverse l'Olympic National Park et mène aux villes de bûcherons de la partie occidentale. La région qui s'étend entre Discovery Bay et Port Angeles ne reçoit en moyenne par an que 43 cm de pluie, contre 355 cm de l'autre côté des montagnes. On trouve de nombreuses fermes irriguées le long de ce tronçon de l'US 101. Les localités que l'on traverse sont toutes de petite taille.

Blyn est peut-être la plus petite. **Sequim** est une localité plus importante, abritée par la baie du même nom, sur le détroit de Juan de Fuca. Plus au nord, on parvient à **Dungeness**, le plus pittoresque des villages de pêcheurs de la région.

Port Angeles, *Big Town* comme l'appellent les habitants de la région, possède la plupart des coupes de bois des sociétés d'exploitation forestière, et l'atmosphère est nettement marquée par l'odeur des troncs abattus. De Port Angeles, la route suit **Elwha Creek**, pénètre dans l'enceinte de la National Forest puis serpente vers les eaux cristallines du **Lake Crescent**, à l'intérieur du parc national. A partir de cet endroit, la route est bordée d'arbres qui font impression par leur hauteur, et qui ont à leur pied, des tapis de fougères.

La cabane en bois est un élément essentiel du décor dans la partie occidentale de la péninsule, surnommée *West End*. L'US 101 traverse **Sappo** et **Forks**. Cette dernière prétend être « la capitale mondiale des maisons en bois ». De fait, vous verrez à tous les endroits des billes de bois, des arbres que l'on élague et des scieries. Les restaurants affichent même des panneaux qui interdisent aux clients d'entrer avec leurs crampons aux pieds.

La plupart des grands arbres ont maintenant disparu, ou partent directement dans les sociétés d'exploitation. Abattre certains de ces arbres centenaires représente un travail énorme, et c'est souvent l'occasion d'une fête ; les bûcherons se racontent alors autour d'un verre les péripéties de la journée et les problèmes rencontrés.

La forêt primitive

Les forêts à l'ouest des Olympic Mountains possèdent certains des arbres les plus hauts du monde. Le site le plus accessible est la **Hoh River Valley**, au sud de Forks, par la **Hoh River Road**. Les espèces les plus extraordinaires sont les cèdres rouges, les épicéas, les sapins Douglas. Grâce aux troncs moussus, aux branches qui filtrent la lumière, aux fougères qui les entourent, et au bruit de la rivière en arrière-plan, l'endroit a réelle-

Sur la côte pacifique.

ment quelque chose de magique. On sent bien que cette forêt est restée vierge de toute intervention humaine, à une exception près cependant. John Huelsdonk, surnommé *The Iron Man of Hoh* («L'homme de fer de la Hoh») arriva dans la vallée de la Hoh en 1891. Malgré les mises en garde, il décida de remonter la rivière en canoë, pour habiter dans la forêt. Ce qu'il ne put transporter dans son embarcation, son fourneau en fonte par exemple, il le chargea… sur son dos. Exploit retentissant qui lui valut son surnom et en fit une légende vivante. L'*Iron Man* est enterré dans cette forêt, aux côtés de sa femme.

On peut se rendre au village de **La Push**, qui fait partie de la **Quilayute Indian Reservation**, en prenant la La Push Road à Forks. Une grande partie des Indiens y vit de la pêche et les visiteurs de la réserve peuvent se joindre à eux. Les plages, bordées de rochers menaçants qui se détachent de la côte, sont d'une rare beauté.

Neah Bay est situé à l'extrémité nord-ouest des États-Unis. La State 112 bifurque de la State 101 à Sappo et suit le détroit jusqu'à cette localité. On aperçoit **Vancouver Island** au loin. L'ensemble de cette zone appartient à la **Makah Indian Reservation**. Des fouilles archéologiques ont révélé la présence de ces Indiens depuis un millénaire environ avant le début de l'ère chrétien; ces Indiens étaient autrefois des chasseurs de baleine et prenaient la mer sur des embarcations de cèdre. S'ils continuent de partir sur l'océan, c'est seulement pour capturer du saumon. Depuis 1855, la nation makah est protégée par un traité qui lui garantit des droits territoriaux et des droits de pêche, nécessaires à leur survie.

Par **Neah Bay**, on accède à une merveilleuse portion de la côte. Des sentiers en gravier ou en terre permettent d'y progresser un moment en voiture, mais pour atteindre le cap il faut marcher un peu.

Deux itinéraires sont possibles: les téméraires peuvent descendre jusqu'à **Shi-Shi Beach**; les raisonnables se rendent directement au **cap Flattery** en descendant une sorte d'escalier dans la forêt, fait de racines entremêlées, avant d'atteindre le bord de la falaise.

Mer de brume dans une vallée de l'Olympic National Park.

L'ITINÉRAIRE EST
0 100 200 miles
0 150 300 km
Canada
New York
VT.
N. H.
Mass.
Boston
Conn.
R.I.
90
New York
N. J.
A
Princeton
95
Pennsylvania
Cleveland
Lancaster
Philadelphia
B
Baltimore
95
C
M. D.
Annapolis
Del.
Washington
D
Virginia
W. Virginia
Charlottesville
Williamsburg
E
Roanoke
Océan
Atlantique
N. Carolina
Greensboro
Durham
85
Winston-Salem
F
Fayetteville
Wilmington
Myrtle Beach
17
G
S. Carolina
Charleston
95
Georgia
16
Savannah
A - Au départ de New York (p. 135)
B - Philadelphie : berceau d'une nation (p. 139)
C - Baltimore (p. 145)
D - Washington (p. 149)
E - La Virginie et le comté des Blue Ridge Mountains (p. 155)
F - Les fumées de Caroline du Nord (p. 161)
G - La côte de la Caroline du Sud (p. 166)

LES ITINÉRAIRES EST, SUD ET OUEST

Les trois itinéraires est, sud et ouest de notre guide englobent les trois quarts de la périphérie des États-Unis et représentent donc un long voyage qui révèle à merveille l'extraordinaire diversité de cette nation: les contrastes existant entre l'ancien et le moderne, les zones rurales et les zones urbaines, les espaces déserts et les foules, la richesse et la pauvreté.

Le périple débute par la visite des grandes cités de la côte Est, explore le Sud-Est urbanisé avant de rejoindre les villes portuaires qui bordent le golfe du Mexique, le Texas puis les grands sites du Sud-Ouest, et de remonter la côte pacifique, à travers les quelques métropoles de ce littoral, les lacs, les montagnes, les volcans et les forêts qui en font un espace sauvage sur lequel l'homme n'a pas laissé d'empreintes. L'installation des Européens en Amérique du Nord débuta par la colonisation de la côte Est, là même où commence notre périple: New York, le premier port par lequel on pénètre aux États-Unis; Philadelphie et son passé colonial; Baltimore, exemple vivant de la métamorphose urbaine; et Washington, siège du gouvernement, qui possède également les quartiers les plus pauvres du pays. Au sud de Washington, on accède aux espaces ruraux de la Virginie. On croise les Blue Ridge Mountains avant de traverser les champs de tabac de Caroline du Nord. L'itinéraire gagne ensuite le littoral, vers Myrtle Beach et les résidences du XVIIIe siècle de Charleston.

A Savannah, en Géorgie, commence l'itinéraire sud, qui franchit de vastes pinèdes jusqu'aux cités de Macon et d'Atlanta. Il atteint successivement l'Alabama et l'American Riviera, la côte du golfe du Mexique. Après avoir visité Mobile et Biloxi, nous repartons pour La Nouvelle-Orléans, l'une des villes les plus fascinantes du Sud. On pénètre ensuite dans les bayous de la Louisiane, puis au Texas, divisé en deux parties: à l'est, de grandes villes — Galveston, Houston, Austin — et, à l'ouest, des plaines désertiques, des élevages de bétail, et des chaînes montagneuses. Au Nouveau-Mexique et en Arizona, la route suit une ancienne piste apache et longe quelques-uns des sites les plus impressionnants des États-Unis comme les ruines de Montezuma Castle et le Grand Canyon.

La portion occidentale du voyage débute à San Diego et atteint rapidement la cité ultramoderne de Los Angeles, le royaume de la voiture, des stars, des snobs et des plages superbes. Plus au nord, on rejoint la Pacific Coast Highway et les falaises qui dominent l'océan. En chemin vers Castroville, la route coupe la Los Padres National Forest, gagne le littoral à Point Lobos avant d'atteindre Carmel. La destination suivante est San Francisco, la ville aux rues escarpées et aux richesses extraordinaires. On gagne ensuite une route magnifique qui longe le littoral de Point Reyes, vers Bodega Bay, la côte de Sonoma/Mendocino, et les forêts de séquoias. On bifurque vers l'intérieur des terres avant de pénétrer en Oregon, vers Crater Lake, et on retrouve la côte à Newport. Vous verrez les sommets de l'Oregon Coastal Range et les territoires qui ont été explorés par l'expédition de Lewis et Clark. La dernière partie du voyage explore l'État de Washington: les hauteurs austères du mont Saint-Helens, qui a retrouvé le calme après l'éruption brutale de 1980, et le dôme étincelant du mont Rainier qui vous accompagnera jusqu'à Seattle, la dernière étape de ce grand tour des États-Unis.

AU DÉPART DE NEW YORK CITY

New York City peut être définie comme une sorte de miroir réfléchissant la complexité des États-Unis. Si quelque chose de nouveau apparaît quelque part sur le territoire, un produit, un problème racial, une religion, une crise sociale, une manifestation de la criminalité, une mode, un *look*, un style de vie, un événement culturel, vous en trouverez à coup sûr un écho à New York.

Autres composantes majeures de son caractère, New York est depuis les premières années de son existence le port d'entrée sur le territoire américain de foules de touristes, d'aventuriers et d'immigrants. C'est un centre commercial, financier et industriel de première importance; *« la ville qui ne dort jamais »* dirige marchandises et populations vers tous les États d'Amérique. Il était naturel de commencer cette nouvelle partie du voyage par New York.

L'expérience des immigrants

Tout voyageur qui se rend aux États-Unis en arrivant à New York subit une tradition, créée voici deux siècles, lors du début de l'arrivée massive des immigrants sur le territoire américain. Vers le milieu du XIXe siècle, ces migrations atteignirent leur apogée avec l'arrivée d'Irlandais, d'Allemands, d'Italiens, de Russes, de Roumains, de Hongrois, de Grecs, de Slovaques, de Polonais et de Turcs. Un grand nombre s'installa dans le Lower East Side de Manhattan avant de s'en aller vers d'autres régions du pays. La plus grande partie des huit millions d'immigrants qui sont entrés aux États-Unis entre 1855 et 1890 sont passés par le centre de Castle Garden, dans le sud de Manhattan. Mais à partir de 1890, les immigrants ont été dirigés sur **Ellis Island**, qui vit passer douze millions de personnes en plus, entre 1890 et 1954. Aucun autre monument américain, si ce n'est la **Statue de la Liberté** qui s'élève au sud du port, n'évoque avec autant de force l'immigration aux États-Unis que les bâtiments d'Ellis Island. Les installations sont en train d'être restaurées afin qu'elles puissent retrouver leur visage originel. A partir de 1992, Ellis Island deviendra un monument historique, et un musée de l'Immigration ouvrira ses portes pour sauvegarder la mémoire de ces millions de réfugiés qui s'y pressèrent afin d'obtenir la nationalité américaine.

L'île de **Manhattan**, le plus petit des cinq *boroughs*, ou circonscriptions, de New York, est entourée par plusieurs cours d'eau — l'Hudson, la Harlem, l'East River — et par la New York Bay. Manhattan est reliée au reste du monde par un important réseau de tunnels et de ponts. De loin, l'artère la plus célèbre et la plus pittoresque de Manhattan est le **Brooklyn Bridge**. Les tours de granit et les cables d'acier de ce pont figurent dans un nombre considérable de tableaux, de films, de photos et de romans, au point qu'il est devenu une sorte de symbole de la puissance américaine.

Malheureusement ce pont ne peut pas figurer sur notre itinéraire; si vous le prenez pour franchir l'East River, vous vous retrouverez à Brooklyn, l'extrémité sud-

Pages ɔrécédentes: Aarbry Mill, au nord ɩ Blue Ridge Parkway, en Virginie; plage 'Atlantique; dans le ciel Manhattan, Empire State Building. A gauche, ıdy Liberty; à droite, ɩ Cinquième Avenue Manhattan.

ouest d'une autre île, **Long Island**. Pour commencer votre voyage, il vous faut prendre l'un des chemins les moins plaisants pour quitter la ville : le **Lincoln Tunnel**, vers le **New Jersey** (I 95).

Au premier abord, le surnom de cet État, *Garden State* (« l'État-Jardin »), ressemble à une mauvaise blague. C'en est une effectivement si vous prenez comme référence la portion de l'État qui jouxte New York, là où les gratte-ciel disparaissent pour céder la place à un paysage industriel horrible. Mais si vous patientez un peu et poursuivez votre exploration du New Jersey, après les usines, les entrepôts et les décharges, vous trouverez un visage totalement différent, des paysages d'une grande beauté et des souvenirs d'une autre époque de l'histoire des États-Unis.

Lorsque vous prenez la direction de l'ouest sur l'I 280, vers les Oranges, le pays devient plus avenant. Des étendues vertes commencent à apparaître, les usines cèdent la place à des églises et à des résidences de standing. Après une petite heure de route, vous découvrez les premiers villages qui font oublier le gigantisme urbain. La State 508, qui rejoint West Orange, vous mène rapidement, après l'hôtel de ville, à l'**Edison National Monument**.

Le berceau de l'industrie

Le laboratoire d'Edison, souvent décrit comme le « berceau de l'industrie », est géré par le National Park Service, qui organise des visites guidées très intéressantes. La visite commence par le laboratoire de chimie, qui contient d'innombrables flacons, éprouvettes et cornues d'époque, et se poursuit dans l'atelier de mise au point de machines. Dans ce local, Thomas Edison et ses associés réalisèrent des progrès essentiels pour la fabrication de produits qui ont bouleversé la vie moderne : l'ampoule électrique, le phonographe, ou la caméra de cinéma par exemple. On peut également admirer une bibliothèque superbe, avec une quantité d'ouvrages reliés, écrits dans différentes langues. Sur les murs figurent plusieurs portraits d'Edison et divers panonceaux qui affichent des

A gauche, le George Washington Bridge traverse l'Hudson en direction du New Jersey; ci-dessous, la blouse d'Edison dans son laboratoire de West Orange.

maximes que le chercheur prisait tout particulièrement. La visite s'achève dans la reconstitution du premier studio de cinéma, **Black Maria**, avec la projection de *The Great Train Robbery*, le premier film produit dans les studios d'Edison. Lorsqu'on quitte le centre, il est difficile de ne pas être frappé par la créativité de cet esprit, qui trouva une réponse à autant de questions différentes. Avant de partir de West Orange, vous pouvez visiter la superbe résidence victorienne d'Edison, **Glenmount**.

Champs de bataille

En bordure de l'I 287, s'étendent **Morristown**, et, à proximité, de nombreux champs de bataille de l'époque de la guerre d'Indépendance. Au **230 Morris Street**, s'élève la maison coloniale utilisée comme quartier général par George Washington au cours des hivers 1777 et 1780. À une dizaine de kilomètres de Morristown, se trouve **Jockey Hollow**, où les armées révolutionnaires dressèrent leur camp. Vous pouvez rejoindre **Wick House**, une ferme du XVIIIe siècle qui sent bon le feu de bois. Le week-end, des femmes et des enfants habillés en costumes d'époque accueillent les visiteurs.

Si vous désirez rencontrer le véritable *Garden State*, il vous suffit de poursuivre vers le sud par l'US 202, en direction de Princeton. La campagne de cette région est parfaitement paisible et verdoyante. En peu de temps vous serez à **Princeton**, dont la célèbre **Princeton University** possède l'un des plus beaux campus de tout le Nord-Est. Le style gothique domine l'architecture, avec quelques structures d'allure moderne ici et là. Le campus possède une belle collection de sculptures (Picasso et Calder entre autres). **Nassau Hall**, le bâtiment le plus ancien (1756) abrita le deuxième congrès continental en 1783, après que des soldats mutinés eurent obligé le Congrès à quitter Philadelphie. Bien que la population estudiantine soit beaucoup plus variée qu'à l'époque où l'écrivain F. Scott Fitzgerald en faisait partie (au début du siècle), Princeton reste une université destinée aux familles aisées des États-Unis.

Nassau Hall, un bâtiment de Princeton University.

TRANS WORLD AIRLINES
Savings Bank
TAXI

PHILADELPHIE: BERCEAU D'UNE NATION

A l'époque de la Révolution américaine, Philadelphie (Philadelphia) fut la capitale économique et politique des États-Unis. Au cours des premières années de la République, le cœur économique de la nation fut transféré à New York City, et le pouvoir gouvernemental se déplaça vers le sud, en direction de la toute jeune ville de Washington.

La Philadelphie contemporaine, cinquième ville des États-Unis, est pour la plupart des Américains un endroit mystérieux puisqu'il est rarement placé sous les feux des projecteurs des médias, et qu'il tranche ainsi avec les villes voisines du Nord ou du Sud. Mais pour les touristes comme pour les historiens, Philadelphie (avec Boston) est la cité américaine de la Révolution par excellence. C'est également une ville qui fait parler d'elle dans de nombreux autres domaines, la musique, le sport, la culture... La discrétion est toujours de rigueur, et il vous faudra, pour en savoir plus, passer quelque temps à Philadelphie.

Situé sur les rives de deux rivières, la **Schuylkill** et la **Delaware**, Philadelphie fut fondée en 1682 par le Quaker anglais William Penn, qui venait de recevoir une parcelle de terre du roi Charles II, en paiement d'une dette royale due au père de Penn. Ce dernier cherchait à établir une colonie où la liberté politique et religieuse de l'individu ne soit pas restreinte par la loi de la majorité (les Quakers avaient été persécutés en Angleterre). L'héritage de Philadelphie est donc celui du pluralisme, et il n'est pas étonnant que cette ville ait été choisie par les représentants des treize colonies pour signer, le 4 juillet 1776, la Déclaration d'indépendance, l'acte de naissance des États-Unis. Aujourd'hui, cette vocation de tolérance se reflète dans la diversité ethnique des différentes banlieues de la cité, de l'enclave italienne de South Philadelphia, au territoire hollandais et allemand de Germantown et au-delà. Parce qu'ils sentent que leur métropole est sous-évaluée par rapport à d'autres, les Philadelphiens sont toujours prêts à répondre aux questions concernant l'histoire et la culture locales. S'ils peuvent se plaindre de certains détails de la vie pratique (la faible quantité de cabines téléphoniques, notamment), ils n'hésiteront pas à vanter les charmes de leur ville. Plusieurs restaurants de grande cuisine ont ouvert à Philadelphie depuis l'implantation, au milieu des années 70, de la Restaurant School, mais les Philadelphiens restent très attachés à certaines spécialités locales, comme les steacks au fromage ou les bretzels. On ne manquera donc pas de vous conseiller ces spécialités, qui font partie à part entière de la visite de la ville.

Le Penn Center.

L'avènement d'une nation

L'**Independence National Historic Park**, qui s'étend de la 2e à la 6e rue, entre Walnut Street et Chestnut Street, est le centre historique de Philadelphie, et conserve de nombreux souvenirs de l'histoire de la ville et des États-Unis. La Déclaration d'indépendance et la Constitution furent signées dans les bâtiments géorgiens de l'**Independence Hall**, dans lequel se trouvait la **Liberty Bell**, célèbre emblème de la ville. Les amateurs d'histoire seront séduits par la visite de la salle des séances (**Assembly Room**), qui a conservé le mobilier d'époque: notamment les encriers qui ont servi à signer les prestigieux textes que nous venons d'évoquer, et le fauteuil de George Washington. Non loin de là, s'élève le **Congress Hall**, qui fut, entre 1790 et 1800, le siège du premier parlement des États-Unis, le Congress. Washington y fut élu président des États-Unis en 1793.

Le carillon de la liberté

A quelques pas de là, se dresse le **Liberty Bell Pavilion**, une curieuse structure de verre qui abrite la fameuse cloche depuis 1975, date à laquelle elle quitta la façade de l'Independence Hall. Cette célèbre «cloche de la liberté» est un symbole vivant pour les habitants de la ville, car elle sonna le rassemblement des Philadelphiens pour la lecture publique de la Déclaration d'indépendance, le 8 juillet 1776. En descendant Market Street vers Delaware River, on débouche sur **Franklin Court**, le site sur lequel s'élevait la résidence de Benjamin Franklin. Elle a été démolie en 1812, mais des marques sur le sol tracent son contour, et les fondations ont été exhumées, ce qui donne l'impression d'être en présence de fouilles archéologiques, alors qu'il s'agit de souvenirs d'un homme disparu il y a moins de deux siècles ! Un musée rassemble divers objets évoquant la vie de cet illustre américain, et projette un film qui lui est consacré.

Christ Church, dans Second Street, fut édifiée en 1695. C'était le lieu de culte préféré des membres du Congress. Des plaques ont été apposées aux endroits qu'occupaient habituellement George Washington, Benjamin Franklin et Betsy Ross, qui réalisa le premier drapeau américain. A proximité, on peut d'ailleurs visiter **Betsy Ross House**, qui aurait été sa demeure, et admirer un mobilier du XVIIIe siècle.

En partant de l'Independence Hall, vous pouvez vous diriger vers South Street en traversant les rues piétonnes et les allées de **Society Hill**, le premier quartier résidentiel de Philadelphie. L'élégance des bâtiments vieux de trois cents ans et le nom de ce quartier laissent supposer qu'il abritait les riches familles coloniales de Philadelphie ; en fait le nom Society vient de la Free Society of Traders, une compagnie commerciale fondée par William Penn pour rentabiliser les terrains en bordure du port.

Vers la fin des années 70, les rives de Philadelphie, comme celles d'un grand nombre de métropoles américaines, ont été l'objet d'une vaste campagne de réhabilitation. Le **Penn's Landing** fait partie de ces nouvelles réalisations : à l'endroit où William Penn accosta, se trouvent aujourd'hui un port de plaisance, des installations sportives, un centre de loisirs, et divers centres culturels, dont un musée d'histoire maritime, le **Port of History Museum**.

Si vous poursuivez votre chemin vers **South Street**, vous trouverez le quartier « branché » de Philadelphie, qui réunit une concentration étonnante de boutiques

Dans la ville, les extrêmes se côtoient.

de mode qui exposent toutes les extravagances et tous les snobismes du moment. L'histoire de ce quartier est la même que dans toutes les villes du monde : à une époque où les loyers étaient particulièrement bon marché, les artistes et les bohèmes en ont fait leur territoire en s'installant dans des logements plus ou moins délabrés. Rapidement les promoteurs immobiliers ont exploité le filon, et immédiatement après les commerçants ont pris la relève, alors que les premiers occupants du quartier avaient fui depuis longtemps. Le quartier est devenu le lieu de rendez-vous de tous les noctambules qui hantent ses bars, ses restaurants et ses boîtes de nuit.

Le **City Hall**, à l'intersection de Broad Street et de Market Street, est l'hôtel de ville le plus vaste des États-Unis. Ce bâtiment très décoré a des influences architecturales françaises assez nettes, et l'on peut trouver un certain lien de parenté avec le Louvre ou avec l'hôtel de ville de Paris. Au sommet de l'édifice trône une statue de 11 m, qui représente William Penn. Jusqu'à une date récente, le panorama de Philadelphie était protégé par un décret municipal interdisant qu'un bâtiment dépasse la hauteur du chapeau de William Penn. La pression immobilière augmentant sans cesse, cette ordonnance est passée aux oubliettes, et l'horizon de Philadelphie est en train de se transformer rapidement.

La statue de William Penn, au sommet du City Hall.

Le **Benjamin Franklin Parkway** a été construit dans les années 20 sur le modèle des Champs-Élysées. Cette large avenue s'étend du City Hall à l'entrée de Fairmount Park, le plus vaste jardin municipal du pays. Sur le Parkway, à hauteur de la 20e rue, vous pourrez faire une pause et visiter le **Franklin Institute**, un musée des Sciences également dédié à la mémoire de Benjamin Franklin et qui contient des objets retraçant sa vie. Sur quatre étages, les visiteurs peuvent réaliser eux-mêmes des expériences simples sur des phénomènes fondamentaux de la physique ou de la technique. On peut également visiter le **Fels Planetarium**, ouvert en 1933, où sont programmées plusieurs représentations quotidiennes.

L'art dans la ville

A quelques pas de là se trouve le **Rodin Museum**, qui possède l'une des plus importantes collections d'œuvres du célèbre sculpteur hors de France, dont un moulage du *Penseur*, des *Bourgeois de Calais*, de la *Porte de l'Enfer*, ainsi que des aquarelles, des dessins. Au bout du Parkway, on rejoint ensuite le **Philadelphia Museum of art**, l'un des grands musées américains d'art. Outre la collection Johnson qui comprend plus d'un millier de toiles, on peut admirer un bel ensemble d'œuvres du XXe siècle, dont les *Trois musiciens*, de Picasso, *La Ville*, de Fernand Léger, ou *Personnage en présence de la nature*, de Juan Miró. La collection Arensberg, enfin, possède peut-être les toiles les plus remarquables, signées Paul Klee, Marc Chagall, Marcel Duchamp, Pablo Picasso ou Georges Braque. Au premier étage, sont regroupées les sections d'arts islamiques et orientaux, et d'arts européens depuis le Moyen Age (vitraux, maîtres-autels, portails, sculptures, toiles, tapisseries...).

Au croisement de la 33e rue et de Spruce Street, sur le campus de la

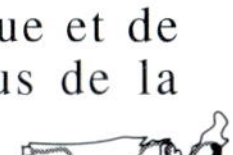

University of Pennsylvania, se trouve le **University Museum**, qui abrite de somptueuses collections archéologiques sur les anciennes civilisations d'Europe, d'Égypte et du Moyen-Orient. On y trouve également des objets provenant de Chine, d'Afrique et d'Amérique.

Après ces heures passées à visiter la ville et ses musées, une promenade tranquille dans le cadre du **Fairmount Park** sera tout à fait bienvenue. En plus des superbes pelouses et des bois touffus, le parc possède un centre horticole, un jardin zoologique, une pagode japonaise et plusieurs demeures historiques sur la rive de la Schuylkill River. Vous pouvez tout à fait prévoir de passer la journée entière dans le parc, avec un petit pique-nique…

La Brandywine Valley

Une cinquantaine de kilomètres au sud-ouest de Philadelphie, par l'US 1, en plein cœur de la Brandywine Valley, s'étend le **Longwood Gardens**, un jardin magnifique qui possède une incroyable variété de plantes. Dans les serres, sont rassemblés des bonzaïs, des orchidées, des roses et des acacias de toutes les variétés possibles. Des pièces hautes de plafond, décorées de fleurs éclatantes, servent de salles de concerts pendant l'été. Dans le **Flower Garden Walk**, vous pourrez admirer une fontaine composée de plus de six cents jets d'eau. Vers l'ouest, se trouvent les rosiers, les jardins topiaires (la topiaire est l'art de donner aux arbres et aux arbustes les formes les plus diverses), et un *idea garden* dans lequel sont mis au point des variétés hybrides, par exemple un pommier qui donne cinq variétés de pommes.

Aux abords de **Wilmington**, dans le Delaware, la **Nemours Mansion**, le **Winterthur Museum and Gardens** et le **Hagley Museum** sont des témoignages de l'extraordinaire richesse de la famille Du Pont, fondatrice de la compagnie Du Pont de Nemours, le géant de l'industrie chimique. Les résidences possèdent un superbe mobilier d'époque coloniale, et le musée Hagley abrite des objets qui datent des premières heures de la puissance familiale.

Elfreth's Alley, à Philadelphie.

LE PAYS AMISH

Le **Lancaster County**, 76 km à l'ouest de Philadelphie (par l'US 30), est le pays de l'une des populations les plus à «contre-courant» du pays: les Dutch (les Allemands) de Pennsylvanie. La majorité d'entre eux sont amish, c'est-à-dire qu'ils appartiennent à la petite secte orthodoxe des Mennonites, qui refuse la modernité et continue de perpétuer de vieilles traditions, comme le port des habits noirs et le refus de la mécanisation. Vous verrez souvent, dans les rues de **Lancaster**, leurs attelages, ou *buggies* (cf. photo ci-dessous).

Les Mennonites, du nom de leur chef Menno Simons, sont une secte protestante issue des Anabaptistes suisses, desquels ils se sont séparés en 1525. Leur doctrine et leur pratiques se signalent par la reconnaissance de la divinité de Jésus-Christ, mais le refus de la Trinité, le rejet du baptême pour les enfants et de l'autorité de toute Église et l'antimilitarisme.

Les premiers Mennonites s'installèrent en Pennsylvanie, à Germantown, en 1683. Vingt-six ans plus tard, ils fondèrent la ville de Lancaster, qui est toujours le centre des activités amish. La très conservatrice Église amish se sépara ensuite, à la fin du XVIIe siècle, des Mennonites européens, et forme depuis une secte indépendante.

Le comté de Lancaster est l'un des plus beaux endroits de l'est des États-Unis. Le paysage est essentiellement composé de fermes qui produisent du tabac, des grains, ou se consacrent à l'élevage. Mais la région doit son caractère particulier à la douceur de la lumière qui baigne l'ensemble des champs et des habitations. Un premier arrêt à Lancaster vous permettra de vous rendre au **Pennsylvania Dutch Visitors Bureau Information Center**, *1799 Hempstead Road*, qui vous fournira tous les renseignements utiles. Si vous pratiquez l'anglais, vous pourrez assister à la projection d'un film de 36 mn, *The Lancaster Experience*, qui retrace l'histoire de la région. L'**Old City Hall** abrite le musée historique du **Lancaster Heritage Center**: vieux quartier restauré et opéra de 1852.

Dans les environs, deux des maisons typiques amish ouvertes au public méritent une visite: l'**Amish Homestead**, *2034 Lincoln Highway East* (US 30), à Lancaster, propose une visite d'une demeure vieille de deux cents ans toujours occupée par une famille amis; même chose à l'**Amish Farm and House**, *2395 Lincoln Highway East*. Signalons encore le **Pennsylvania Farm Museum of Landis Valley**, *2451 Kissel Hill Road*, qui expose du matériel agricole, des armes à feu…

Quelle que soit l'époque de votre venue, vous pourrez assister aux travaux des champs, toujours effectués de façon traditionnelle: la tonte des moutons fin avril, la plantation du tabac début juin, la moisson du blé début juillet, celle du tabac fin août… Tous les endroits que vous visiterez vous fourniront des informations concernant les Amish et leur mode de vie. La meilleure manière d'en savoir davantage est de discuter avec eux, au hasard des rencontres, chose facile car ils sont très accueillants.

BALTIMORE

Depuis la rénovation du port de Baltimore, **Harborplace**, la fréquentation touristique annuelle de cette ville du Maryland a été multipliée par trois. Le port et le nouveau Convention Center ont ainsi rapporté à Baltimore une quantité considérable de devises, alors que la métropole passait pour être la plus touchée par la récession industrielle. Les entrepôts ont été rasés et, en trente ans, une foule de boutiques et de restaurants ont rendu le rivage aux habitants de la ville. Cet ambitieux projet de rénovation a constitué un modèle pour de nombreuses autres villes américaines.

Baltimore fut la première cité des États-Unis à offrir la possibilité aux habitants d'acheter des demeures délabrées pour un dollar symbolique, moyennant quoi ils s'engageaient à rénover les lieux. Malgré un certain ralentissement du projet à l'époque du président Reagan, les travaux réalisés ont insufflé à Baltimore un regain de dynamisme à la fin des années 70.

Le vrai Baltimore

En dépit de cette image de renouveau drainée par Harborplace, les habitants de la ville seront les premiers à vous dire que le vrai Baltimore se trouve dans les «quartiers ethniques» de la cité. De **Little Italy** à **Little Lithuania**, ces communautés conservent les parfums, les bruits et les goûts de l'*old country*, le «vieux pays». Chaque été se déroule à Baltimore le Showcase of Nations, une série de fêtes ethniques, avec des concerts, des spectacles de danse, et des dégustations de spécialités culinaires, organisées par des communautés coréennes ou ukrainiennes. D'autres manifestations de ce genre contribuent à conserver à la ville un climat de fraternité et de fête, ce qui n'est pas fréquent dans une métropole de cette importance.

La spécialité de Baltimore est le crabe du Maryland, pêché dans les eaux de **Chesapeake Bay**. La préparation traditionnelle consiste à cuire le crabe à la vapeur et à l'accompagner d'une sauce très épicée. Si vous n'avez pas le coup de main pour manger le crabe, vous trouverez facilement quelqu'un pour vous montrer comment faire. Vous pourrez aussi goûter le gâteau de crabe, ou le crabe impérial, des plats préparés avec la chair de ce délicieux crustacé.

Une artère résidentielle.

Les habitants de Baltimore ont deux amours: le crabe, nous venons de le voir, et leur équipe de base-ball, les Orioles, l'une des meilleures du championnat américain. Si vous ne connaissez rien à ce sport et que vous ayez envie de le découvrir, c'est l'occasion ou jamais de le faire. Vous pouvez vous rendre au stade des Orioles, le **Memorial Stadium**, l'été de préférence, et assister à une rencontre. Les fanatiques de base-ball vont toujours faire une petite visite au **Babe Ruth Birthplace/Maryland Baseball Hall of Fame**, *216 Emory Street*, un musée consacré à une gloire de ce sport, Babe Ruth.

Les amateurs de courses de chevaux préféreront certainement visiter **Pimlico**, où se déroule au mois de mai un célèbre trophée américain, le Preakness.

Pour commencer la visite de la ville, il est recommandé de la voir d'en haut. Pour cela il suffit de se rendre sur la terrasse **Top of the World** («toit du monde»), au 27e étage du **World Trade Center**, un bâtiment dessiné par l'architecte I. M. Pei. Outre la superbe vue dont vous bénéficierez, vous pourrez admirer une exposition qui détaille les activités portuaires de la ville, et qui affiche les portraits des habitants les plus célèbres de Baltimore, dont Edgar Allan Poe.

Non loin de là on rejoint l'extraordinaire **National Aquarium**, construit en 1981. Cet immense ensemble abrite plus de cinq mille espèces aquatiques. L'édifice est en lui-même une curiosité. De conception futuriste, l'aménagement intérieur, où s'imbriquent les volumes, réserve beaucoup de surprises.

Vous pourrez aller vous promener à Harborplace et, si vous le désirez, faire une petite croisière dans le port. Vous sentirez l'odeur des épices en passant à côté d'une usine, la **McCormack Spice**, puis celle du sucre à proximité de la **Domino Sugar Plant**. Pour finir, vous aurez droit aux odeurs de détergent émises par la **Proctor and Gamble**. Si vous souhaitez visiter les eaux du port par vous-même, des petits bateaux à moteur et des pédalos sont en location.

Vers l'océan

Fell's Point, le premier centre de construction navale de Baltimore, a conservé les charmes d'une vieille ville portuaire. Il suffit de se promener dans les rues pavées du quartier historique pour admirer plus de trois cent cinquante maisons d'époque coloniale, la plupart étant en parfait état. Ici et là vous trouverez d'anciens pubs, des boutiques d'antiquités et des restaurants servant des produits de la mer. Les quais sont bordés de remorqueurs et l'on aperçoit encore des chalutiers qui vont pêcher la langouste comme ils le font depuis presque trois siècles. Le **Broadway Market** est un marché en bois qui vaut largement le détour, et vous pourrez vous y procurer toutes sortes de produits appétissants.

L'une des plus célèbres curiosités du rivage est le **Fort McHenry**, qui protège l'entrée du port intérieur de Baltimore. Construit en 1776, ce fort subit en 1812, pendant vingt-cinq heures, le bombardement d'un navire britannique à bord duquel se trouvait un prisonnier, Francis Scott Key. Apercevant la bannière étoilée qui flottait sur le fort, ce dernier écrivit les vers du *Star-Spangled Banner*, qui est devenu l'hymne américain. Peu d'Américains savent que Key s'inspira d'une vieille chanson à boire pour composer la mélodie... Le fort a été restauré et abrite aujourd'hui un musée qui retrace son histoire.

Mount Vernon Place, devenu un site historique national, est un quartier qui possède la plupart des maisons, des églises et des centres culturels les plus anciens de Baltimore. Au centre du quartier s'élève le **Washington Monument**, le premier édifice construit pour saluer la mémoire de cet homme d'État. On peut gravir les deux cent vingt-huit marches de cette grande colonne de marbre (54 m de haut) pour jouir d'une superbe vue sur les alentours. Ce monument a été financé grâce à une loterie! Ne quittez pas Baltimore sans vous être rendu à la

Hausner's Restaurant est un musée à lui tout seul.

Walters Art Gallery, fondée en 1906, qui possède l'une des plus riches collections d'art en Amérique. Juste en face, se trouve le **Peabody Conservatory of Music**: un institut qui abrite une bibliothèque de trois cent mille volumes et le conservatoire de musique. A l'ouest, la **Maryland Historical Society**, fondée en 1844, abrite le manuscrit original du *Star-Spangled Banner.*

En remontant Charles Street, on accède à la **John Hopkins University** qui, depuis la fin du XIXe siècle, est au centre des échanges philosophiques entre l'Europe et l'Amérique. A côté s'élève le **Baltimore Museum of Art**, l'autre grand musée d'art de la ville. Le bâtiment a été dessiné par John Russell Pope, qui est également le créateur de la National Gallery of Art à Washington. Le musée fourmille de richesses et il serait difficile de tout citer: une section d'antiquités, un département de sculpture, et une section de peinture qui contient des chefs-d'œuvre de Rembrandt, de Titien, de Quentin de La Tour, de Renoir, de Cézanne, de Picasso…

Un port colonial

En quittant Baltimore, prendre l'I 95 vers le sud, l'I 695 vers l'est, et enfin la State 2 en direction d'**Annapolis**. Avant d'entrer dans la ville, on franchit le **Severn River Bridge**, qui offre une vue magnifique. Annapolis est une très belle cité maritime, à l'embouchure de la Severn River, dans la baie de Chesapeake. Au crépuscule, la lumière donne aux maisons géorgiennes des reflets d'une grande beauté. La ville n'est pas très grande et l'on peut s'y promener à pied. La visite pourra débuter du **Maryland State House**, le plus ancien capitole des États-Unis, dans lequel fut ratifié en 1784 le traité de Versailles qui mit fin à la guerre d'Indépendance. Il est facile ensuite de rejoindre le front de mer, qui date pour l'essentiel du XVIIIe siècle. Les amoureux de la mer visiteront dans le nord-est de la ville l'**United States Naval Academy**, la célèbre école d'officiers qui comporte un musée, à **Preble Hall**, un centre d'accueil (Visitors' Center) et une chapelle commémorative.

L'U.S. Naval Academy d'Annapolis.

WASHINGTON

Washington est tout d'abord la capitale fédérale des États-Unis, et la ville où résident d'innombrables fonctionnaires gouvernementaux. Mais c'est également une cité touristique, qui possède assez de monuments et de musées pour retenir un visiteur pendant des mois.

G. Washington engagea l'architecte franco-américain Pierre-Charles L'Enfant (1754-1825) pour préparer les plans de la ville. L'architecte fut renvoyé en 1792, mais ses plans furent dans l'ensemble conservés. Après s'être battue des années pour devenir la capitale culturelle des États-Unis, Washington parvint à obtenir une position de première importance dans ce domaine, encore consolidée par l'ouverture du **John F. Kennedy Center for the Performing Arts** dans les années 70. Pourtant, derrière cette brillante façade, existe aussi une autre Washington: à quelques pas des splendides esplanades de Capitol Hill, s'étendent quelques-uns des ghettos les plus pauvres du pays. Ce contraste entre l'extrême pauvreté et la grande richesse, si fréquent aux États-Unis, est ici poussé à son paroxysme. Cette réalité est en effet vécue par les plus anciens habitants de la ville dont les quatre cinquièmes sont des Noirs.

Bien que les administrations en place soient relativement stables, l'image de la ville est très fortement liée à celle de l'équipe gouvernementale au pouvoir. Après l'élection de Ronald Reagan en 1978, Washington est devenue une cité encore plus conservatrice, ouverte à tous les jeunes affairistes ambitieux, avides de pouvoir et d'argent.

Le changement est particulièrement notable à **Georgetown**, le quartier le plus apprécié (la nuit surtout) de ceux que les Américains ont rapidement désigné sous le nom de *yuppies* (une abréviation de young urban professionals). Cet endroit était, il n'y a pas si longtemps, un quartier bon enfant avec des vendeurs de sandwichs, des magasins de disques, et des hippies. Aujourd'hui on ne trouve plus que des restaurants hors de prix et des night-clubs chics réservés aux plaisirs de la haute société.

Les rues qui bordent Wisconsin Avenue et M Street offrent toujours aux piétons la possibilité de se promener au milieu des maisons les plus anciennes et les plus belles de Washington. Il vaut mieux s'y rendre de jour, car on est sûr de pouvoir y flâner tranquillement.

Ceux à qui l'atmosphère de Georgetown déplaît, peuvent choisir le quartier autour de **Dupont Circle**, et y trouver des restaurants et des boîtes de nuit où l'ambiance est nettement plus sympathique. Les amateurs de pop-musique essaieront d'assister à un concert de *go-go*. Le *go-go* est le nom donné à un mélange de *rap* et de musique soul qui est rapidement devenu à la mode à Washington, et que l'on entend également en Europe depuis peu de temps. Mais on peut écouter bien d'autres choses, notamment du blues, de la musique folk, du rock, etc.

Capitol Hill

La carte postale la plus connue de Washington est évidemment celle où l'on voit le **Capitol**, qui se dresse sur la colline de Capitol Hill. Ce saint des saints de la démocratie américaine reste l'un des grands pôles d'attraction des touristes. Des visites gratuites de ce bâtiment couronné d'un dôme surmonté d'une **statue de la Liberté** de 6 m de haut, sont organisées, et partent toutes les dix minutes de la **Rotonde** ornée de huit peintures historiques (sous la coupole). On pénètre ainsi dans la galerie des visiteurs du **Sénat** et de la **Chambre des représentants**. Il est impossible de s'y rendre seul à moins d'obtenir une autorisation, en la demandant longtemps à l'avance à un élu. Si vous désirez assister, ne serait-ce que rapidement, aux débats, il vous faut consulter le *Washington Post* pour connaître les jours et les heures des séances. Autre bâtiment officiel, le **Supreme Court Building**, à proximité du Capitol, qui accueille la Cour suprême des États-Unis, un tribunal de neuf juges qui décide de l'interprétation de la Constitution. Ses décisions ont une importance capitale pour la vie politique américaine. Même chose pour les visites: il faut consulter le *Washington Post* pour connaître les dates des séances.

Illumination du Capitol.

Les salles de lecture

De l'autre côté du Capitol, à l'intersection de la 1re rue et d'Independence Avenue, s'élèvent les trois bâtiments de la **Library of Congress**, bibliothèque du Congrès et bibliothèque nationale. Le **Thomas Jefferson Building** est le plus ancien des trois et possède de superbes ornements de mosaïques, des sculptures et des fresques. Le fonds de cette bibliothèque est le plus important du monde avec plus de quatre-vingt millions d'ouvrages (manuscrits, livres, partitions musicales) ! Les salles de lecture du **John Adams Building**, de style Arts déco, sont l'endroit propice pour se reposer avec un livre ou un journal. Situé dans l'ancienne maison de Frederick Douglass (1817-1895), qui lutta pour l'abolition de l'esclavage et qui fut le conseiller des présidents Lincoln et Grant, le **Museum of African Art** expose une belle collection d'objets d'art africain, des sculptures et des masques notamment.

Un grand nombre de sites touristiques de Washington se situent sur ou à proximité du **Mall**, qui relie le Capitol au Lincoln Memorial, à l'ouest. Cette étendue de verdure est idéale pour les promenades, les pique-niques ou les jeux de ballons.

Les différents musées de la **Smithsonian Institution** comptent parmi les plus intéressants du pays. Le centre administratif de cet institut culturel, un édifice en brique rouge surnommé **Castle** (« Le Château »), comprend un centre d'informations qui vous fournira tous les plans et toutes les brochures concernant les différents musées.

La **Freer Gallery of Art**, qui en fait partie, située au croisement de la 12e rue et du Jefferson Drive, est consacrée aux arts du Proche et du Moyen-Orient, ainsi qu'aux peintres du XIXe siècle. Le **Hirshhorn Museum and Sculpture Garden** est spécialisé dans la peinture et la sculpture modernes.

Juste à côté on rejoint le **National Air and Space Museum** qui possède un extraordinaire ensemble d'avions et de véhicules spatiaux. Malheureusement, certains modèles sont souvent prêtés à

La grande salle de lecture de la Library of Congress, dans Thomas Jefferson Building.

différents musées du monde, et il n'est pas toujours possible de voir l'ensemble de cette collection en même temps. Parmi toutes les célébrités qui trouvent abri ici, on peut citer le *Spirit of Saint-Louis* de Lindbergh; le *X-15*, l'avion le plus rapide du monde; des répliques de satellites, des appareils à décollage vertical, etc. Les visiteurs se retrouvent toujours autour d'une pierre rapportée de la Lune, ou dans la salle de cinéma dans laquelle sont projetés sur écran géant, *The Living Planet*, *To Fly*, et surtout *Dream is alive*, filmé à bord de la navette spatiale.

De l'autre côté du Mall, s'ouvre la **National Gallery of Art**, et ses objets d'art européen du XIIIe siècle à nos jours. C'est dire s'il est impossible de détailler toutes les salles! La nouvelle aile de ce musée, **East Wing**, est en soi une curiosité. Œuvre de I. M. Pei, ce bâtiment est dessiné à partir de structures triangulaires qui s'adaptent à l'espace restreint qui était réservé à cette aile supplémentaire. L'intérieur, spacieux et lumineux, donne aux visiteurs l'impression d'une grande douceur et d'une certaine liberté. On comprend ici l'importance du cadre pour apprécier les œuvres exposées.

Le **Museum of Natural History** est peut-être le plus hétéroclite des musées puisqu'il s'intéresse autant aux dinosaures qu'à la géologie, à la culture des Indiens d'Amérique, ou à la vie marine. A quelques pas, le **National Museum of American History** est une illustration de l'histoire des États-Unis vue sous l'angle de son développement technique. Il réunit des objets aussi différents qu'un phonographe d'Edison, des chronomètres, des sismographes, des vêtements ayant appartenu aux femmes des présidents des U.S.A., des monnaies ou des objets liés à l'histoire de la presse.

Une foule de monuments

En remontant le Mall, on arrive au **Washington Monument**, un obélisque géant en marbre blanc qui célèbre la mémoire du premier président des États-Unis, George Washington. Du haut de ses 169 m, une salle d'observation offre une vue magnifique sur la ville.

Défilé devant le Capitol.

Séparé du monument par deux bassins, le **Lincoln Memorial** fut érigé par Henry Bacon en souvenir du président Abraham Lincoln, assassiné à Washington en 1865. Outre la grande statue du président, on peut voir à l'intérieur, gravés sur la pierre, des extraits du discours qu'il prononça après sa deuxième élection.

En bordure du Tidal Basin, plus au sud, on rejoint le **Jefferson Memorial**, une construction circulaire surmontée d'un dôme, avec à l'intérieur une statue en bronze de Thomas Jefferson, haute de 6 m. Le mémorial est entouré de cerisiers du Japon, offerts par ce pays en 1912. Enfin, près du Lincoln Memorial, on peut voir une structure de marbre noir en forme de V, le **Vietnam Veterans Memorial**. Les faces des plaques imposantes portent les noms des cinquante-huit mille soldats américains tués ou disparus lors de cette guerre.

La **Maison Blanche**, **White House**, est la demeure de tous les présidents des États-Unis, excepté George Washington. Sa visite est extrêmement courte, et il faut souvent attendre des heures.

Non loin de là, sur la 17e rue, entre E Street et New York Avenue, on trouve la **Corcoran Gallery**, réputée pour ses collections d'œuvres d'art américaines du XVIIIe siècle à nos jours, pour son ensemble consacré à la peinture et à la sculpture européennes, ainsi que pour ses expositions temporaires.

A l'est de la Maison Blanche, au 511 10e rue, s'élève le **Ford's Theatre** dans lequel Abraham Lincoln fut assassiné. Un **musée** consacré au président a été aménagé dans le sous-sol du théâtre. On peut y voir (et y lire) le journal intime de l'assassin du président, et le pistolet dont il s'est servi pour accomplir son crime.

Les **National Archives**, logées à l'intersection de la 7e rue et de Constitution Avenue, possèdent des exemplaires de la Déclaration d'indépendance, de la Constitution américaine et du Bill of Rights (les dix premiers amendements de la Constitution), ainsi qu'une quantité de traités officiels, dont certains sont présentés dans l'**Exhibition Hall**. On peut également entendre les célèbres écoutes du Watergate qui provoquèrent la

Le Vietnam Veterans Memorial.

démission du président Nixon, et qui font maintenant partie des Archives nationales. Enfin, le **J. Edgar Hoover F.B.I. Building** présente des expositions consacrées à l'histoire de la criminalité et de sa prévention aux États-Unis. On y trouve une sorte de galerie de portraits de criminels, dans laquelle on peut voir des portraits et des récits de la vie de célébrités du crime comme Al Capone ou John Dillinger. La visite s'achève par une démonstration de l'intervention d'agents du F.B.I., arme au poing…

Les alentours de Washington

Il suffit de traverser le Memorial Bridge pour se rendre à **Arlington** et y visiter l'**Arlington National Cemetery**, où plus de cent soixante-quinze mille Américains ont été enterrés, dont John et Robert Kennedy. La **tombe du Soldat inconnu** est un énorme bloc de marbre sur lequel on peut lire l'inscription: *«Ici repose dans la gloire un soldat américain qui n'est connu que de Dieu.»* L'extrême simplicité de ce monument n'est contredite que par le cérémonial de la relève de la garde, toutes les demi-heures.

A quelques kilomètres au sud d'Arlington, **Alexandria's Old Town** est une version plus paisible de Georgetown, avec des bâtiments du XVIIIe siècle depuis peu restaurés et transformés en boutiques et restaurants de luxe. Parmi les endroits notables, signalons le **Torpedo Factory Art Center**, un centre d'artisanat logé dans un ancien entrepôt.

Au bout du **George Washington Memorial Parkway**, les visiteurs peuvent se rendre à la résidence de George Washington, **Mount Vernon**. Cette demeure est particulièrement séduisante au printemps, quand l'environnement est en fleurs.

Suivre le Parkway vers le nord-ouest jusqu'à Canal Road, pour rejoindre **Great Falls**, les dernières chutes du Potomac avant que le fleuve ne s'apaise et traverse Washington. Le secteur du canal, qui entoure immédiatement ces chutes impressionnantes, a été restauré (les ponts et les écluses); le canal avait été construit pour faciliter la navigation.

Relève de la garde devant la tombe du Soldat inconnu.

LA VIRGINIE ET LE COMTÉ DES BLUE RIDGE MOUNTAINS

Après ces quelques étapes consacrées aux grandes métropoles de l'Est américain, notre voyage retrouve les splendeurs de la nature avec les Blue Ridge Mountains.

A Washington, il faut sortir par Key Bridge et suivre les panneaux de l'I 66 vers l'ouest. On rejoint la petite ville de Front Royal et le Skyline Drive qui court vers le sud, le long du rempart oriental des Blue Ridge Mountains. Quelques kilomètres à l'ouest de Fairfax, en Virginie, on trouve le **Virginia Visitors' Center**, sur l'I 66, qui fournit une grande quantité de brochures sur les multiples facettes du tourisme en Virginie.

Peu à peu, le rythme de vie semble s'apaiser; on suit de petites routes qui serpentent au milieu d'horizons dégagés, avec au loin la perspective de majestueuses montagnes. Les sommets sont fréquemment recouverts d'épais nuages qui filtrent la lumière et l'animent de reflets changeants. Les arbres eux-mêmes prennent des teintes plus ou moins sombres au gré de l'évolution du climat. Des cascades dévalent les parois rocheuses qui bordent la route, et les collines sont recouvertes de pissenlits, de vesces et de gerbes d'or. Au moment où vous traversez les collines du **Fauquier County**, et que vous êtes sur le point d'oublier les paysages urbains, ils se rappellent à vous en arrivant à **Front Royal**.

Shenandoah

Shenandoah National Park.

Rapidement on atteint l'entrée nord du **Shenandoah National Park**, où débutent les 169 km du **Skyline Drive**. Le parc national, créé en 1926 par un décret du Congress, fut une expérience importante dans la politique de protection des sites. A l'époque la région était surpeuplée et son sol était en train de s'appauvrir. Le Skyline Drive fut ouvert en 1939. Depuis, les forêts de Shenandoah ont repris de l'ampleur avec un bel assortiment de pins, de chênes, de noyers et de caroubiers. Pour pénétrer dans l'enceinte du parc, chaque voiture doit s'acquitter d'une petite somme (environ 2 dollars). 7 km plus loin on arrive au **Dickey Ridge Visitors' Center**, ouvert du 1er avril au 1er novembre : vous y trouverez des cartes du parc, des brochures sur la faune et la flore ainsi que des dépliants comportant toutes les informations utiles sur le camping et l'hébergement. Vous pouvez assister aux conférences qui sont données par les *park rangers*, les gardiens du parc, sur la vie sauvage et sur toutes les randonnées à faire.

La visite du parc

On peut parcourir le parc en voiture, mais il serait dommage de se priver du plaisir d'aller marcher un peu sur les sentiers qui traversent la forêt. Si vous n'êtes attiré ni par la pêche, ni par la randonnée, prévoyez au moins un panier de vivres pour aller pique-niquer sur l'une des aires prévues à cet effet. La vitesse est limitée dès l'entrée à 55 km/h, ce qui permet de ne pas troubler la tranquillité des lieux. Au début, la route est bordée par la forêt, mais à mesure qu'elle gravit la pente, on aperçoit à l'ouest la **Shenandoah Valley** et la **Shenandoah River**. Arrêtez-vous à l'un des points de vue, quittez la voiture et laissez-vous charmer par la beauté du site, la pureté de l'air et les chants des dizaines d'espèces d'oiseaux qui nichent ici. Plus loin, vous verrez la **Massanutten Mountain**, qui domine la Shenandoah River. Après 16 km, la route offre une vue du plateau du Piedmont à l'est. Au kilomètre 82, on peut faire une pause et se lancer dans une petite promenade de 2 km jusqu'aux **Dark Hollow Falls**, les chutes d'eau les plus proches de la route. L'eau dévale les 20 m d'un rocher aux teintes verdâtres. Non loin de là, se trouve **Big Meadows**, l'un des deux visitors' centers du parc. Ceux qui veulent passer la nuit ici peuvent se rendre au **Big Meadows Lodge and Campgrounds**.

Charlottesville : terre de Jefferson

Arrivé au bout du Skyline Drive, prenez l'I 64 vers l'est et, une trentaine de kilomètres plus loin, vous atteindrez

Charlottesville, où se trouvent l'université de Virginie et la résidence de Thomas Jefferson. Tout ici porte le souvenir de l'ancien président et les habitants de Charlottesville sont farouchement fidèles à la mémoire de celui qui les fit connaître à l'ensemble des États-Unis. Cette cité particulièrement paisible est un centre agricole important et il suffit de s'y promener quelques instants pour imaginer un endroit peuplé de gentlemen et de résidences cossues dans une campagne avenante, toutes les caractéristiques d'un monde souriant qui a échappé aux conflits de toutes sortes.

L'**université de Virginie** fut fondée et dessinée par Thomas Jefferson lui-même, dans les années 1820. A la fin de sa vie, il déclara que c'était la réalisation dont il était le plus fier. L'architecture de l'ensemble, inspirée du classicisme européen, est adaptée aux matériaux locaux: la brique rouge et le bois peint. Des visites guidées de l'université sont organisées tous les jours et partent de la **Rotunda**, un édifice qui s'inspire du panthéon romain. Du haut de l'esplanade on aperçoit les pelouses du **Lawn**, bordées par des pavillons à colonnades. C'étaient autrefois les résidences des étudiants et professeurs du «village académique» de Jefferson. Ils sont toujours occupés par des membres de l'université. Sur McCormack Road, vous verrez **West Range**, qui fut le logement d'Edgar Allan Poe, à l'époque où il était étudiant. Sa chambre reste ouverte aux visiteurs. En descendant la University Avenue, on rejoint le quartier surnommé ***The Corner***, un ensemble de magasins et de restaurants fréquentés par les touristes aussi bien que par les étudiants et les habitants de la ville. Plus loin se trouve le Mall, un centre de boutiques et de distractions.

La résidence de Jefferson

Avant d'arriver à **Monticello**, le domaine de Thomas Jefferson, vous connaîtrez déjà son allure, puisqu'il est gravé sur les pièces de cinq cents. Jefferson dessina l'ensemble de la propriété. Mieux vaut arriver de bonne heure, car en pleine journée l'attente peut être de deux bonnes

Le Rotunda Building, dans l'enceinte de l'université de Virginie.

COLONIAL WILLIAMSBURG : UNE TRADITION PÉRENNE

Si nous étions en 1775, la plupart des Américains vivraient en Virginie, la plus vaste et la plus peuplée des colonies anglaises. Certains auraient choisi de s'installer dans l'une des plantations entourant la capitale coloniale, Williamsburg.

Il est tout à fait inutile de se demander quelle visage aurait la vie à cette époque puisqu'il est possible de le savoir immédiatement en se rendant à Colonial Williamsburg, la reconstitution la plus étonnante d'une cité du passé. L'ensemble de la ville a retrouvé son visage d'il y a deux siècles, y compris les rues, les jardins, et les activités qui s'y déroulent.

Colonial Williamsburg se trouve à proximité de l'I 64, 65 km à l'ouest de la jonction avec l'I 95.

L'histoire de la ville de William

Fondée en 1633 sous le nom de Middle Plantation, Williamsburg (rebaptisée en hommage au souverain britannique régnant, William III) devint la capitale gouvernementale en 1699 au détriment de sa voisine Jamestown. Cette promotion stimula le développement de la ville qui fut devint un grand pôle d'attraction de la région.

Les habitants se regroupaient autour des plantations de tabac. Les riches propriétaires entretenaient avec la Grande-Bretagne des liens resserrés; ils envoyaient leurs enfants en Angleterre pour qu'ils y reçoivent l'éducation traditionnelle, y apprennent les manières européennes, et retiennent les principes de la liberté anglaise. Ces principes subirent quelques transformations au **College of William and Mary**, l'un des collèges les plus respectés du Sud-Est américain, qui eut sur ses bancs des héros révolutionnaires comme Thomas Jefferson et John Marshall.

Après le départ du gouvernement de l'État pour Richmond en 1780, la ville dépérit progressivement jusqu'en 1926, date à laquelle des fonds furent obtenus pour sauver les monuments historiques de Williamsburg et en reconstruire d'autres. Avec des matériaux et des dessins d'époque, la ville entière retrouva son ancien visage, du **Congress** à la **Raleigh Tavern**, où George Washington fomenta la révolte contre l'autorité anglaise.

Williamsburg aujourd'hui

La capitale coloniale a été ensuite repeuplée avec d'authentiques représentants de la Williamsburg d'autrefois, qui reproduisent tous les gestes de leurs ancêtres et travaillent comme ils le faisaient il y a plus de deux siècles. L'apothicaire, le boulanger, le relieur, le bottier, le tisserand, le maréchal-ferrant, l'orfèvre travaillent ainsi sous les yeux ébahis des visiteurs, et perpétuent unsavoir-faire qui a été oublié dans bien d'autres endroits. Bien entendu la circulation automobile est interdite, ce qui contribue au charme indéniable de ce grand site historique.

heures. La visite du rez-de-chaussée est organisée, puis on peut se promener à sa guise dans le reste de la maison. Les accessoires de la résidence sont particulièrement étonnants, comme l'horloge de l'entrée, la double machine à écrire dans le bureau du président ou le monte-plats de la salle à manger. N'oubliez pas non plus de demander à voir les toilettes. La bibliothèque abrite une quantité d'ouvrages reliés, dont beaucoup sont des œuvres de philosophes français du Siècle des lumières, qui inspirèrent la politique de Jefferson. Le président est mort le 4 juillet 1826, cinquante ans jour pour jour après la signature de la Déclaration d'indépendance. Sa tombe est située dans le cimetière de famille, à côté de la maison. L'ami de Jefferson, James Monroe, cinquième président des États-Unis, vécut à proximité de Monticello, à **Ash Lawn**. Bien qu'elle ne soit pas aussi prestigieuse que celle de Jefferson, la résidence de Monroe a un charme indiscutable. En revenant vers l'I 64, vous passerez devant **Michie Tavern**, « l'auberge des présidents », qui fut fréquentée par de nombreuses personnalités du début du XIXe siècle. Michie Tavern est aujourd'hui un musée qui présente des meubles et des souvenirs de l'époque coloniale.

En route vers Natural Bridge

A partir de l'I 64, prenez la State 250 jusqu'à Rockfish Gap où commence le **Blue Ridge Parkway**, une route longue de 739 km. Comme le Skyline Drive, le Parkway est un tracé à travers la **George Washington National Forest**, en plein cœur des Blue Ridge Mountains. Comme ce n'est pas un parc national, on voit de nombreuses fermes le long du chemin. Si vous roulez seul, faites bien attention à ne pas vous laisser distraire par le site. Les montagnes, couvertes de superbes forêts, paraissent de plus en plus bleues lorsqu'elles s'éloignent. Les panoramas du Parkway sont encore plus beaux que ceux du Skyline Drive.

Au kilomètre 98, suivez la State 130 vers l'ouest, en direction de **Natural Bridge**. Il faut s'attendre à y trouver tout ce qu'il y a de plus grossier et vulgaire

Début de l'automne dans les Smokies.

dans les attractions touristiques de votre voyage. « Visitez le Natural Bridge » clament des pancartes et, pour le même prix, 8 dollars, vous aurez le droit à l'entrée dans un musée de cire et dans une grotte.

Le tourisme ravageur

Pour vous rendre au Natural Bridge, un pont rocheux naturel haut de 66 m, il vous faudra traverser un magasin aussi vaste qu'un supermarché et encombré des souvenirs de pacotille les plus hideux. Descendez l'escalier, passez la galerie des jeux électroniques et marchez quelques instants pour arriver au pont. Il s'agissait d'un lieu de culte des Indiens monocans, qui l'appelaient « le pont de Dieu ». Thomas Jefferson le leur acheta pour 20 shillings. On imagine, en contemplant cette immense structure calcaire, quelle fut autrefois la beauté du site. Il est tellement gâché aujourd'hui par les aménagements réalisés (un son et lumière qui bat les records du ridicule, notamment) qu'il est impossible de ne pas prendre la fuite immédiatement.

Vers la Caroline du Nord

De retour sur la route touristique, poursuivre vers le sud vers le Caroline du Nord. Après **Roanoke**, on traverse une jolie région de fermes. De temps en temps le Parkway est bordé de clôtures en bois qui servent à garder les troupeaux dans les pâturages, et qui, avec le temps, sont devenues gris argent.

Avant de franchir la frontière de la Caroline du Nord vous verrez plusieurs marchés paysans qui vendent des produits locaux, pêches et choux, à des prix exceptionnellement bas. Entre ces endroits, la route est bordée de stands qui vendent des statuettes en plâtre et des objets religieux de toutes sortes. L'accent des habitants de la région est particulièrement marqué et il n'est pas besoin de comprendre l'anglais pour s'en apercevoir; d'ailleurs les gens du Nord n'y comprennent quasiment rien…

Si vous commencez à sentir que vous pénétrez dans un tout autre pays, alors vous êtes prêt à entrer dans le grand Sud américain.

Convois de charbon à Roanoke, en Virginie.

LES FUMÉES DE CAROLINE DU NORD

Tout ce qui reste des premiers occupants de la Caroline du Nord est un mot: *Croatan* («Croate» probablement). Ce mot à donné du fil à retordre aux étymologistes et aux philologues depuis qu'on l'a découvert, gravé sur un arbre de l'ancienne colonie de Fort Raleigh sur Roanoke Island. Il ne reste rien d'autre de la colonie fondée en 1587.

Toutefois, les contemporains de l'État de la Caroline du Nord ne s'en soucient guère. Ils sont bien plus concernés par les beautés et les traditions du *Tar Heel State* comme ils continuent de l'appeler. Ce surnom évoque la poix, l'une des principales productions de Caroline. On dit que les habitants auraient lancé aux soldats d'un autre État du Sud qui se moquaient d'eux pendant la guerre de Sécession: *«La poix, nous nous en servirons pour vous la coller aux talons afin que vous teniez droit devant l'ennemi.»* La Caroline devint ainsi le *Tar Heel State*, littéralement «l'État de la Poix au Talon».

Si le paysage n'a pas été bouleversé, la culture de l'État a subi de nettes transformations avec l'avènement des techniques modernes. Un travailleur déclarait récemment que *«d'ici à cinquante ans, toutes les caractéristiques locales auraient probablement disparu»*. En attendant que cette prophétie se réalise, les traits spécifiques de la Caroline du Nord semblent parfaitement vivants et enracinés, jusque dans les mentalités de ses citoyens; ils continuent de croire fermement en «Dieu, la maternité et Jesse», pour évoquer Jesse Helms, un candidat conservateur aux élections sénatoriales de 1984, qui rencontra un soutien populaire délirant.

Les habitants de Caroline vous feront certainement goûter leurs spécialités culinaires: le *Bar-B-Q*, fait d'épaule de porc fumée, et les cacahouètes bouillies. Elles sont servies en apéritif, cuites dans leur écorce, et deviennent beaucoup moins croquantes dans la bouche. Le repas favori des Caroliniens reste les œufs frais à la coque avec du pain beurré, du jambon de pays et un verre de lait. Si les cacahouètes laissent beaucoup perplexes, le jambon d'ici est un délice qu'on ne peut oublier. Tout ceci peut paraître succinct aux yeux d'un gourmet, mais cet abc culinaire fait la fierté des Caroliniens...

Le pays du tabac

L'US 52 vous emmène de l'autre côté de la frontière, du Blue Ridge Parkway vers le Mont Airy, puis jusqu'à Winston-Salem. En chemin, vous verrez un panneau indiquant *King and Tobaccoville*. Prenez la sortie et les petites routes qui conduisent à **Bethania**, une ville fondée par des Frères moraves partis pour le Nouveau Monde afin d'échapper aux persécutions religieuses qui avaient cours en Moravie. La route est agréablement bordée de saules pleureurs et de champs de tabac. La State 67 rejoint ensuite **Winston-Salem** où l'on trouve la manufacture de tabac **R. J. Reynolds**, qui produit plus de quatre cent cinquante millions de cigarettes par jour. L'odeur du

A gauche, séchage traditionnel du tabac dans le Mikisch Tobacco Shop; à droite, plants de tabac sous le soleil de Caroline.

tabac, omniprésente dans la ville, rappelle que cette industrie est la seconde de Caroline (la première étant le textile). La manufacture Reynolds se trouve sur le Reynolds Boulevard, et peut se visiter en semaine.

Salem fut fondée en 1766 par des Frères moraves. Son nom vient de l'hébreu *shalom*, «paix». En 1913, la ville fut réunie avec celle de Winston. Un projet de réhabilitation des vieilles demeures de Salem fut mis en place dans les années 30. Le résultat de cet effort est visible à **Salem Old Town**, à laquelle on accède par Old Salem Road, près du centre ville. De l'ensemble de ce quartier historique nous retiendrons surtout le **Mikisch Tobacco Shop**, qui est certainement la plus vieille boutique de tabac des États-Unis encore en activité; la **Winkler Bakery**, une boulangerie qui fabrique de l'excellent pain; la **Salem Tavern** et le **Barn and Farm Museum**. Le cimetière morave, **God's Acre**, comprend plus de quatre mille tombes dont les pierres en marbre, toutes semblables, symbolisent l'égalité des hommes devant la mort.

Une quinzaine de kilomètres au sud-ouest de Winston-Salem s'étend **Tanglewood**, un parc de 166 ha qui fut cédé par William Reynolds. Dans l'enceinte ont été ouverts un golf de trente-six trous, des courts de tennis, des piscines et des écuries. Une épreuve de *steeple-chase* s'y déroule le second samedi du mois de mai.

L'US 421 part en direction de **Greensboro**, où se déroule parfois un championnat universitaire de basket-ball très célèbre, l'ACC Basketball Tournament. Ce sport étant le plus populaire en Caroline du Nord, les équipes locales ont le soutien inconditionnel des habitants.

Le triangle de la Recherche

La route arrive à **Durham**, siège de la **Duke University**. Durham, Chapel Hill et Raleigh sont les trois pôles du Research Triangle, «le triangle de la Recherche», le lieu d'un important programme de recherche scientifique.

Le campus de Duke est l'un des plus beaux du sud des États-Unis, avec ses bâtiments gothiques et géorgiens. Dans la

La Duke University Chapel et sont très bel orgue.

ELVIS PRESLEY ET GRACELAND

Depuis le décès du *King*, en 1977, les gazettes n'ont cessé de spéculer sur le trajet du rocker le plus célèbre du monde, ce dieu du show-business transformé en star déchue et abattue. Rien n'a jamais pu affaiblir le culte dont il est l'objet, et lasser les foules d'admirateurs inconditionnels qui lui restent fidèles. Au contraire, la légende d'Elvis Aaron Presley, le messie qui a conduit la jeunesse américaine vers la terre promise du rock'n roll, n'a cessé de se renforcer. On peut s'en rendre compte en allant visiter **Graceland**, la résidence d'Elvis à **Memphis**, le temple de ce culte.

Situé sur **Elvis Presley Boulevard**, on rejoint Graceland en voiture ou en bus à partir du centre de Memphis, dans le Tennessee (environ 720 km à l'ouest de Winston-Salem par l'I 40). En face de la demeure du *King*, se trouve le bureau qui délivre les tickets d'entrée. Le parking est rempli de voitures qui viennent de tous les coins des États-Unis; on pourrait croire que Graceland est vraiment la capitale touristique du Sud, pour ne pas dire des États-Unis.

Au paradis du fan-club

Si vous allez à Graceland, puisque tout temple a ses marchands, ne manquez surtout pas la boutique de souvenirs. On y voit les objets les plus divers, tous dédiés à la mémoire d'Elvis et tous d'un mauvais goût: des tableaux représentant l'idole au paradis, des services de tables décorés du motif de sa résidence, des sachets de poussière dont on vous assure qu'elle provient des allées de Graceland… Comble de bonheur, cette petite quantité de sainte matière ne coûte que 2,50 dollars; ces quelques grammes de béatitude vous accompagneront jusqu'à votre dernier jour et, peut-être, vous permettront à vous aussi d'accéder au paradis des musiciens.

Pour deux dollars supplémentaires, vous pourrez monter à bord du ***Lisa Marie***, le jet privé d'Elvis Presley. Avant cela, vous passerez dans un petit vestibule, dans lequel sont exposés les carnets de vol de l'avion, avec notamment un voyage effectué à Denver par… le beurre de cacahouètes et les sandwichs à la banane d'Elvis! Avouez maintenant que les boucles des ceintures de sécurité, plaquées or, des sièges de l'avion et le grand lit du *King* valent bien le prix du ticket.

Du hall d'entrée de Graceland on aperçoit deux salons dont les murs sont ornés de portraits originaux de la star. Vous les reconnaîtrez certainement, pour en avoir vu les reproductions dans la boutique de souvenirs. On passe ensuite dans la salle de télévision: Elvis avait trois téléviseurs, l'un à côté de l'autre et pouvait ainsi suivre toutes les retransmissions de matchs de football américain. La **Jungle Room** est la seule pièce qui ait été décorée par Presley lui-même. Elle contient des tapis colorés et des meubles en bois sculpté qui viennent du Pacifique sud.

La visite à l'extérieur se poursuit par la **Cadillac rose** qu'Elvis avait offerte à sa mère, et par la **tombe** du rocker, sur laquelle les fans déposent des fleurs et saluent une dernière fois leur idole.

chapelle de l'université trône le **Benjamin N. Duke Memorial Flentrop Organ**, un orgue somptueux de cinq mille tuyaux. Votre visite de Durham vous offre aussi la possibilité de goûter aux spécialités culinaires de Caroline dont nous vous avons parlé, au restaurant **Bullock**, dans le centre ville.

A **Chapel Hill**, est établie la **University of North Carolina**, la plus ancienne du pays. Les amateurs d'astronomie ne manqueront pas de visiter le **Morehead Planetarium** sur E. Franklin Street.

Prendre l'US 15-501 (connue sous le nom de Jefferson Davis Highway) vers le sud, en direction de **Sanford**. Cette région de la Caroline du Nord s'est spécialisée dans la fabrication de produits en terre. Vous y trouverez certainement quelque chose à offrir à quelqu'un! Une fois à Sanford, prenez l'US 421, une route bordée de *fast-foods*; vous êtes sur le chemin de Wilmington, le principal port en eau profonde du littoral de la Caroline du Nord. A partir de Sanford, la route est poussiéreuse et surchauffée en été. Les champs qui la bordent sont couverts de plants de tabac et les rares saules pleureurs que l'on rencontre sont impuissants à dissiper la chaleur harassante de l'endroit. Seule la perspective de rejoindre bientôt la fraîcheur des brises marines permet de tenir bon.

A **Dunne**, prenez la State 301 en direction de **Fayetteville**. Cette petite route traverse encore des champs à perte de vue: du tabac, encore et toujours, mais également des céréales. On voit aussi un grand nombre d'églises baptistes. Au sud de Fayetteville, suivez la State 87, un superbe itinéraire qui conduit à la côte. L'univers des *fast-foods* n'est plus qu'un mauvais souvenir; nous sommes en plein cœur du sud-est de la Caroline. Au sud de Fayetteville se trouve le petit hameau de **Tar Heel**, composé en fait du **Tar Heel Game Room**, un restaurant qui sert le célèbre *Bar-B-Q*, d'une station-service, d'un bazar, et... de champs de tabac.

Le littoral

Lorsque vous serez parvenu à **Elizabethtown**, vous en aurez probablement assez de conduire et vous ne vous refuserez pas le plaisir de plonger dans l'eau. La State 41 vous conduira à **White Lake**, une oasis de fraîcheur dans la région de **Cape Fear**. Le lac est bordé de résidences secondaires. Sur la partie orientale du lac, **Goldston's Beach** est une plage publique avec des boutiques qui vendent des serviettes de bain où sont imprimées toutes les vertus de White Lake, des crèmes solaires et tous les maillots possibles. L'eau est à la fois chaude et rafraîchissante; le sable est un délice pour délasser les dos courbatus par des heures au volant d'une voiture. Le petit parc de loisirs à côté possède des flippers datant des années 60, qui donnent à l'endroit un petit air désuet très agréable. Détendu, vous pourrez reprendre la route, gagner **Wilmington** et visiter le navire de guerre *U.S.S. North Carolina*. A l'époque de son inauguration en 1941, ce vaisseau était considéré comme le plus important jamais réalisé par les États-Unis. En ville, on découvre plusieurs demeures historiques, dont **Zebulon Latimer House**, 126 South 3rd Street, et **Burgwin-Wright House**, entre la 3e rue et Market Street.

*A gauche, potier de Sanford; à droite, l'*U.S.S. North Carolina.

55

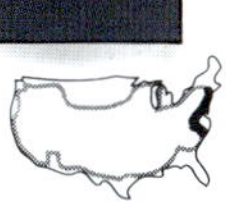

LA COTE DE LA CAROLINE DU SUD

Lors de la guerre de Sécession, la Caroline du Sud se distingua en étant le premier État à se séparer de l'Union, le 20 décembre 1860. Les Caroliniens cherchaient à se préserver des lois fédérales qui menaçaient leurs intérêts économiques, assurés jusque-là par l'institution de l'esclavage. Ils pensaient qu'en faisant sécession ils préserveraient l'ordre établi ; en fait ils plongèrent la nation dans la plus sanglante de ses guerres. Après la guerre civile, les Blancs de Caroline du Sud ne purent admettre l'idée d'octroyer le droit de vote aux Noirs, récemment affranchis. L'État fut placé sous contrôle militaire et cette nouvelle humiliation ne fit qu'augmenter la déchéance économique des Caroliniens. La reconstruction fut une tâche longue et pénible.

Les traces de la ruine se firent sentir jusqu'à la Seconde Guerre mondiale, au moment où l'économie locale passa du secteur agricole au secteur industriel. Les industries textiles, chimiques et du bois commencèrent à prospérer. Plus tard, la Caroline du Sud bénéficia du développement touristique, qui devint en quelques années la seconde source de revenus. De fait, il n'est peut-être pas de meilleur endroit pour faire l'expérience du tourisme que de se promener sur la côte de Caroline du Sud, de Myrtle Beach et du *Grand Strand* à Charleston.

Le Grand Strand

Si au départ de Wilmington vous prenez l'US 17 vers le sud, vous passerez vite la frontière de la Caroline du Sud et vous rejoindrez les 88 km de plages surnommés le *Grand Strand*. L'une des premières choses qui vous frappera est le nombre impressionnant de boutiques de pyrotechnie. La Caroline est en effet le seul État de l'Est à avoir autorisé la vente libre des feux d'artifice, et cela constitue un important marché dans toutes les parties de la région. Les magasins présentent

Myrtle Beach.

des rayonnages remplis de pétards et de fusées de toutes sortes, importés de Chine pour la plupart comme il se doit. Et il y en a un nombre infini, ce qui ne manquera pas d'éveiller le pyromane qui sommeille en chacun de nous…

Myrtle Beach

Par son importance, Myrtle Beach est la troisième station touristique de la côte Est, après Disneyworld et Atlantic City. On peut être agacé par la surabondance des développements commerciaux qui occupent la moindre parcelle de terrain le long de l'US 17, des golfs miniatures et des échoppes qui vendent tous les équipements de la «plage-culture». Comme toujours en pareil cas, ces constructions sont anarchiques, chacun voulant mettre en avant sa propre boutique; et l'on a l'impression d'une surenchère dans le clinquant: c'est à l'établissement qui brillera le plus, qui sera le plus haut, le plus grand, le plus remarqué. Un exemple suffit: le **Black Forest German American Restaurant**, aménagé dans une espèce de tour de Pise; on se demande quel est le rapport entre l'Italie et la Forêt-Noire allemande… Tout Myrtle Beach est résumé dans ce genre de télescopage.

Ne manquez pas le **Boardwalk**, qui déborde de parcs de loisirs, de golfs miniatures, de camions de frites, et ses hordes de touristes qui déambulent l'air de ne pas savoir où donner de la tête. Les amateurs de sensations fortes trouveront leur bonheur au **Corkscrew**, un manège diabolique qui vous jette dans tous les sens, avec l'intention apparente de vous tuer. Évitez les «palais du rire»; le spectacle des allées, gratuit, est nettement supérieur.

Si vous souhaitez vous baigner, il est recommandé d'oublier les plages surpeuplées de Myrtle Beach, et d'aller plus au sud. La plage de **Pawley's Island** est particulièrement belle. De plus, vous y aurez tous les avantages d'une eau chaude sans avoir à affronter les redoutables rouleaux qui déferlent souvent en d'autres endroits. Pour la sieste, les célèbres hamacs de Pawley's Island feront parfaitement l'affaire.

Sur la plage de Pawley's Island.

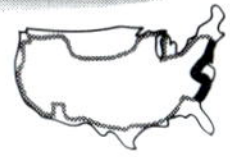

Charleston

Située sur la péninsule formée par les deux rivières **Cooper** et **Ashley**, Charleston fut la première colonie permanente de Caroline. La prospérité des premières années reste gravée dans les superbes demeures du XVIIIe siècle qui s'élèvent dans le quartier résidentiel, au sud de Broad Street. Ces maisons appartiennent toujours aux descendants des riches familles de Charleston, dont la fortune venait en général des plantations ou de la pêche. Accordez-vous plusieurs jours de promenade dans les rues pavées pour visiter les musées et admirer les monuments de la ville.

La **Battery**, en face du port, bordée de palmiers nains (les *palmettos*) est un bon point de départ. Au **White Point Gardens** on peut découvrir de superbes chênes moussus. On rejoint ensuite le 21 E. Battery, où s'élève **Edmondston-Alston House**, construite en 1828 par un riche propriétaire. La décoration est d'inspiration néo-classique, et la vue sur le port est magnifique. Cette résidence, comme la **Nathaniel Russell House**, 51 Meeting Street, dépend de l'Historic Charleston Foundation, une association de restauration, à but non lucratif, fondée en 1947. Cette dernière est peut-être plus élégante encore que la première. On notera l'impressionnant escalier en spirale qui monte jusqu'au toit, sans support.

Les visites organisées par la fondation fournissent des explications sur l'architecture de ces demeures et rapportent des anecdotes sur les familles qui y vivaient.

Le Charleston Museum gère la **Heyward-Washington House**, 87 Church Street, et la **Joseph Manigault House**, 350 Meeting Street, qui sont deux curiosités architecturales. Dans l'ensemble du quartier historique de la ville, vous verrez des exemples classiques de maisons individuelles de Charleston. Ce sont des habitations longues et étroites, bordées de terrasses, où l'on perçoit de nettes influences antillaises. Le meilleur moment pour visiter l'endroit est le printemps, lors du Festival of Houses, durant lequel beaucoup de propriétaires ouvrent leur demeure au public.

Maisons de Charleston.

L'**Old Slave Mart Museum**, un ancien marché aux esclaves transformé en musée, présente entre autres des reproductions de contrats de vente utilisés à l'époque. *« Un groupe de vingt-cinq nègres, premier choix, habitués à la culture du riz et du coton »* vante une affiche annonçant une mise en vente. Tout cela se déroulait il y a à peine plus d'un siècle et de la façon la plus naturelle qui fût... En sortant du musée, on regarde d'un autre œil l'opulence affichée par la ville.

Charleston possède aussi une quantité importante d'églises anciennes. Deux des plus intéressantes sont **Huguenot Church**, un édifice gothique construit par des protestants huguenots français, et **Saint-Michael's Episcopal Church**. Non loin de là, se situe **Fort Sumter**, le site de l'attaque des Confédérés contre les forces de l'Union, qui déclencha la guerre civile. On y parvient par le port de Charleston.

Dans les environs de la ville, deux plantations méritent qu'on s'y arrête. La **Magnolia Plantation and Gardens**, sur Ashly River Road (la State 61) possède des jardins superbes, un zoo pour les enfants, et un labyrinthe du XVIe siècle. A **Middleton Place**, plus loin sur la même route, vous pourrez voir les plus anciens jardins du pays, qui résultent du travail de cent esclaves pendant dix ans.

En route vers Savannah

Pour se rendre à Savannah, il suffit de suivre l'US 17 à travers le bas-pays. Bifurquer sur la State 174 pour visiter les vastes marécages de la région, bordés par de grands chênes. Environ 40 km plus loin, on atteint **Edisto Island**, un village au bord de la mer, dont le charme rustique est encore intact.

Plus au sud, se trouve **Beaufort**, une cité ancienne dans laquelle vous pourrez admirer des maisons d'avant la guerre civile. La culture de l'indigo et du riz y a été une source considérable de richesse au XVIIIe siècle. Aujourd'hui, le tourisme prime. Vous pourrez rencontrer les habitants, très accueillants, et déguster les spécialités de fruits de mer avant de gagner la Géorgie.

Élégance classique à Beaufort.

LA GÉORGIE URBAINE

De tous les États du Sud, la Géorgie est certainement celui qui est le plus à même de supporter la compétition économique avec ceux du Nord et de l'Ouest. Aussi, le monde est-il de plus en plus conscient des atouts dont dispose la capitale, **Atlanta**, qui est le véritable centre du « Nouveau Sud ». Cette expression désigne un nouveau sens de l'entreprise, une dynamique originale qui a permis de reconvertir avec efficacité une région essentiellement rurale. Même si pour certains le sud des États-Unis est resté attaché à son époque de gloire, l'ère des Confédérés (1861-1865), et qu'il a toujours refusé de reconnaître la victoire de ses conquérants, en cultivant une sorte de nostalgie d'avant la guerre civile.

Jusqu'à récemment il est vrai, cette partie de la nation ne progressait que lentement, les villes de Géorgie faisant cependant exception. Atlanta, située sur le vaste **Piedmont Plateau**, au centre-nord de l'État, est une ville riche et variée ; Macon, au centre, sur une ligne qui sépare la Géorgie du Nord de la plaine côtière, a énergiquement transformé son visage ; Savannah, sur la Savannah River et l'océan, entoure ses quartiers historiques d'une ceinture d'industries de pointe et d'activités florissantes.

La plus grande partie de cet État est restée rurale, le bois, les fruits, le bétail, l'aviculture sont des secteurs de première importance, mais les villes développent désormais d'autres aspects : les finances, les médias, le tourisme, et l'industrie.

Où que vous alliez en Géorgie, il faut vous attendre à des journées chaudes et des nuits agréables, de mai jusqu'en septembre. En avril et en octobre, les températures sont douces, mais elle peuvent fraîchir nettement de novembre à mars. La saison idéale pour visiter cette région reste le printemps.

Savannah : grandeur et décadence

Savannah fut la première colonie permanente de l'État, et elle connut pendant de

Pages précédentes : la 89 A, en Arizona ; cactus en bordure de l'Apache Trail ; jour de fête à Tombstone.

nombreuses années une ascension foudroyante, la richesse et la gloire, avant de sombrer, au XXe siècle, dans une espèce de cauchemar industriel.

Sur la côte atlantique, à l'embouchure de la Savannah River, la ville entière cherche à reconquérir sa notoriété perdue en même temps que son visage d'autrefois. Et, après avoir survécu aux ravages de la guerre civile, puis à ceux d'une industrialisation négligeante, Savannah tente aussi par tous les moyens de s'intégrer au « Nouveau Sud ».

Une colonie de sécurité

Au début du XVIIIe siècle, la Géorgie n'était habitée que par des Indiens cherokees et choctaws. Mais les colons britanniques de James Oglethorpe (en 1733), puis des Irlandais, des Écossais, des Gallois, des Allemands, des Français et des Italiens vinrent s'y installer. Si bien qu'au milieu du même siècle, la Géorgie comptait cinq cent mille habitants, qui trouvaient là le climat propice à une vie tranquille. Le général James Oglethorpe avait pour ambition, en débarquant en Géorgie, de faire de Savannah sa colonie, une terre utopique où les déshérités pourraient venir trouver une sécurité matérielle, voire la richesse. La ville de Savannah devait être édifiée sur les terres des Indiens yamacraws, données par le chef Tomo-Chi-Chi. Malgré la bonne volonté idéaliste d'Oglethorpe, qui avait prévu que l'esclavage et les alcools forts seraient interdits dans cette colonie, les impératifs socio-économiques furent plus forts que les utopies politiques. Les colons, qui travaillaient dur pour produire de la soie et du vin, s'écartèrent progressivement de l'idéal fondateur de Savannah, encouragés par les nouveaux arrivants (essentiellement des juifs d'Espagne et du Portugal).

En revanche la ville fut peu à peu réalisée conformément aux plans originaux. Du point de vue de la Couronne britannique, cette implantation fut un succès : les velléités espagnoles furent contrecarrées par Oglethorpe lors de la bataille de Bloody Marsh à Saint-James Island, en 1742.

Un parcours de toute beauté

Contrairement au reste de la Géorgie qui fut dévastée, Savannah fut assez peu touchée par la guerre civile, malgré sa position stratégique de port et de centre de ravitaillement. Le général Sherman et les troupes de l'Union achevèrent à Savannah, qui avait été évacuée et qui échappa à la mise à sac, leur fameuse marche du Mississippi à la mer.

Resté intact jusqu'à nous, le cœur historique de la ville est un ensemble d'espaces verts et de rues élégantes bordées de bâtiments datant du XVIIIe et du début du XIXe siècle. Les édifices les plus remarquables — et ils sont nombreux, faisant de Savannah le principal site historique des États-Unis — sont les résidences de l'architecte londonien William Jay. L'**Owens-Thomas House** sur Oglethorpe Square et la **Telfair Family Mansion** (devenue l'académie des arts et des sciences de la ville), sur Telfair Square, sont deux belles illustrations du style Régence, avec ses influences néo-classiques.

Où que l'on se promène, les merveilles architecturales sont omniprésentes. Les balcons en fer forgé se succèdent sur les façades des demeures construites en brique, en pierre et/ou en stuc. Au milieu de bâtiments anciens, on note de superbes exemples d'architecture victorienne et, dans le centre ville, quelques éléments représentatifs de l'architecture des années 50 et 60.

Sur la rive

Au bord de la Savannah River, dans le centre ville, entre Bay Street, River Street et Factors Walk, s'étend la «rive historique». A l'intersection de Bay Street et de Bull Street, s'élève le **City Hall**, un hôtel de ville inhabituel, surmonté d'une coupole de cuivre doré, avec des voûtes et des arches en pierre. En face, se trouve l'**US Custom House**, la douane, construite en 1850 à la place de la résidence du général Oglethorpe. Plus à l'est s'étend le plus beau quartier, qui comprend notamment **Factors Walk** et **Solomon's Lodge**. Ce superbe bâtiment

A gauche, portrait de William Sherman ; ci-dessous, le port de Savannah.

en brique, où se trouvait la bourse au coton de Savannah (1886), abrite une loge maçonnique. La loge avait été organisée par Oglethorpe en 1734, et jouit ainsi du privilège d'être la plus ancienne de l'hémisphère occidental.

Sous les ponts qui relient Bay Street et Solomon's Lodge, se trouve le bas Factors Walk et, au nord, **River Street**. Cette rue qui borde la Savannah River est une jolie voie devenue le centre du commerce touristique à Savannah. Ses maisons en brique rouge hébergent des marchands d'art et d'antiquités, des débits de boissons, et des vendeurs de souvenirs. D'un bout à l'autre de la rive, les signes de l'activité portuaire se mêlent aux éléments historiques, avec parfois une certaine incongruité. Les habitants de Savannah et les touristes se côtoient, visitent un navire restauré ou pêchent ensemble. Lorsque le soleil se couche à l'horizon, énorme et rouge, et que la fraîcheur du soir commence à envahir les rues, il est facile de comprendre pourquoi Savannah a su conserver son esprit romantique.

La visite pratique

Bien que le plan des rues de Savannah soit relativement simple, la facilité de la visite reste tout à fait théorique. De plus, la ville est entourée d'un écheveau de routes, d'échangeurs, et les indications sont plutôt rares. Aussi est-il beaucoup plus commode d'entrer à Savannah que d'en sortir.

Dans le centre ville, l'étroitesse des rues et les cinq places carrées (squares) constituent une gêne permanente pour la circulation automobile. Voilà pourquoi il est préférable d'abandonner sa voiture dans le premier parking et d'effectuer votre visite à pied.

En revanche, dès que vous quittez le centre ville, la voiture redevient très utile. **Forsyth Park**, un lieu très beau au printemps lorsque fleurissent les azalées, et qui possède une fontaine de 1858 en son centre, ainsi que, plus au sud, les banlieues, moins fréquentées mais néanmoins très animées et recélant quelques joyaux architecturaux, valent pleinement le détour.

Savannah.

Du nord et de l'ouest, les routes US 17 et US 17-A conduisent à Savannah et vous mènent près de River Street, de Bay Street (US 17) et du Visitors' Center, sur West Broad Street. Si vous remontez Bay Street vers l'est, vous débouchez sur President Street Extension et l'US 80 qui aboutit à **Tybee Island** (avec **Savannah Beach**, une belle plage très fréquentée qui s'étend, entre l'Atlantique et l'estuaire de la Savannah, sur une dizaine de kilomètres) et au **Fort Pulaski National Monument**, environ 25 km après Savannah.

Nouvel armement et nouvelles méthodes

Le Fort Pulaski National Monument se dresse sur **Cockspur Island**. Des ponts permettent de traverser les marais et d'arriver sur ce site qui devint celui du Fort Pulaski, lorsque la guerre de 1812 révéla les carences des côtes américaines en matière de défense militaire. A l'origine, s'élevait le Fort George, construit en 1761, reconstruit en 1794, puis une troisième fois de 1829 à 1847. La forteresse prit alors le nom du comte Casimir Pulaski, un héros polonais de la guerre d'Indépendance, mortellement blessé lors de la sanglante bataille de Savannah. Le jeune Robert E. Lee, qui devint plus tard le célèbre général de la Confédération des États-Unis d'Amérique, servit dans le fort juste après sa sortie de l'académie militaire de West Point.

Lorsqu'en 1860 le gouverneur de la Géorgie, Joseph E. Brown, organisa une troupe rebelle de dix mille hommes, il fit le premier pas vers le déclenchement des hostilités. Au début de l'année suivante, les hommes de Brown s'emparèrent du fort. Quelques mois plus tard, les forces de l'Union, menées par le brigadier général Thomas W. Sherman et le capitaine Samuel F. Du Pont, mirent en place le blocus de la Savannah River et assiégèrent le fort. Il fallut utiliser les dernières innovations dans le domaine de l'armement pour percer les murailles de la forteresse, et pousser le colonel confédéré Charles Olmstead et ses trois cent quatre-vingt-cinq hommes à se rendre.

Le port industriel.

La défaite

Lorsque le général Lee se rendit au général Ulysses S. Grant à Appomatox, mettant fin à la guerre civile, le Sud reconnut la victoire de l'Union sans adhérer à ses idéaux. Les capitulations, quand bien même elles sont nobles, ne sont jamais heureuses. Le Fort Pulaski fut transformé en prison pour des centaines de confédérés, enfermés dans des conditions de misère épouvantable, jusqu'au moment où cette forteresse fut abandonnée. En 1933, le National Park Service entreprit sa restauration et le fit classer monument historique.

Le **Visitors' Center** présente une superbe collection d'armes de l'époque, de munitions, de matériaux de construction, d'outils et d'ustensiles divers, ainsi que des documents illustrant l'histoire du fort. Faites bien attention, lorsque vous vous promenez, à ne pas marcher sur la queue d'un serpent, surtout au printemps et en été, même s'ils ne sont pas venimeux. Pensez également à vous munir des produits idoines pour éloigner les moustiques qui sont ici une véritable calamité. Enfin, lorsque la marée basse découvre le reste de l'île vous aurez peut-être la chance d'apercevoir un alligator !

Vers le cœur

L'Interstate 16 (I 16) est une route purement fonctionnelle, essentiellement fréquentée par les camions qui relient le port de Savannah à Macon. La première partie du trajet est sans grand caractère si l'on excepte les superbes pins (lassants à force) qui bordent l'interstate de part et d'autre. On commence à apercevoir le relief au bout d'une centaine de kilomètres (la route en compte 257 en tout), et l'on s'élève peu à peu en direction de la ligne bleue de l'horizon. Les collines sont profondément marquées par l'érosion et laissent apparaître des teintes rouges qui forment un contraste remarquable avec le feuillage sombre des pins.

On peut aussi considérer comme une distraction le fait d'éviter les vieux pneus qui encombrent les bords de l'I 16, ou de jouer avec les turbulences des camions.

Les murs du Fort Pulaski ont gardé quelques stigmates de la guerre civile.

Ils projettent sur votre pare-brise d'épaisses couches de poussière et, lórsque après l'avoir nettoyé vous y voyez un peu plus clair, vous avez droit à l'avertissement placardé à l'arrière: *«Please Drive Safely!»* («Soyez Prudents!»). Vous êtes peut-être en train de vous demander ce que ces monstres de la route peuvent bien transporter, mais n'allez pas pour autant rater les deux sorties indispensables de ce voyage, la sortie 23 (Metter) et la 14 (Dublin).

La renaissance de Macon

Vous quittez l'I 16 par la sortie *Second Street* et vous pénétrez dans **Macon**; vous découvrez alors une vue peu ordinaire. Deux immeubles, le **Liberty Federal** et le **Hilton Hotel**, les plus grands des quatre qui s'imposent immédiatement à l'œil, dominent d'une manière inhabituelle le centre ville restauré.

Le centre de Macon a échappé deux fois aux affres de la ruine: une fois par ruse et l'autre grâce à un plan de rénovation sophistiqué. En 1864, les troupes du général Sherman attaquèrent Macon de l'autre côté de l'Ocmulgee River, et les salves qu'elles reçurent en retour leur firent croire que la résistance était puissante et bien organisée. En fait il n'y avait dans la ville que des vieillards et des enfants. Sans plus attendre, le général Sherman fit arrêter le feu et continua sa route vers Savannah.

Toutes les superbes résidences et les bâtiments publics qui échappèrent ainsi à la ruine durent affronter ensuite une menace aussi sérieuse que celle de l'artillerie unioniste: le développement des centres commerciaux. Les premiers coups furent portés dans les années 70 avec la construction d'un premier complexe au sud-ouest de Macon, sur l'US 80. Les boutiques du quartier historique de la ville furent alors désertées par leurs anciens clients. Macon était en passe de suivre le modèle de nombreuses autres villes américaines, à savoir une périphérie animée autour d'un centre tristement abandonné.

Mais des projets de constructions financés par des fonds publics aidèrent le

Hay House, superbe demeure qui a échappé à la guerre civile.

centre ville à retrouver un visage accueillant, tandis que des associations de voisinage et la Macon Heritage Foundation orchestrèrent la restauration des principaux sites historiques.

Cette architecture est d'une grande diversité, même si l'ensemble reste nettement marqué par les influences du Sud. Un résident affirme avec raison: *« Lorsque les étrangers veulent trouver le Vieux Sud typique, ils ne vont pas à Atlanta, qui est trop moderne, ni à Savannah dont la conception est trop proche d'une cité européenne. C'est ici, à Macon, que l'on trouve le Vieux Sud. »*

Les rois du coton ont fait construire dans la contrée de somptueuses résidences à l'époque de la grande prospérité, c'est-à-dire dans les premières années du XIXe siècle. Ces bâtisses sont très représentatives du style Fédéral avec des influences classiques. Plus tard, on vit apparaître une architecture d'influence néo-classique, ornée des colonnades grecques et adaptée aux conditions climatiques de la région. Les années passant, les styles architecturaux furent de plus en plus différents les uns des autres: Renaissance italienne, Second Empire, victorien, néo-gothique, néo-classique, etc. et se succédèrent jusque dans les années 20. En visitant Macon, vous noterez le nouveau visage du centre ville, dû à l'apparition de bureaux modernes. Le quartier est relativement désert en soirée, mais l'agitation qui y règne pendant les heures de travail est le signe certain de l'adaptation d'une vieille ville aux règles de la modernité.

Un site archéologique

Si vous souhaitez connaître les traits d'une histoire antérieure à 1800, il suffit de rejoindre l'**Ocmulgee National Monument** en prenant l'US 80 à partir du centre ville. Ce site conserve des vestiges des civilisations qui peuplèrent le Macon Plateau dès 8 000 avant J.-C.

La majeure partie des expositions qui se trouvent dans le **Visitors' Center** et sur le domaine, retracent la vie d'une colonie indienne entre le Xe et le XIIIe siècle. A Ocmulgee, les Indiens érigèrent

On profite de l'ombre d'un arbre pour « faire le Bœuf ».

plusieurs gigantesques tumuli *(mounds)* de sable et de terre, probablement pour y effectuer des cérémonies sacrées. On sait en fait peu de choses sur ces monuments, mais leur seule présence sur le terrain et les interprétations archéologiques proposées sont fascinantes.

Les environs de Macon

D'autres traces d'une histoire, plus moderne celle-ci, sont conservées à **Jarrell Plantation**, à une trentaine de kilomètres au nord du centre ville par l'US 23 (Riverside Drive) puis la State 18. Installée au milieu d'un «pays de collines rouges et de pierres», selon l'expression du poète maconnais Sydney Lanier (1842-1881), la Jarrell Plantation demeure la propriété d'une famille qui a survécu aux aléas de l'industrie du coton. La plupart des constructions originelles de ce domaine sont encore visibles, notamment la première habitation (1847), l'atelier du maréchal-ferrant et celui de la filature. La route qui mène à la plantation est un chemin de terre caillouteux qui ne pose aucun problème lorsqu'il est sec. Au nord-est de la ville, deux petites villes retiennent l'attention. **Washington** (par l'US 219 et la GA 44), la première à porter ce nom (en 1773), est typique de la Géorgie coloniale; elle concerve d'ailleurs beaucoup de maisons du début du XIXe siècle. En 1865, se tint à Washington le dernier cabinet ministériel de la Confédération. **Augusta** prospéra avec le commerce du tabac, grâce à sa position en bordure de la Savannah. Vous pourrez y voir également d'anciennes demeures.

Tumulus de l'Ocmulgee National Monument; routier du Mississippi.

L'Atlanta 285

Selon votre humeur du moment, vous pourriez bien regretter les chemins de terre au moment où vous rejoindrez la route Atlanta 285. En tout cas, que vous suiviez au nord l'US 23 ou que vous preniez l'I 75 de Macon au nord d'Atlanta, le voyage est agréable pendant un bon moment (un peu plus d'une centaine de kilomètres). L'US 23 passe à proximité de l'Ocmulgee River, du **Lake Juliette** et d'un parc, qui est un refuge pour la vie animale et dans lequel des campings ont été installés. La route traverse la paisible cité de **Jackson** et, à partir de là, vous pouvez continuer sur l'US 23 vers le nord, ou rejoindre l'I 75 par la State 16 qui traverse un beau paysage composé de champs à perte de vue.

La tranquillité du voyage qui suit est subitement interrompue à une dizaine de kilomètres au sud d'Atlanta, au moment où vous atteignez l'I 285, l'**Atlanta ByPass**. Ce tracé annonce clairement la zone métropolitaine de la ville, et on aurait tort de croire, en consultant la carte, qu'il s'agit d'une route calme, abritée de l'agitation de la ville. L'œil du cyclone, son centre, est toujours paisible; la catastrophe est en périphérie.

L'Atlanta ByPass est une sorte de défouloir pour tous les citadins motorisés qui rentrent chez eux ou rejoignent leur lieu de travail; ils font fi de toutes les limitations de vitesse et des règles élémentaires du code de la route. La vitesse moyenne y est de 120 km/h, mais certains bolides vont bien plus vite. Un conseil aux gens paisibles: quittez cette voie au plus vite.

RYDER/P·I·E
NATIONWIDE
JACKSONVILLE, FL
ICC MC 2900
A515
TFP-HF-9901
TIRE PRESSURE CHECK
EVERY 30 DAYS
64

501 Auburn
Birth Home of Martin Luther King, Jr.

ATLANTA

S'il fallait une formule pour résumer Atlanta, on pourrait dire qu'elle est «la Los Angeles de l'Est des États-Unis». Situées à peu de chose près sur la même latitude, ces deux villes ont la même capacité à épouser la nouveauté et à s'adapter aux circonstances. La seule différence est qu'Atlanta fut complètement détruite (par Sherman et ses troupes en 1864). A l'instar de Macon, Atlanta dut sa prospérité au coton et à l'industrie du chemin de fer, au cours de la seconde moitié du XIXe siècle; mais peu de traces de cette époque ont subsisté. La rapide reconstruction de la cité a laissé peu de place aux antiquités et à la nostalgie.
Enfin, c'est à Atlanta qu'apparut, dans une pharmacie en 1886, un médicament qui allait devenir une vedette internationale: le Coca-Cola!

Aujourd'hui il est devenu impossible de tout voir de la capitale de la Géorgie en un seul jour: le Georgia State Capitol, le Peachtree Center, le Civic Center, le Martin Luther King Jr. Memorial sur Auburn Avenue, à l'ouest du centre ville, les restaurants réputés, les musées...

Les restaurants d'Atlanta ont droit à tous les superlatifs, et deux des plus intéressants sont **The Varsity** et **Aunt Fanny's Cabin**. The Varsity, près du Georgia Institute of Technology, se vante d'être le «*drive-in* le plus vaste du monde». En fait le service en *drive-in* n'est accessible qu'à un petit nombre de voitures. Le véritable restaurant est bien à l'intérieur de ce que l'on peut définir comme un monument élevé à la gloire de la culture américaine: le football américain, la télévision, le Coca-Cola, les fast-foods et les automobiles. Des foules immenses de fanatiques du *hamburger-coca* attendent d'être servis, puis ils se dirigent vers de petites salles à manger équipées de télévisions... Une vraie curiosité.

Aunt Fanny's Cabin, à Smyrna, près de la limite nord-ouest d'Atlanta, fut fondé en 1941 dans la maison d'une esclave, Aunt Fanny Williams, née ici dans les années 1850. Ce restaurant, connu d'un grand nombre de résidents d'Atlanta, est censé servir les meilleurs poulets rôtis du sud des États-Unis. Certains ajoutent fièrement «...du monde!».

Le bâtiment originel a été soigneusement conservé et le mobilier est en grande partie d'époque. Vous pourrez goûter à toutes les spécialités culinaires du Sud, le poulet rôti, les courges au four, les navets, des biscuits et des *muffins*, des gâteaux aux pommes, etc. Sachez tout de même qu'il se consomme ici mille tonnes de poulets *chaque mois*, et que la courtoisie des serveurs n'est jamais prise en défaut.

Le **High Museum of Art** est l'un des principaux atouts d'Atlanta qui cherche à devenir un pôle culturel de dimension mondiale. Ce musée se trouve sur Peachtree Street, légèrement au nord du centre ville: il s'agit d'un bâtiment moderne, blanc et géométrique, dont l'architecture s'inspire de celle du musée Guggenheim de New York.

Ce centre possède des collections d'arts décoratifs, d'art africain, des peintures de la Renaissance, et des peintures modernes (un bon nombre de toiles impressionnistes). La plus belle collection est sans

A gauche, la maison de Martin Luther King Jr.; à droite, le High Museum of Art.

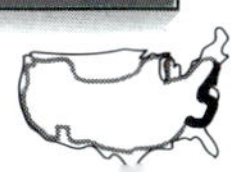

doute celle de la **collection Kress** qui rassemble un grand nombre d'œuvres italiennes, notamment de l'école de Venise. Parmi ces toiles, il convient de citer deux chefs-d'œuvre : la *Vierge à l'Enfant*, de Giovanni Bellini et la *Crucifixion*, d'Annibal Carrache. A charge du musée, on note quelques dispositions bizarres comme la statue de Rodin, *L'Ombre* (1880), qui est placée au milieu des œuvres contemporaines de Sol LeWitt et Frank Stella.

En quittant Atlanta

Si vous êtes fatigué des embouteillages et des problèmes de stationnement, vous pouvez rouler une dizaine de kilomètres à l'est de l'I 285, sur l'US 78, jusqu'à **Stone Mountain Park**, un parc dédié à la mémoire des soldats tués pendant la guerre de Sécession. Vous y trouverez un grand nombre d'attractions, des courts de tennis, des barques pour aller pêcher, une plantation reconstituée (**Antebellum Plantation**) avec dix-neuf bâtiments datant d'avant la guerre civile. A la différence de la Jarrell Plantation, dont nous avons parlé précédemment, cette reconstitution a été effectuée à partir d'éléments provenant de l'ensemble de l'État.

Le domaine du parc s'étend autour du dôme de granit qui lui a donné son nom : la **Stone Mountain** (« La Montagne de pierre »). Il s'agit d'un imposant bloc rocheux compact de 263 m de haut dont l'existence remonterait à trois millions d'années. La roche est un spectacle à elle seule, mais elle a été agrémentée d'un **bas-relief** (de 24 m sur 55 m), qui représente les dirigeants de la Confédération, le président Jefferson Davis, les généraux Jackson et Lee. Cette sculpture a été achevée en 1972, et il a fallu cinquante ans pour la réaliser.

En quittant le centre d'Atlanta, l'I 85 coupe une route qui part vers le sud-ouest et rejoint le centre de l'Alabama. En traversant le plateau ondulé du Piedmont et en parvenant dans les vastes forêts de l'État voisin de la Géorgie, on peut admirer la verdure qui entoure la route et sentir les effluves des pins. Une fois que vous avez traversé la **Chattahoochie River** et que vous avez franchi la frontière d'*Alabama the Beautiful* (« Alabama la Magnifique »), vous verrez disparaître les nombreux panneaux routiers vous invitant à vous ravitailler en essence dans les stations *Starvin' Marvin*. Un peu de variété ne fait jamais de mal. **West Point Lake** s'étend sur la frontière de l'État. Ce lac artificiel a été créé après l'adoption du Flood Control Act, un décret de régulation des eaux datant de 1962. Sur un pourtour 845 km, se sont installées de nombreuses aires de loisirs, avec des aménagement destinés à la pêche, la chasse, la pratique de la voile, la natation... Le **Visitors' Center** de l'Alabama se trouve juste de l'autre côté de la frontière, sur l'I 85, et vous fournira une foule de renseignements pratiques et de documentations sur les divers aspects de l'État. Vous verrez qu'on est ici très attaché à retenir les visiteurs et à faire la promotion de la marchandise, ce qui contraste assez nettement avec l'attitude de laisser-aller qui prévaut en Géorgie. Sans doute parce que l'Alabama pâtit d'une image négative, celle d'un État qui n'a pas grand-chose à offrir aux touristes ou à ceux qui voudraient s'y installer.

Ci-dessous, dans le Aunt Fanny's Cabin, à Atlanta; à droite, le mémorial des confédérés de Stone Mountain.

L'ALABAMA : LE COTTON STATE

L'Alabama et une grande partie des territoires plus à l'ouest passèrent entre plusieurs mains avant de revenir aux États-Unis, à la fin du XVIIIe siècle. Le début de l'histoire moderne de cet État a été marqué par de nombreux conflits coloniaux mettant en scène les Cinq Nations indiennes (Cherokee, Seminole, Muscogee, Chickasaw et Choctaw). Le blason national représente côte à côte les couleurs des cinq nations blanches qui assumèrent la souveraineté de la région : la France, la Grande-Bretagne, les États-Unis, la Confédération, puis à nouveau les États-Unis.

Ce sont les deux derniers pouvoirs politiques qui ont laissé la plus profonde empreinte sur l'Alabama, qui doit son nom à l'Alabama River (les Alabamas étant une tribu indienne). L'État s'est notamment rattaché à la brève période de gloire de la Confédération, dont la capitale, Montgomery, a gardé de nombreux souvenirs. La grande période de prospérité de l'Alabama, au XIXe siècle, fut liée au développement rapide et intense de la production du coton. Aujourd'hui on peut dire qu'économiquement et socialement l'État a connu des jours plus fastes, mais ses ressources naturelles, l'ardeur de ses citoyens et une certaine fierté empêchent les habitants de reconnaître un déclin pourtant assez réel.

Après avoir traversé une zone boisée le long de l'I 85, vous pourrez prendre la sortie 38 vers **Tuskegee**, suivre la State 81 vers le sud, puis la State 126 vers l'ouest. La petite ville de Tuskegee est le siège du **Tuskegee Normal and Industrial Institute**, fondé en 1881 par l'ancien esclave noir Booker T. Washington, qui fut l'un des rares centres d'enseignement destinés aux Noirs au XIXe siècle. D'après le leader noir W.E.B. Du Bois, *« Washington fut le plus grand homme du Sud depuis la guerre civile »*. Washington croyait en une coopération des Noirs avec les dirigeants blancs, et en une éducation destinée à servir les intérêts des Noirs principalement rassemblés dans le sud des États-Unis. Avec sa politique d'intégration pacifique, Washington se fit un bon nombre d'ennemis parmi les intellectuels blancs et les libéraux ; mais contre vents et marées, il put continuer à faire fonctionner son école.

Un film intitulé *Up from Slavery*, racontant l'histoire de l'institut et le combat de Washington, est présenté au **Carver Museum**, sur le campus. Ce documentaire, très bien réalisé, n'hésite pas à faire mention sans complaisance des controverses ayant entouré Washington et Tuskegee. Pour cette raison seulement, il est intéressant d'aller le voir (comprendre l'anglais est dans ce cas bien utile...).

Le Carver Museum est logé dans l'un des nombreux bâtiments historiques protégés par Tuskegee et le National Park Service. Il doit son nom au célèbre botaniste noir George Washington Carver qui travailla et enseigna sur le campus de 1896 à sa retraite, qu'il prit à **The Oaks**, à Tuskegee, où il mourut en 1943. Il consacra toute sa vie à la recherche agronomique. Ses découvertes sauvèrent littéralement de la ruine l'économie de l'État lorsque, en 1919, les champs de coton furent dévastés par une maladie, l'anthonome du cotonnier. Il sut mettre au point de nouvelles utilisations de la cacahouète, et développa quelque cent nouvelles variétés, comme la patate douce. Ironie de l'histoire, la région fut sauvée par un homme appartenant à une race opprimée par le pouvoir blanc (ce qui n'empêcha pas les Blancs de continuer à mépriser des hommes comme Washington).

Montgomery

De retour sur l'I 85 vers le sud, il faut encore rouler 66 km pour atteindre les limites de l'agglomération de Montgomery. La capitale de l'Alabama est un petit centre urbain paisible (moins de quarante mille habitants), entouré de nombreux faubourgs dont les noms évoquent tous la vocation agricole de l'endroit : Old Acres, Pinedale, Pecan Grove, Open Acres, Spring Valley et Park Manor. Les ressources agricoles sont encore importantes pour la ville, bien que les administrations, les entreprises de construction et les usines se taillent maintenant la part du lion.

Champ de coton.

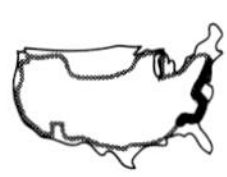

Montgomery bénéficie également du patronage de l'U.S. Air Force, dont les corps d'élite sont régulièrement affectés à la **Maxwell Air Force Base**, sur le site de l'école de pilotage Wilbur and Orville Wright.

Tout est charmant dans cette cité du Sud et une demi-journée suffit à faire le tour de ses curiosités. Le **State Capitol**, sur Goat Hill, et les quartiers historiques environnants sont assez riches de souvenirs anciens. Plus spectaculaires, deux édifices, situés de l'autre côté de Washington Street: **First White House of the Confederacy** et le bâtiment imposant de l'**Alabama Archives and History**. La Maison Blanche de la Confédération fut la résidence, pendant trois mois en 1846, du seul président qu'ait eu le Sud, Jefferson Davis. Montgomery devint alors l'éphémère capitale des États du Sud. Cette nation rebelle faisait partie des treize États et Territoires qui firent sécession en 1860 et 1861 afin de défendre leurs intérêts, essentiellement la sauvegarde de l'esclavage légal. Davis est beaucoup moins connu que le général confédéré Robert E. Lee, mais dans le Sud il est resté le symbole de l'autodétermination et de la fierté nationale. Le bâtiment des Archives, d'architecture néo-classique, abrite une riche collection d'objets et de documents retraçant l'histoire de l'Alabama, des Indiens du Xe siècle aux habits de scène des chanteurs locaux de *country-music*.

Un autre lieu, souvent passé sous silence, mérite d'être mentionné: la **Dexter Avenue King Memorial Baptist Church**, dans le centre ville, 454 Dexter Avenue. C'est dans cette église que Martin Luther King Jr. engagea son combat non violent pour l'abolition de la ségrégation raciale. Jusqu'au jour où il fut assassiné, en 1968, Martin Luther King Jr. fut le chef de file de cette lutte, et il put voir son action récompensée de succès au milieu des années 60. Dans l'église figure une fresque commémorant ce combat pour l'égalité, *Montgomery to Memphis, 1955-1968*.

Les deux événements culturels les plus marquants de Montgomery sont le Jubilee — la fête du printemps qui se déroule le

Le State Capitol de Montgomery.

troisième week-end du mois de mai — et l'Alabama Shakespeare Festival, qui a lieu en hiver et au printemps. Le reste de l'année, il faut se contenter de promenades en bateau (une croisière à bord du *George Montgomery Riverboat*, amarré près du Riverfront Park, sera tout à fait bienvenue) du parc zoologique, et des musées.

Les nouveaux paysages du sud-ouest de l'Alabama

A Montgomery, l'I 85 devient l'I 65, continue sa route vers le sud, et rejoint les campagnes du sud-ouest de l'Alabama. Tout au long du trajet, les radios locales proposent des programmes musicaux variés, de la musique noire contemporaine, de la pop, de la country, du jazz, programmes interrompus par quelques sermons qui vous engagent à suivre la bonne voie. Au fur et à mesure que les kilomètres passent, vous pourrez noter que la terre prend une teinte plus sombre, qui tire vers le rouge, alors qu'elle était plutôt sablonneuse et grise dans toute la partie orientale de l'État. Une exploration plus en profondeur s'impose, et l'US 31 est le meilleur tracé à votre disposition. Cette route traverse deux comtés, **Escambia** et **Baldwin**, qui longent la pointe nord-ouest de la Floride, près d'Atmore et de Perdido. Le paysage est principalement composé d'étangs verts et de forêts de pins et de chênes. Les fermes et le bétail dans les pâturages sont de véritables images d'Épinal.

Avant de gagner Atmore, on traverse **Canoe**, où le temps semble suspendu entre le passage des voitures attelées qui longent la route d'un côté et, de l'autre, par le sifflet du train de marchandises dont le sifflet déchire régulièrement le silence. A **Atmore**, vous pourrez faire une pause au Burger Bar, qui jouxte l'US 31, et déguster l'une de ses délicieuses salades. Si vous avez envie de flâner, n'hésitez pas à visiter les églises, elles sont clairement indiquées en chemin. Un petit détour sur la State 21 vous conduit à **Snappy-Wash**, une maison de prêteur sur gages, et rejoint l'I 65 où l'on trouve le célèbre **Good and Plenty**

'eprésentation de l'Alabama Shakespeare Festival.

Restaurant, Bakery and Gift Shop, un établissement dirigé par des mennonites venus de Pennsylvanie. Des pâtisseries, du pain, des repas complets et des livres religieux vous sont proposés.

Encore 22 km de route sur l'I 65 avant d'atteindre la sortie 45 en direction de **Perdido**. Juste au sud de la route s'étendent encore les fruits de la persévérance de Jim et Marianne Eddins: les **vignobles de Perdido**.

Le vin de l'Alabama

La viticulture en Alabama, qui fut autrefois une activité primordiale, n'a pas résisté à la Prohibition. Après cette période, les chefs de l'Église baptiste affirmèrent que la boisson et, plus encore, la fabrication d'alcools, étaient de graves péchés. La famille Eddins passa outre cette opposition religieuse et planta des vignes en 1971. Leur récolte était vendue à des négociants de Floride. Après la rupture de cet accord commercial en 1979, le vignoble de Perdido commença à produire son propre vin. Les vins qui sont mis en bouteilles à Perdido sont en général des vins doux, mais on en trouve quelques-uns de plus secs, notamment un blanc extra-sec qui peut évoquer certains crus californiens. Cette entreprise viticole suscita tout d'abord une vive hostilité de la part des habitants de la région, mais devant le succès rencontré par le vin et l'attention des Américains qui se porta rapidement sur le Baldwin County, les détracteurs de la première heure ne tardèrent pas à changer d'avis.

Dirigée par un prêtre orthodoxe nommé Malbis, une colonie grecque vint s'installer dans le comté de Baldwin, en bordure de Mobile Bay, peu avant la Seconde Guerre mondiale. Elle y établit l'une des plantations les plus prospères du comté. Après la mort de Malbis, tué en Grèce pendant la guerre, la communauté réalisa son projet de construire une église orthodoxe dans ce qui est devenu la cité de **Malbis**, entre l'US 31 et l'I 10, 6 km à l'est de Mobile Bay. Les matériaux qui ont servi à l'édification ont été importés de Grèce. On y voit des carreaux de céramique et des vitraux d'une grande beauté.

Les vignobles de Perdido.

MARTIN LUTHER KING JR.

L'histoire du révérend Martin Luther King Jr. est celle de la naissance difficile du mouvement américain pour l'abolition de la ségrégation raciale. Dans la courte période qui sépara son ascension rapide et sa mort tragique, Martin Luther King réussit à faire adopter des réformes législatives.

En 1957, alors âgé de vingt-huit ans, il venait de s'installer comme pasteur d'une petite congrégation de Montgomery. Un incident racial comme il s'en produisait des dizaines toutes les semaines déclencha le mouvement de révolte. Une couturière noire, Rosa Parks, était assise dans la partie d'un bus interdite aux Noirs, lorsque le chauffeur lui ordonna de céder sa place à un Blanc. Elle refusa. Ce scandale détermina la création d'une association de défense dont le pasteur prit la tête, et qui organisa le boycott des bus de la ville par la communauté noire. Ce mouvement paralysa les transports et aboutit à deux victoires de grande importance : une décision de la Cour suprême interdisant la ségrégation raciale dans les bus municipaux et l'adoption d'une loi, le Civil Rights Act (1957), qui créait un département rattaché au ministère de la Justice et consacré aux affaires raciales. Au cours des troubles de Montgomery, Martin Luther King fut arrêté, son domicile détruit par l'explosion d'une bombe, mais il réussit à montrer la force de la contestation pacifique. Aussi la protestation locale ne cessa-t-elle de s'amplifier et elle finit par toucher l'ensemble du Sud.
Dans les mois qui suivirent, des manifestations dégénérèrent vers l'affrontement entre Noirs et Blancs. La lutte devint un débat national en 1963, lorsque Martin Luther King fut invité à organiser le combat pour l'intégration à Birmingham, en Alabama. Dans son discours d'investiture, le gouverneur George Wallace avait, en guise de programme politique, lancé ces mots : « Ségrégation aujourd'hui, ségrégation demain, ségrégation pour toujours ! » En réponse, le magazine *Time* décerna le titre d'« Homme de l'année » au pasteur en 1963. Et l'année suivante, il reçut le prix Nobel de la Paix.

L'action de Martin Luther King et de ses militants se traduisit par une série de mesures législatives mettant un terme à la discrimination raciale au niveau des élections, du logement et des écoles. Toutefois, au sein du mouvement, des dissensions éclatèrent entre les partisans de la lutte armée et ceux de la revendication pacifique. La frange la plus conservatrice se sépara aussi de M.L. King lorsqu'il tenta de rapprocher son action de celle menée par les opposants à la guerre du Viêt-nam. En avril 1968, au cours d'une vaste campagne à Washington, destinée à obtenir un revenu minimum par foyer, King fit un détour par Memphis pour apporter son soutien à des grévistes. C'est là qu'il fut assassiné, à l'âge de 39 ans.

L'action du pasteur s'est poursuivie jusqu'aujourd'hui. Pourtant la limite de son action est assez sensible, et les statistiques américaines montrent que, trente ans après ces événements, la population noire reste victime de discriminations bien réelles.

LE LONG DU GOLFE DU MEXIQUE

Le littoral du golfe du Mexique, qui s'étend du nord-ouest de la Floride jusqu'au sud-est du Texas, revendique à juste titre le surnom de «Riviera américaine». On pourrait aussi parler de Côte d'Azur, ou plus exactement de Côte d'Albâtre, à cause de la blancheur des plages de sable qui bordent une mer chaude, où pullulent crevettes, huîtres et autres délices de ce genre. Et cela n'a rien d'anecdotique: au début du mois de juin, des fêtes sont organisées un peu partout pour célébrer ces richesses culinaires... Les superbes plages de l'Alabama, du Mississippi et du Texas attirent les vacanciers du Sud et du Midwest depuis le milieu du XIXe siècle. Le tourisme et la pêche sont de toute évidence les principales activités de la région, mais elles se seraient développées davantage si l'exploitation pétrolière, souvent implantée sur les mêmes sites, ne les avait concurrencés. Ce secteur industriel a été crucial pour assurer la survie de cités comme Mobile. Même si la polution existe, il reste possible de se réfugier dans certaines parties vierges de la côte, pour y trouver une eau incroyablement bleue.

Une erreur de l'Alabama

L'I 10, l'I 65 et l'US 90 (qui se sépare de l'US 31) longent l'embouchure de la Mobile River à l'ouest du comté de Baldwin, jusqu'au port de **Mobile**, en Alabama. La position stratégique qu'occupe cette ville sur la rivière et le golfe en a fait un site très convoité durant les luttes de pouvoirs qui ont eu lieu dans l'État, et qui se sont poursuivies après la guerre civile et la bataille de Mobile.

Ville portuaire, Mobile est assurément une cité exceptionnellement variée, et les traces de son héritage continental qui marquent l'architecture et le mode de vie local en font une ville atypique de l'Alabama. Sur l'un des plans de la ville, réalisé en 1984, on peut lire: *«Certains observateurs de cette cité vieille de deux cent soixante-dix-sept ans sont d'accord pour affirmer qu'inclure Mobile dans l'État de l'Alabama est une erreur grossière.»* De fait, Mobile a plus de points communs avec les métropoles et les comtés du golfe du Mexique qu'avec l'Alabama, l'État le plus insulaire du Sud.

Mobile est certainement la destination la plus attirante dans un État où les visiteurs ne font généralement que passer. L'économie est toujours dominée par l'industrie de la construction navale, un signe certain de la vocation maritime de la ville. L'architecture est riche de superbes demeures en brique et en bois, ornées de balcons en fer forgé, de places avec des fontaines, et d'espaces verts qui séduisent les visiteurs venus de tous les coins du pays.

Pour avoir la meilleure idée de Mobile, il faut se promener dans **Government Street**, **Church Street** et **Dauphin Street**, notamment à l'endroit où elles croisent South Georgia Street et South Ann Street. Les rues du quartier historique sont parsemées de magnolias, d'azalées et de chênes qui bénéficient du climat subtropical. Les chênes ombragent d'ailleurs largement Government Street

Pages précédentes: Oak Alley Plantation, en Louisiane. Ci-dessous, Fort Conde entouré par les buildings de Mobile.

(US 90). Lorsqu'il fait très chaud, une petite visite à la plage s'impose. On regagne la baie par l'I 10, puis par la State 59 vers le sud. Il suffit alors de rechercher des plages relativement peu fréquentées, comme **Little Lagoon**, au bord d'une réserve animale. La nuit, l'essentiel de la vie est concentrée dans les clubs, alors que dans la journée les habitants de Mobile se contentent d'une partie de cartes. Si la chaleur n'a pas anéanti toute votre énergie, vous pourrez aller danser, mais tout le monde vous dira que vous ne risquez pas de trouver foule, excepté dans les grandes occasions. Le Carnaval de Mobile est moins célèbre que celui de la Nouvelle-Orléans, mais beaucoup plus ancien et plus enraciné dans les traditions locales.

Des fleurs, de la verdure… et du commerce

Lorsque l'US 90 quitte Mobile Bay, elle devient une artère bordée de *fast-foods*, de motels et de centres commerciaux. Après avoir atteint **Theodore**, vous verrez un immense panneau vous engageant à prendre la State 59 vers le sud, en direction de **Bellingrath Gardens**, «Le Jardin des Quatre Saisons».

Tous les superlatifs qui peuvent être utilisés pour décrire l'endroit sont fondés; ce parc est effectivement un endroit remarquable. C'était autrefois une jungle subtropicale sur l'Isle-aux-Dies River. La terre fut achetée par Walter Bellingrath. Ce dernier, aidé par sa femme, effectua un travail de paysagiste sur une parcelle de 25 ha (la propriété en compte 325), et l'on peut dire qu'ils réalisèrent tous deux une véritable œuvre d'art autour de leur maison, au bord de la rivière. Les azalées, les roses, les hibiscus, les chrysanthèmes, les lilas, les violettes ne sont que quelques-unes des taches de couleurs qui ravissent l'œil dans ce parc très soigné. Vous pourrez aussi voir la **maison des Bellingrath**, la chapelle et découvrir une exposition de porcelaines.

Le jardin américano-oriental, peuplé d'oies et de flamants, est aussi charmant que la boutique de souvenirs et le restaurant sont pénibles. On vous proposera

Bellingrath Gardens.

mille gadgets pour votre promenade, des plans, des visites guidées par cassette, etc. Vous n'aurez besoin de rien, il vous suffit de flâner à votre guise, et d'aller là où vos pieds vous mènent.

L'US 90 est la vieille route du golfe, qui mène de la Floride à la Louisiane, et le trajet est beaucoup plus agréable que sur l'interstate. On y roule moins vite et les feux sont parfois ennuyeux, mais au moins vous aurez droit à un aperçu de la vie du Sud. Après Mobile et Theodore, l'US 90 traverse **Saint-Elmo** où toutes les couleurs de l'arc-en-ciel ornent le bas-côté et les abords de la voie ferrée. A 8 km à l'ouest, on rejoint **Grand Bay**, où se déroule « le plus grand festival de pastèques du monde ». Ici la State 188 rejoint au sud la State 16 jusqu'à **Bayou La Batre**, une cité industrielle (pétrochimie, construction navale, pêche) où l'on fête la bénédiction de la flotte de pêche au début du mois de juin. Autre rendez-vous : le festival des fruits de mer en juillet.

Une dizaine de kilomètres après Grand Bay, l'US 90 pénètre dans l'État du Mississippi. La route traverse les localités de Pecan, Orange Grove et Kreole avant d'arriver aux abords de Pescagoula, l'une des trois grandes cités littorales de l'État (les deux autres étant Biloxi et Gulfport).

Bien que la vieille route que vous suivez soit présentée comme « le grand itinéraire touristique des plages jusqu'à la Nouvelle-Orléans », il faut attendre 43 km à partir de la frontière pour que le spectacle soit à la mesure des prétentions. Auparavant vous aurez droit à un ruban quasiment ininterrompu de centres commerciaux avec, de temps en temps, des scènes plus plaisantes. Un panneau vous annonce fièrement toutes les qualités du Jackson County avant que vous ne vous engagiez sur le pont qui enjambe la **Pescagoula River**. De Gautier à Biloxi, la route traverse des terres marécageuses dominées par un ciel qui prend parfois des teintes gris-bleu incroyables. Un autre pont vous emmène dans le Harrison County, où vous pourrez profiter des plages avant de gagner **Biloxi** (prononcez « blouxi »). L'US 90 devient le Beach Boulevard. Avec Mobile, Biloxi fut l'un des grands centres gouvernementaux du

Beach Boulevard, à Biloxi.

Territoire français de la Louisiane. Fondée en 1699 sur un site différent (de l'autre côté de Biloxi Bay), la ville est située sur une péninsule coupée par deux baies et le golfe du Mexique. Sa plage est très connue et fréquemment envahie.

Beach Boulevard est bordé de palmiers, de chênes et de demeures anciennes bien conservées, malgré les mauvaises conditions météorologiques de ces dernières années. En 1969, le cyclone Camille à détruit la quasi-totalité de cette vieille station climatique. Les demeures historiques abritent souvent des boutiques, des stations-service, des motels... En fait Beach Boulevard éclipse le quartier commerçant lui-même, un petit endroit appelé (abusivement) **Vieux Marché**, célèbre grâce à sa sculpture, le **Golden Fisherman** *(Le Pêcheur doré).*

Beauvoir est l'ancienne demeure du président des États confédérés, Jefferson Davis. La visite de la maison mérite le détour, ne serait-ce que pour le mobilier qui s'y trouve. Près de la maison a été aménagé un musée consacré à cette époque de l'histoire américaine.

Plus à l'ouest vous passerez à Gulfport, Long Beach et Pass Christian. Là encore vous verrez de superbes plages auxquelles il vous sera difficile de résister.

Rapidement l'US 90 s'éloigne de la côte, traverse la baie de Saint-Louis et un pont vous dépose à **Bay Saint-Louis**, « la porte du littoral ». La signalisation est assez mal faite, mais la route se divise en deux : la State 609 se dirige vers le nord-ouest et rejoint une base d'essais de la N.A.S.A. (National Aeronautics and Space Administration), tandis que l'US 90 part en direction du sud-ouest. L'une et l'autre mènent en Louisiane, au **Lake Pontchartrain**.

L'I 10 emprunte 13 km de ponts qui relient une rive à l'autre et vous font passer de Saint-Tammany Parish (la division administrative habituelle, le *county*, devient en Louisiane le *parish*) à Orleans Parish. Au beau milieu de la traversée, vous aurez la surprise de découvrir brusquement La Nouvelle-Orléans (New Orleans). La première image que l'on a de la ville est celle de gratte-ciel noyés dans une forêt de verdure.

The Golden Fisherman, la vedette de l'Old Market.

ALL STAR
JAZZ
BAND

'eune batteur ıttentif au jeu des aînés.

LA NOUVELLE-ORLÉANS

Grand site du golfe du Mexique, berceau du jazz, mecque du tourisme, capitale du Mardi gras, première défense de la Mississippi River, La Nouvelle-Orléans est la ville la plus riche et la plus variée du sud des États-Unis. Les bayous, ces petits cours d'eau peu profonde et souvent stagnante, qui entourent la ville, ont abrité de grands gouvernements coloniaux, de grands écrivains, des musiciens de génie et de talentueux brigands depuis 1718, date de la fondation de la ville par Jean-Baptiste Le Moyne de Bienville.

La température de l'endroit est on ne peut plus clémente (20 °C environ en hiver). Vous pouvez donc faire le projet de vous y rendre quand vous le souhaitez à condition de prévoir votre hébergement à l'avance. La Nouvelle-Orléans est l'une des villes américaines les plus séduisantes. Les touristes le savent, et vous ne serez certainement pas seul à visiter les lieux...

Les mélanges culturels

Après Mobile et Biloxi, La Nouvelle-Orléans fut la dernière, et la plus grande, des capitales françaises en Amérique du Nord. Moins de cinquante ans après sa fondation, la ville, construite sur des marécages et protégée contre les assauts du Mississippi, passa sous le contrôle des Espagnols. De 1762 à 1803, date à laquelle les États-Unis achetèrent le vaste territoire de la Louisiane, La Nouvelle-Orléans développa une aristocratie créole, un mélange de sang espagnol et français, avec souvent du sang noir. Créole fut finalement synonyme de «personne libre de couleur». Durant la domination espagnole, la ville devint le refuge des contre-révolutionnaires français et des mercenaires de toutes nationalités. Avec Galveston, au Texas, La Nouvelle-Orléans servit de base aux opérations du célèbre pirate Jean Lafitte qui devint l'allié des États-Unis contre les Britanniques, lors de la guerre de 1812 .

La Nouvelle-Orléans n'a jamais perdu son sens des traditions, ni ses racines multiraciales. Le «continentalisme» des catholiques créoles, l'agressivité américaine, le mysticisme africain et un soupçon de rébellion contre les lois restent les bases incontournables de cette cité colorée, où se déroule le plus célèbre carnaval des États-Unis: le Mardi gras. Depuis 1857, le carnaval est devenu l'expression la plus vivante de l'esprit de La Nouvelle-Orléans. Dans les bals privés, les parades, derrière les masques, le brillant des bijoux et des paillettes, les habitants se mêlent aux visiteurs pour faire la fête. La fête passée, tout le monde retourne au travail comme avant, ce qui, dans le quartier français au moins (le Vieux Carré), n'est jamais qu'une autre version de la fête.

Le Vieux Carré

C'est le premier arrêt pour la plupart des touristes qui viennent à La Nouvelle-Orléans. Le Vieux Carré est également appelé **French Quarter**. Il se situe sur la rive du Mississippi entre Canal Street et Esplanade Avenue. Il s'agit de la plus ancienne partie de la ville et l'architecture des maisons est un mélange de brique, de stuc, de toits de tuiles et de balcons en fer forgé. On y voit encore des arcades et des portes en arceau. Le jeu des lumières et des couleurs est particulièrement beau dans le quartier, et l'écrivain Mark Twain ne fut assurément pas le seul à en être charmé. Un seul bâtiment a survécu aux transformations de La Nouvelle-Orléans, l'**Ursuline Convent** (1750), au 1114 Chartres Street; toutes les rues ont connu trois noms différents: un français, un espagnol et un anglais. Ils se mélangent aujourd'hui et les noms français ont été largement déformés par la prononciation américaine. Le cœur du Vieux Carré est **Jackson Square**, une place qui est devenue le repaire de nombreux artistes. Sur l'esplanade se dresse la **cathédrale Saint-Louis**, la cathédrale catholique la plus ancienne du pays, édifiée entre 1792 et 1794. Des deux côtés de Jackson Square, les **Pontalba Buildings**, construits au milieu du XIXe siècle par la baronne Pontalba, sont les premiers immeubles d'appartements des États-Unis. Derrière la cathédrale, sur Pirate's Alley, on trouve **Faulkner House**. Cette maison, construite sur le site d'une ancienne prison coloniale française, fut la résidence de l'écrivain William Faulkner, qui y écrivit son premier roman, *Soldiers Pay (Monnaie de singe)*. De jour comme de nuit (mais davantage la nuit tout de même), le Vieux Carré est le miroir du tempérament des habitants du golfe. Les rues résonnent des accents du Dixieland et du jazz qui fut inventé ici-même. Partout fleurissent clubs de musique, restaurants et bars. C'est ici que vous trouverez toutes les spécialités culinaires de La Nouvelle-Orléans, des plats créoles, cajuns (les Cajuns étaient les Français du Canada ou Acadiens, réfugiés au début du XVIIIe siècle en Louisiane, après le passage du Canada sous tutelle anglaise. «Cajun» vient de «Acadien») et français qui sont à la mode dans toutes les grandes villes des États-Unis depuis le début des années 80.

Bourbon Street et les boutiques du quartier

Bourbon Street est peut-être la rue la plus connue du Vieux Carré. La foule s'y presse 24 h sur 24 et 365 jours par an. On y voit un mélange de restaurants chics, de cafés mal famés, de bars à entraîneuses à côté de boutiques de tee-shirts et de souvenirs, de boîtes de jazz, d'un musée de cire... Parallèle à cette artère, en allant vers le Mississippi, s'étend **Royal Street**, l'une des rues les plus intéressantes du Vieux Carré, et le véritable centre commerçant du quartier. Chaque maison ou presque mérite que l'on s'y arrête. Les galeries d'art et les antiquaires attirent l'œil des visiteurs, qui repartent rarement avec des objets aussi chers. Les autres boutiques de la rue ont leur préférence. Et il y a le choix, c'est véritablement un complexe commercial à ciel ouvert.

Nouvelle étape à **Decatur Street**, en bordure du fleuve, où les halles du French Market se sont transformées en centre marchand de peu d'intérêt. Mais heureusement, le Café du Monde, à l'entrée, est toujours aussi célèbre pour ses délicieux beignets.

Un peu plus loin vous verrez **Jackson Brewery**, une ancienne brasserie qui est de nos jours un autre centre commercial

Le Natchez, *l'un des célèbres «vapeurs» du Mississippi.*

de plus de quatre-vingts magasins et restaurants. Vous commencez peut-être à vous demander si vous n'êtes pas tombé dans l'empire impitoyable du commerce.

Un repaire dans l'île au trésor

Mais rassurez-vous car bien des établissements ont conservé leur cachet d'antan: l'**Old Absinthe House**, sur Bourbon Street, à l'angle de Bienville Street, est un bar datant de 1807. Andrew Jackson et Jean Lafitte y auraient préparé la bataille de New Orleans. Un drapeau de pirate au-dessus du bar, les cartes de visite de célébrités du monde entier, les divers éléments décoratifs, l'acharnement de cet établissement à ne pas rompre avec le passé, et à résister à la pression commerciale alentour, en font l'un des lieux les plus plaisants de la ville. Et même si les belles femmes n'ont pas toujours le meilleur goût, rendez-vous-y, car on dit ici que *«Thru these portals, pass the most beautiful women in the world»* («par ces portes passent les plus belles femmes du monde»).

Balcons à l'espagnole dans Sainte-Ann Street, en plein cœur du quartier français.

C'est dans le quartier des plaisirs de La Nouvelle-Orléans, Storyville, que fut inventé le jazz, au début du siècle par des Noirs et des Créoles. Après la fermeture de tous les lieux de plaisirs en 1917, les musiciens partirent pour d'autres villes. Mais depuis, le jazz a retrouvé son berceau et le style «New Orleans» a connu des ambassadeurs aussi prestigieux que le trompettiste Louis Armstrong. Le jazz partage son influence avec le blues, très joué sur les scènes de La Nouvelle-Orléans. Le pianiste Professor Longhair en a été l'une des grandes célébrités. Le **Preservation Hall** est l'un des meilleurs endroits pour aller écouter du jazz, mais la plupart des cafés et restaurants de la ville ont leurs propres orchestres et il serait bien étonnant que vous repartiez sans avoir entendu une note de musique!

Des spécialités culinaires

Les restaurants en brique et en bois qui préparent des spécialités cajuns et créoles sont légion dans le Vieux Carré. On vous proposera des plats épicés à base de riz et

de haricots rouges, le plus souvent, ainsi que des préparations qui mélangent le sucré et le salé. Vous pourrez goûter au *po'boy*, un sandwich de fruits de mer avec du «pain français». Le *gumbo* est un mélange de crabe, de crevettes, de saucisse, de poulet et de légumes, et plus c'est épicé, mieux c'est. Le *jambalaya* est un plat de riz collant avec de la saucisse, du poulet et des crevettes. Généralement l'assiette de riz et de haricots rouges se suffit à elle-même, bien que l'on y ajoute souvent des oignons. En tout cas, quel que soit votre choix, soyez très prudent avec les sauces pimentées, ou votre visage pourrait prendre une expression hallucinée… *«One Drop Does It!»* disent les Américains («Une goutte suffit!»). Mieux vaut ne pas l'oublier.

Pour accompagner votre plat, la bière de La Nouvelle-Orléans, la Dixie, est le meilleur choix possible. Les alcools locaux sont le Sazerac et le Ramos Gin Fizz. Pour ce qui est du café, avec un mélange de chicorée, la meilleure adresse est encore une fois le **Café du Monde**, dans le French Market. Si vous avez négligé les beignets, tout à l'heure, voilà une bonne occasion de vous rattraper.

La Nouvelle-Orléans ne se limite pas au Vieux Carré et dès que l'on sort de ce quartier on ressent davantage l'atmosphère du Sud américain. Elysian Fields Avenue a bien peu de choses à voir avec les Champs-Élysées, comme Decatur Street avec le boulevard Saint-Germain.

En revanche on retrouve un peu l'atmosphère d'une place parisienne au **Lee Circle**, qui possède une haute colonne surmontée d'un statue en bronze du général sudiste Robert Lee. Le *circle* est desservi par un tramway qui vient de l'intersection de Canal Street et de Carondelet Street. C'est la dernière ligne de tramway de la ville. Une ancienne ligne, du nom de Désir, a été rendue célèbre par la pièce de l'écrivain Tennessee Williams et par le film qu'en a tiré Elia Kazan, *Un Tramway nommé Désir*. Cette ligne avait pour terminus le quartier de Désir, l'un des plus pauvres de La Nouvelle-Orléans. En remontant Canal Street, on atteint le quartier des affaires, **Uptown**. Au croisement de

A gauche, déguisement au Mardi gras; à droite, un tramway nommé Saint-Charles.

Saint-Charles Avenue et de Poydras Street s'élève la haute tour de **1 Shell Square**, un monument de l'industrie pétrolière. A proximité du quartier des banques, on remarque facilement le **Louisiana Superdome**, un stade haut de 52 m, un record mondial dans le genre. Le stade est le siège de l'équipe de football américain des New Orleans Saints.

Le tramway de Saint-Charles traverse le **Garden District**, un îlot résidentiel cossu, en vogue depuis près de cent ans, qui compte quelques superbes demeures d'avant la guerre civile. L'endroit est largement agrémenté d'arbres et de fleurs, des chênes, des azalées, des palmiers et des cornouillers. Les styles architecturaux les plus représentés sont les styles victorien et néo-classique.

Le pont le plus long du monde

Le vaste lac Pontchartrain s'étend au nord de la ville. Il est traversé par un pont gigantesque, le **Lake Pontchartrain Causeway**. Il s'agit d'une structure à deux voies séparées, longue de 39 km, qui domine l'eau du lac de quelques mètres seulement. Durant le trajet, le seul spectacle possible est, à perte de vue, celui de l'eau. A mesure que l'on s'approche de **Mandeville**, la terre apparaît comme une mince ligne bleue que l'on devine à peine. Petit à petit, elle se précise, s'épaissit et se teinte jusqu'à devenir une séparation nette entre le ciel et l'eau. Si vous choisissez de traverser le Causeway, il est préférable de le faire au départ de La Nouvelle-Orléans, pour rejoindre la partie suivante de notre voyage. L'aller-retour risquerait de vous lasser rapidement. Lorsque le Causeway débouche sur terre, il rejoint Mandeville et devient l'US 190. 6 km vers le nord et l'on atteint l'US 12. 58 km vers l'ouest et l'on aborde la capitale de la Louisiane, Baton Rouge.

Le Lake Pontchartrain Causeway.

Un mot encore...

Avant votre départ vous pourriez désirer en savoir plus sur La Nouvelle-Orléans. La ville est fascinante par elle-même, certes, mais elle compte également quelques musées qui méritent une visite. L'**U.S Old Mint** (Decatur Street) en premier lieu: cet ancien hôtel des monnaies a été restauré pour abriter les collections du **Jazz Museum**, ouvert depuis 1982, avec des souvenirs des plus grands musiciens de La Nouvelle-Orléans.

Pour avoir une vue panoramique de la ville, il suffit de vous rendre au 31e étage de l'**International Trade Mart Tower** (Canal Street, sur la rive du fleuve): vous visiterez le **Louisiana Maritime Museum** avant de vous rendre au sommet, équipé d'un bar et d'une plate-forme rotative.

Enfin, pour tout savoir sur l'histoire de la Louisiane, un petit tour au **Louisiana State Museum** s'impose (Pirate's Alley). Vous y verrez un grand nombre de collections historiques, et des souvenirs napoléoniens, dont un masque mortuaire de l'empereur. Mais peut-être préférerez-vous profiter de l'atmosphère de La Nouvelle-Orléans, car vous l'avez certainement remarqué, les Cajuns le disent assez souvent, il faut «laisser le temps rouler» sans s'inquiéter, car le «fais dodo» est roi, et il vaut mieux ne songer qu'à la fête!

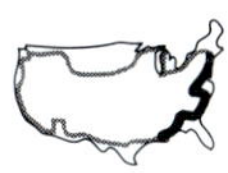

LES BAYOUS DE L'ACADIANA

En quittant La Nouvelle-Orléans par l'Interstate 10 (I 10), vous allez traverser un pays de marécages et de paysages baroques, l'Acadiana, sur la rive sud-ouest du lac Pontchartrain, dans Saint-Charles Parish et Saint-John the Baptist Parish. Vous pénétrez dans une région où l'eau est l'élément dominant. Les bayous, ces rivières étroites et paisibles, généralement entourées de marécages, parcourent comme des veines tout le sud de la Louisiane, l'Acadiana. La région doit son nom aux Acadiens, c'est-à-dire les Français du Canada qui, chassés par les Anglais à la fin du XVIIIe siècle, abandonnèrent la presqu'île de Nova Scotia (Nouvelle-Écosse). Ils s'installèrent dans les marais de la Louisiane, en grande partie sous contrôle espagnol, et furent rejoints par les Français qui fuyaient la République. Le terme d'acadien se transforma pour donner celui de cajun. L'Acadiana s'étend tout le long du golfe du Mexique jusqu'au Texas et à l'ouest du Mississippi jusqu'à Avoyelles Parish. Cette région est surnommée «Le Sud du Sud», et l'on affirme couramment que ses racines africano-méditerranéennes le rapproche plus de la France et des Antilles espagnoles que du Sud américain.

La capitale de la Louisiane

L'I 10 retrouve le Mississippi à **Baton Rouge**, la capitale et le port principal de la Louisiane. L'origine de ce nom est assez flou. Le baton rouge aurait été un tronc d'arbre, teinté par le sang d'un animal qui y était suspendu, ou dépouillé de son écorce. Dans ce dernier cas, il aurait servi à marquer la limite de deux territoires indiens.

Bien que Baton Rouge soit à proximité de l'Acadiana, la ville entretient peu de rapports avec la région, sinon qu'elle l'administre et qu'elle exploite ses richesses pétrolières. L'ambiance ici est nettement «sudiste» et l'accent local est plus marqué et plus traînant qu'à La Nouvelle-Orléans. Même si son atmosphère est celle d'une petite cité agricole, Baton Rouge est un important centre industriel qui possède le second complexe pétrochimique du pays.

C'est certainement ce qui explique la relative désaffection touristique. Du reste, il y a peu de choses à voir ici, excepté les bâtiments gouvernementaux, anciens et récents. L'**Old State Capitol** est un édifice polygonal de style néo-gothique, construit en 1849 sur les rives du Mississippi. **Governor's Mansion**, la résidence du gouverneur, a été édifiée dans le style néo-classique propre à la Louisiane. Celle-ci et la tour du **New Capitol** (datant de 1932) ont été réalisées sous le mandat du gouverneur Huey P. Long (1893-1935), à l'époque de la grande crise économique de 1929. Ce gouverneur, très autocrate, fit construire des hôpitaux, des routes, créa des emplois pour lutter contre le chômage, et leva de lourds impôts sur les fortunes des plus riches. Il fut assassiné en 1935, dans le Capitol, par l'homme de main d'un opposant. Pour beaucoup, il reste l'homme qui a permis à la Louisiane de se développer économiquement.

A gauche, femme cajun sur un bayou ; à droite, puits de gaz naturel à Atchafalaya Swamp.

La richesse de Baton Rouge provient des activités portuaires et de la pétrochimie. Le port, parmi les quatre premiers des États-Unis, est le bassin en eaux profondes le plus avancé dans les terres que l'on puisse trouver dans le golfe du Mexique. Pour le visiteur, la ville semble peut-être inaccessible, repliée sur elle-même, et peu développée culturellement. Elle vaut quand même le détour, ne serait-ce que pour le site qu'elle occupe.

De retour sur l'I 10, vers l'ouest, on laisse le Mississippi derrière soi, et l'on pénètre à nouveau dans l'Acadiana par West Baton Rouge Parish. En abordant Iberville Parish, vous traverserez Grosse Tete, le bayou Maringouin et le bayou des Glaises avant de rejoindre Saint-Martin's Parish à Whisky Bay. Les innombrables plans d'eau autour de l'Atchafalaya River, Lake Pelba, Lake Bigeux et Henderson Swamp entre autres, sont un paradis pour les pêcheurs et offrent un paysage d'une grande beauté.

A la sortie 109, où la State 328 conduit à Breau Bridge, notre itinéraire quitte la route confortable mais un peu ennuyeuse que vous venez de suivre. La progression est désormais plus pénible et, si vous voulez éviter l'aventure, il vous suffit de rester sur l'I 10 et de reprendre le périple à Houston.

Petit Paris

Si la cuisine et la musique cajuns vous intéressent, il vous faut suivre la State 328 au sud de l'échangeur et rejoindre la State 94 pour arriver au **Mulate's Restaurant**, « le plus authentique des restaurants cajuns de Louisiane », et aussi le meilleur d'après les habitants de l'endroit. Vous pourrez ensuite poursuivre votre route sur la State 328, puis la State 31, qui devient la rue principale de la paisible cité de **Breau Bridge**. De là, il suffit de rouler encore une petite vingtaine de kilomètres pour accéder à **Saint-Martinville**, sur le bayou Teche.

Saint-Martinville est l'une des villes les mieux conservées que l'on puisse trouver en Amérique. Cette capitale du pays cajun, ancienne plantation d'indigo et possession espagnole, a été peuplée par

Baton Rouge.

les Acadiens et les Français à la fin du XVIIIe et au XIXe siècle. La **Saint-Martin de Tours Catholic Church** fut élevée en 1765. Au début du XIXe siècle, la vie culturelle de cette petite localité était tellement riche que ses habitants la surnommèrent «Petit Paris». Depuis cette époque, la ville s'est installée dans son rôle de petit port sur le bayou et se contente d'être un centre agricole modeste, aux racines françaises et cajuns évidentes. Les gloires d'autrefois ne sont plus qu'un souvenir, et les habitants de Saint-Martinville se plaisent à raconter des histoires plus ou moins inventées, dans des cafés où l'on sert aussi bien du Coca-Cola que des plats de poisson traditionnels. Près de la moitié des habitants parlent encore le français. Peut-être aurez vous droit à l'histoire d'Emmeline (thème du poème *Evangeline* de Henry Wadsworth Longfellow), qui fit à pied la route de Nova Scotia à Saint-Martinville pour rejoindre son amant Louis Arceneaux. Derrière le sanctuaire de l'église on peut voir la tombe d'Emmeline, et le monument dédié à Evangeline. Enfin pour en savoir plus sur l'histoire des Acadiens, il suffit de se rendre à l'**Acadian House Museum**. En quittant Saint-Martinville vers le sud, la State 31 vous permettra de rejoindre la State 675, qui progresse doucement dans une zone rurale encore peu touchée par la modernisation. Vous y verrez un panneau indiquant *Pigs for Sale* («Cochons à vendre»).

La State 675 finit par atteindre la State 14, qui vous emmène à l'ouest, vers Vermilion Parish et son chef-lieu, **Abbeville**. Deux événements importants se déroulent ici: en octobre le Louisiana Cattle Festival, une grande foire aux animaux, et, en août, le French Market Festival. Abbeville est une charmante petite ville organisée autour de sa place centrale. C'est aussi un carrefour important, à la fois pour la région et pour notre voyage. Sur la place centrale, vous avez le choix entre deux itinéraires: le plus confortable consiste à poursuivre votre chemin sur la State 14 jusqu'à la cité de Lake Charles, où l'I 210 conduit à l'I 10, que vous connaissez. Les voyageurs les plus courageux choisiront l'autre solu-

Exemple de l'élégance de Saint-Martinville.

tion, en prenant la State 82 à l'ouest, vers les chemins les moins fréquentés de la côte du golfe.

Tout au long de la State 82, la distinction entre la terre et l'eau est hasardeuse et la présence du bétail reste le signe le plus sûr de la présence de terre ferme. Plus vous vous approchez des eaux du golfe, plus vous verrez les troncs d'arbres prendre des inclinaisons étranges. C'est le résultat de l'action du vent qui souffle quasiment en permanence, et parfois avec violence. Mais s'ils plient, ils ne rompent pas… Les bas-côtés de la route sont bordés de larges étendues d'eau aux alentours d'**Intercoastal City**, où les carrefours sont poétiquement appelés P-7-26 ou P-6-48. On passe à Intercoastal City avant de franchir l'**Intercoastal Waterway**, un canal qui couvre pratiquement toute la longueur de l'État. Vous traverserez Little Prairie, qui est exactement ce que son nom laisse imaginer. Après Pecan Grove et le Rockefeller Wildlife Refuge, on aborde Cameron Parish. On change de district, mais tout reste identique, les petits cimetières, les chênes, les véhicules qui ressemblent à d'énormes insectes, les hôtels, les restaurants, les stations-service et les marais. Sous White Lake, ces derniers prennent une teinte pourpre, et l'on aperçoit de plus en plus d'étourneaux.

Grand Chenier annonce sa présence par une tour tricolore, puis des panneaux invitant le voyageur à s'arrêter (*Have a Coke!* vous propose-t-on avec beaucoup d'originalité…), et enfin une série de petites églises pittoresques.

Viennent ensuite les signes de la modernité du Cameron Parish: une raffinerie de pétrole à Grand Chenier puis, vers Oak Grove, une succession de bâtiments qui portent la marque Mobil. Enfin, par Creole et Cameron jusqu'à la rive orientale de Calcasieu Lake, on note plusieurs noms de compagnies pétrolières. Les grands puits de pétrole triangulaires et les bâtiments d'exploration pétrolière ont envahi l'entrée du lac. De l'autre côté, une forêt de poteaux électriques est le dernier signe du développement extraordinaire de l'industrie de l'énergie dans les bayous de Louisiane.

Les bayous, le paradis des oiseaux comme des pêcheurs.

LA CUISINE CAJUN

De toutes les traditions culinaires américaines qui sont devenues à la mode depuis le début des années 80, aucune n'a été l'objet d'un engouement comparable à celui pour la cuisine cajun. La raison la plus probable est que les spécialités cajuns, épicées et savoureuses, tranchent avec les plats généralement fades et sans intérêt d'une trop grande majorité de restaurants américains. Avec sa richesse de goût et son «piquant», cette tradition culinaire est certaine de réveiller les palais les plus désabusés!

A l'origine, les Cajuns viennent essentiellement du sud de la France, d'où ils partirent pour fonder la colonie d'Acadie dans l'actuelle Nova Scotia, au XVIIe siècle. Ils y vécurent jusque vers le milieu du XVIIIe siècle, date à laquelle ils furent chassés par les Anglais. Une grande majorité émigra vers la Louisiane, où elle trouva un climat favorable à ses traditions de culture et de pêche. La cuisine cajun plonge ses racines dans la cuisine française et continue d'utiliser quelques-unes de ses techniques de base, comme la préparation de différents roux pour les sauces, et l'utilisation du pain grillé.

Il était tout naturel que la Louisiane devînt la capitale de l'innovation culinaire, tant la nature y est généreuse. Le climat subtropical produit des légumes plus savoureux que ceux que l'on peut trouver dans les régions du Nord. Les tomates créoles sont l'exemple parfait, beaucoup moins acides que leurs cousines du Nord et bien plus riches de goût. L'*okra* et le *mirliton* sont deux garnitures exotiques de la cuisine cajun, que l'on retrouve dans de nombreux plats. Mais il faut aussi mentionner les épices, sans lesquelles cette tradition culinaire ne serait pas ce qu'elle est.

Ces aromates sont utilisés pour relever le plat, et tout l'art du cuisinier cajun consiste à s'en servir sans mettre à la torture le palais de ses clients. Les spécialistes affirment que l'utilisation des épices a une fonction essentielle: faire saliver, et donc rincer la bouche à mesure que l'on mange, ce qui permet de savourer davantage les préparations pendant tout le repas. Les plats cajuns sont préparés avec les produits de base des bayous: riz, poissons, crustacés et coquillages. Le hors-d'œuvre le plus célèbre sont les *huîtres cuites Bienville*, préparées avec des champignons et du jambon. On pourra prendre une soupe, le *gombo*, la plus connue, à base d'okra, de riz, de crevettes et de crabe. Il existe une foule de recettes pour préparer les produits de la mer. Vous aurez le choix, par exemple, entre une bisque d'écrevisses, des barquettes farcies à la chair d'écrevisses, des poissons (barbus, pompanos…) farcis au crabe, etc.

Pour ce qui est de la viande, il faut savoir que le porc a la quasi-exclusivité des cuisines cajuns. Il est préparé en andouille, en fromage de cochon, en boudin blanc, ou en *ponce* (de l'estomac de porc farci de viande et de patates douces). Il est assez étonnant de voir que le boudin rouge est interdit à la vente par le service de santé américain. Le dessert le plus choisi est sans conteste le *bread pudding*, une sorte de pain perdu arrosé de rhum et garni de raisins de Corinthe.

L'EST DU TEXAS

Aucun Américain ne fait exception à la règle: qu'il ait été au Texas ou non, il a en tête une foule d'images se rapportant à cet État. Et ce qui est vrai pour les Américains l'est également pour de nombreux étrangers. La culture américaine de ce siècle a produit une quantité de clichés texans qui se sont particulièrement bien exportés: des cow-boys millionnaires, des ranches, des champs de pétrole, du *rockabilly* sur fond de drapeau texan. La série télévisée *Dallas* a diffusé dans le monde entier une image encore plus frappante de la vie texane, teintée de machiavélisme financier, d'intrigues familiales baignées de scandale, de crime, de gloire et de déchéance…

Ces clichés n'ont à peu près aucun rapport avec la réalité même s'ils ont en eux une petite parcelle de fondement. Le Texas est un État frontière entre l'Est et l'Ouest; la limite serait une ligne imaginaire qui passerait à San Antonio, la plus à l'ouest des grandes villes texanes. Le pouvoir et les richesses colossales de cet État sont concentrés dans un triangle urbain qui réunit Houston, Dallas-Fort Worth et San Antonio. De Galveston à Austin en passant par Houston, notre itinéraire sud parcourt le cœur de la partie est du Texas, en traversant sa grande station balnéaire, son port, et sa capitale.

Sur le golfe

Si vous avez suivi notre itinéraire, vous devez rouler sur la première partie du Texas, soit sur l'I 10, en direction de Houston, soit sur la State 82 qui rejoint Port Arthur. Ceux qui sont dans le premier cas peuvent se rendre à Galveston où ils retrouveront nos indications.

Sur la State 82 qui mène à Port Arthur, il faut prendre la State 87 qui file au sud vers Galveston. Cette route suit une ligne de fortifications édifiées pour protéger le littoral confédéré du Texas contre une invasion des forces de l'Union pendant la guerre de Sécession. Des panneaux indicateurs marquent la présence des forte-

Cérémonie d'ouverture du Wichita Falls Rodeo.

resses avec, à chaque fois, des détails sur les événements qui s'y sont déroulés. Par exemple, le panneau qui vous dirige sur le site de l'ancien **Fort Manhasset** fait mention de la bravoure de Dick Dowling qui, avec quarante hommes, réussit à repousser l'attaque de vingt-deux navires de guerre fédéraux. On apprend aussi que cette armada, rejetée à la mer, dut affronter l'une des terribles tempêtes qui secouent encore le golfe. Au début des années 80, la mer réduisit la State 87 à l'état de chemin boueux pendant plus de deux ans. La State 87 croise les extraordinaires contrastes de la frontière de la Louisiane: les puits de pétrole et les installations pétrochimiques qui côtoient les réserves naturelles les plus grandioses. Après Sabine Pass, les grandes plaines s'étendent au nord de la route; le golfe du Mexique est à quelques mètres au sud. Et votre pare-brise risque d'être couvert par une nuée d'insectes. Après le *Breeze In Again Stop* annoncé par un panneau sur lequel on lit *Stop! Junk Food, Tires* («Stop! Plats minute, Pneus»), on traverse une succession de petites localités comme **Crystal Beach** (huit cents habitants seulement), qui ont toutes un programme d'urbanisation en cours. Canal City, Pelican Points, Driftwood et Whispering Pines sont quelques-unes de ces zones autour de **Gilchrist**. L'envie vous prendra peut-être de sortir la canne à pêche et d'aller sur un ponton respirer un peu l'air marin en profitant du soleil, qui paraît plus gros et plus lumineux.

Enfin, une centaine de kilomètres au sud-ouest de Sabine Pass, la route aboutit à Port Bolivar, et au bac qui conduit à **Galveston**.

A première vue, lorsqu'on descend Ferry Road (2e rue) jusqu'à Seawall Boulevard, on dirait que Galveston est une cité du sud de la Californie. Les rues sont spacieuses, la coloration saumon et les palmiers créent assez bien une certaine atmosphère *West Coast* qui se poursuit jusqu'à Broadway (Avenue J), Avenues O 1/2 et N 1/2. Mais à partir de ce point, l'aspect néo-classique des bâtiments rappelle immanquablement le Sud, et l'on retrouve toute l'atmosphère du golfe dès que l'on atteint Seawall Boulevard.

Crépuscule sur le golfe.

Galveston fut une station balnéaire réputée au début du XIXe siècle, qui connut une forte croissance économique dans les années qui suivirent la fin de la guerre de Sécession. La cité devint ainsi le premier centre manufacturier du Texas et, dès 1889, le plus grand port cotonnier du monde. Les grandes maisons commerciales des firmes de cette époque expliquent pourquoi le Strand reçut le nom de « Wall Street du Sud-Ouest ». Galveston posséda le premier réseau téléphonique du Texas, le premier journal, les premiers équipements électriques, le premier parcours de golf, etc. La cité fut aussi l'une des bases (avec La Nouvelle-Orléans) du pirate Jean Lafitte.

La ville est restée un important centre de pêche, mais elle s'est également consacrée aux activités touristiques, principalement pour accueillir les habitants de Houston en mal de vacances au bord de la mer. On trouve ici plus d'une cinquantaine de kilomètres de plages, dont les plus célèbres sont celles qui s'étendent le long de Seawall Boulevard. Les reflets grisâtres du sable ne sont pas du plus bel effet, et les eaux ne sont pas aussi chaudes qu'ailleurs, mais les Houstoniens s'y précipitent.

Anciennes richesses

La plus belle architecture de la ville peut être admirée dans un quartier, **East End Historical District**, approximativement bordé par Broadway, Mechanic Street, la 19e et la 11e rue. On y découvre un grand nombre de demeures victoriennes avec quelques résidences de style *pueblo*. En fait, les influences architecturales sont mélangées et les connaisseurs peuvent remarquer des traces d'architecture néoclassique, Renaissance, ou italianisante. Outre les bâtiments, le quartier doit sa beauté à l'extraordinaire végétation qui lui apporte sa fraîcheur. En déambulant dans les ruelles, vous aurez une bonne idée de la façon dont les riches Texans utilisaient autrefois leurs richesses, notamment dans **Post Office Street** et **Church Street**. Et en comparaison, vous pourrez aussi remarquer ce que les « nouveaux riches » font de la leur à Houston…

Ashton Villa, à Galveston.

Dans le centre ville, **The Strand** a connu le banal phénomène de «rénovation à des fins commerciales». Si l'avenue retrouve peu à peu le charme qu'elle avait il y a une centaine d'années, les maisons d'époque abritent aujourd'hui les galeries d'art, les restaurants, les boutiques de mode et les bars habituels. Ce développement contente certainement les touristes mais il est loin de plaire à tous les habitants, qui ont parfois des réactions à la limite de l'hostilité.

Au bout du compte, le projet de rénovation aura au moins servi à préserver quelques bâtiments somptueux. Mais on trouve un visage de Galveston plus authentique en allant voir le bâtiment de l'**American National Insurance Company** (une véritable horreur n'hésitent pas à dire certains), sur la 19e rue, entre Mechanic et Market Streets. Les habitants de la ville doivent cette réalisation à William Lewis Moody Jr., le fondateur de la compagnie d'assurances de la City National Bank et de bien d'autres entreprises au début du XXe siècle. En revanche, le bâtiment de la **City National Bank** (1921), sur Market Street, est un édifice de style qui abrite désormais les collections du **Galveston County Historical Museum**.

Si l'époque antérieure à la guerre de Sécession vous séduit, il faut vous arrêter à **Ashton Villa**, au 2328 Broadway, qui date de 1859 et qui est peut-être la plus belle résidence de la ville. Ce sera votre dernier aperçu de l'ancien temps avant de continuer votre chemin sur Broadway en direction du nord-ouest, et de prendre l'I 45 vers le nord pour rejoindre Houston, métropole surpeuplée et dédiée aux compétitions de la modernité.

Houston : à l'heure de la conquête de l'Espace

Il aura fallu peu de temps à Houston pour devenir la quatrième ville des États-Unis. Chaque année des dizaines de milliers de nouveaux arrivants repoussent encore les limites de l'agglomération, dont personne d'ailleurs ne s'occupe plus. Les bureaux se construisent de façon anarchique, sans aucune politique d'urbanisme. L'heure est

*La figure de proue de l'*Elissa.

à l'urgence. Houston a largement misé sur l'exploitation du pétrole et du gaz naturel, mais également sur le caoutchouc, les matières plastiques ou le soufre. Malgré tout, le succès a son revers: Houston pourrait bien être frappée d'une crise de gigantisme car sa croissance prodigieuse dans les années 70 s'est interrompue au moment de la crise pétrolière, et une bonne partie des immenses gratte-ciel est actuellement inoccupée. Avec son dynamisme et son ambition, le second souffle ne va pas tarder à ranimer la ville.

Pour la plupart des visiteurs, Houston est étroitement associée avec la Nasa: le **Lyndon B. Johnson Space Center**, créé en 1962, est le centre de contrôle des vols habités. C'est de là que les opérations ont été dirigées quand le premier homme a marché sur la Lune. Ce complexe, qui constitue un bon point de départ pour explorer la ville, se trouve sur Nasa Road, près de l'I 45, à environ 40 km au sud de Houston (et 45 au nord de Galveston). Vous pourrez y voir des minerais rapportés de la Lune, des capsules spatiales, des modules lunaires, des expositions sur les différents programmes spatiaux qui ont été réalisés, et le centre d'entraînement et de simulation des astronautes qui effectuent des missions dans l'espace.

En route vers Houston à bord de votre vaisseau personnel, vous êtes quasiment obligé de faire un arrêt au **Tranquility Park**, qui complète la visite précédente. Le parc (à Bagby Street et Walker Street) a reçu son nom en référence à la mission Apollo de 1969. Il s'agit d'une aire dessinée en hommage au programme spatial des États-Unis. Des cratères et des monticules ont été disposés autour de la pièce centrale, un monument qui représente cinq cylindres dressés, ruisselant d'eau, qui évoquent l'instant du décollage...

Et si l'on compare Tranquility Park avec les quartiers environnants, on est bien obligé d'admettre qu'il mérite son nom.

Ce parc moderniste célèbre aussi le développement économique de la ville elle-même, par rapport à l'époque où elle fut fondée sur le Buffalo Bayou (en 1836).

Tranquility Park.

Au sud-ouest de Tranquility Park, à l'intersection de Bagby et Lamar Streets, se trouve l'entrée du **Sam Houston Park**, baptisé (comme la ville) en hommage au héros de la Révolution du Texas. Le parc a été tracé le long du cours du bayou, sous les autoroutes et les échangeurs qui encombrent le centre ville. On trouve pourtant dans cet espace vert quelques bâtiments historiques évoquant un passé qui semble avoir disparu des mémoires. Parmi les édifices reconstruits ici, on peut voir l'ancienne rue commerçante, **Long Row**, et visiter le **Museum of Texas History**. Des visites guidées sont organisées par la société de préservation qui est responsable de ce site historique.

Autre havre de tranquillité, **Rothko Chapel**, qui se trouve dans le **Museum District**, dans la partie sud-ouest de la ville. Dressée dans un quartier résidentiel, à l'intersection de Yupon Street et de Sul Ross Street, cette chapelle, conçue par le peintre américain Mark Rothko, est un lieu de méditation ouvert à toutes les confessions sans distinction. Devant la chapelle s'élève une sculpture de Barnett Newman, *Obélisque brisé*, dédiée à la mémoire de Martin Luther King.

L'intérieur, décoré par Mark Rothko, abrite quatorze grandes œuvres de l'artiste, dont neuf sont disposées en triptyques. La lumière provient d'une ouverture octogonale avec un disque noir, entourée d'une structure en forme de tente. Les visiteurs ont à leur disposition une série de livres religieux de tous les pays du monde et de tous les cultes possibles, de quoi échapper un moment aux tumultes d'une ville vouée à l'acquisition effrénée de biens terrestres…

Richesses artistiques et cultuelles

Le développement économique de Houston est profondément lié à l'acquisition de trésors artistiques, depuis les années 70. Le **Museum of Fine Arts**, situé au croisement de Bissonet Street et de Main Street, n'est qu'à quelques minutes en voiture de la chapelle dont nous venons de parler. Ce musée rassemble plusieurs collections d'arts anciens et modernes parmi lesquelles des

Superposition 'architectures à Sam Houston Park.

toiles de grande valeur. Au rez-de-chaussée sont exposées des œuvres représentatives de la peinture et de la sculpture américaine contemporaine, dont certaines toiles de Mark Rothko. Le sous-sol abrite un bel assortiment consacré aux arts ethniques, avec des objets illustrant l'art précolombien, des poteries péruviennes et un ensemble consacré aux Indiens d'Amérique. Le reste rassemble des œuvres d'art africaines ou extrême-orientales. Le premier étage présente les arts européens jusqu'au XIXe siècle, avec la peinture flamande, la peinture italienne, des impressionnistes et des post-impressionnistes (des toiles de C. Monet, A. Renoir, G. Seurat, Matisse, Cézanne, etc.). La diversité est ici organisée avec beaucoup de goût, et les collections ne cessent de s'enrichir au fil des ans.

De l'autre côté de la rue s'ouvre le **Contemporary Arts Museum**, fondé en 1948 pour présenter l'art contemporain en général, et plus particulièrement les œuvres qui sont liées à Houston. Non loin de là, à l'entrée de **Hermann Park** on peut accéder au **Museum of Natural Science**. Le quartier fourmille de galeries d'art et, assez curieusement, de très nombreux lieux de culte (presbytériens, méthodistes, scientistes...). On trouve aussi les francs-maçons, à la **Masonic Lodge** de Montrose. Cette loge, qui se situe un peu au nord du Contemporary Arts Museum, est la plus ancienne du Texas.

Chacun aura son opinion en ce qui concerne la prolifération des lieux de culte dans le Museum District. Ils représentent vraisemblablement une réponse au «capitalisme rampant» des quartiers du centre de Houston. Mais quelle réponse ? Ils font en tout cas partie intégrante de la richesse culturelle de la ville, et il serait vain de vouloir en sous-estimer l'importance.

Houston et le Texas

Bien que leur ville ait clairement fait le choix du cosmopolitisme, les habitants de Houston n'ont pas oublié qu'ils étaient avant tout texans. On voit toujours dans les rues des hommes qui portent le cha-

A gauche, contre-plongée sur un gratte-ciel de Houston; salle de contrôle du Johnson Space Center.

peau et les bottes de cow-boy, même s'ils sortent d'une confortable limousine en plein cœur du centre ville. Le milieu des affaires ne suit pas ici les mêmes modes vestimentaires qu'à New York. Il suffit de se promener dans les deux villes pour en être convaincu.

Les clubs et les restaurants de Houston sont eux aussi totalement différents. L'atmosphère y est nettement imprégnée du Sud et la plupart des établissements en font d'ailleurs leur principal argument pour attirer les clients.

Le bar le plus célèbre de la ville est le **Gilley's Club** à Pasadena. Il est tenu par un musicien de country-western, Mickey Gilley, qui est aussi le cousin de Jerry Lee Lewis (une star du rock'n roll). Tous les grands noms du country se produisent ici le vendredi, Roger Miller, Conway Twitty et Tom T. Hall pour ne citer que les plus réguliers. Le samedi, un rodéo est organisé dans l'arène du bar, et toute la semaine on peut tester ses talents de cow-boy sur un taureau mécanique (qui n'est pas plus docile que ses congénères de chair et d'os).

La cuisine tex-mex

A la suite de son enrichissement, Houston a importé un grand nombre de spécialités culinaires étrangères, éthiopienne, polynésienne, etc. Ceci n'empêche pas les Texans de préférer leur bon vieux steak. Voilà pour le *tex*. Maintenant il faut aussi parler des spécialités mexicaines (le *mex*), absolument délicieuses, qui feraient honte à tous les soi-disant restaurants mexicains de New York ou de San Francisco. La cuisine *tex-mex* est donc un mélange qui réunit la viande du Texas avec les épices et les garnitures typiquement mexicaines. A ne pas manquer.

Il existe encore une belle illustration à Houston de ce que l'argent permet: l'incroyable **Astrodomain**. Cette ville dans la ville comprend le gigantesque bâtiment circulaire de l'Astrodome, avec un stade de plus de soixante mille personnes, l'Astroworld, un parc d'attractions géant avec plus de cent manèges tous plus incroyables les uns que les autres, l'Astrohall et l'Astroarena, ainsi qu'un centre d'expositions et un stade

Apprenti cow-boy sur le taureau mécanique du Gilley's.

pour les rodéos. Enfin, l'Astrovillage forme un vaste ensemble commercial qui comprend plusieurs hôtels. Houston regorge de centres commerciaux véritablement hors de prix, qui approvisionnent les quartiers les plus excentrés en marchandises variées. Une manière pour les nouveaux riches d'afficher les marques les plus voyantes de leur succès. Circuler dans la ville est particulièrement facile à condition de vous munir d'un bon plan. Les directions sont bien indiquées et vous aurez rapidement l'impression que Houston est plus petite qu'elle ne l'est en réalité. L'abondance de panneaux indicateurs est d'autant plus appréciable que l'usage dans le Sud est d'en mettre le moins possible sur les routes. Dernière remarque: les panneaux jaunes triangulaires qui recommandent aux conducteurs *Drive Safely* («Conduisez prudemment»), sont transformés à Houston en *Drive Friendly* («Conduisez amicalement»). Un clin d'œil des Texans qui n'oublient pas que le nom Texas vient de l'espagnol *tejas*, qui qualifiait certains Indiens et qui signifie amical.

Le ranch country et Austin

Après avoir quitté Houston par l'I 610, la State 290 vous conduit vers l'ouest jusqu'aux plaines et aux collines du *ranch country*, à l'intérieur du triangle Houston-Dallas-San Antonio. On atteint ensuite les zones boisées qui entourent **Austin**, la capitale de l'État et le siège du plus grand campus du Texas.

Moins connue que les autres villes du Texas, Austin est peut-être la plus agréable et la plus intéressante, parce qu'elle a conservé les traces de son passé (ses monuments ont été soigneusement restaurés), et parce qu'elle a su préserver des dimensions humaines, malgré une croissance rapide qui menace quelque peu les anciens espaces verts.

On arrive à Austin par un trajet peu plaisant sur l'I 35, l'US 280, l'US 81 (après la State 290), et l'on se trouve soudain aux abords de la ville, pris dans le trafic routier presque par surprise. A la différence de Houston, Austin est assez ramassée sur elle-même, ce qui facilite la visite. Si vous sortez de l'I 35 entre

Ci-dessous, élevage au Texas; à droite, Tom Landry, l'entraîneur des Dallas Cowboys.

DALLAS

Unique aux États-Unis et dans le monde, la ville de Dallas fut fondée en 1841 par John Neely Bryan, en bordure de la Trinity River. Ce dernier y établit un comptoir commercial, avec l'espoir que Dallas deviendrait un port de première importance, ce qui ne se réalisa jamais. L'initiative de Bryan aurait été un fiasco total si, dans les années 1870, le chemin de fer n'était passé par là, grâce à des interventions politiques incessantes... et à la distribution de pots-de-vin conséquents.

C'est peut-être parce que Dallas, perdue au milieu de la plaine texane, désespérément plate, n'avait en fait aucune raison d'être, que les pionniers se battirent avec acharnement pour sa survie. Les valeurs liées à la persévérance, au courage, à l'esprit d'initiative et au travail sont d'ailleurs loin d'être oubliées. Dallas est la ville de toutes les audaces, de toutes les transformations. Jamais elle n'a été abattue par la récession, sachant toujours trouver de nouvelles activités et de nouveaux débouchés. A Dallas, personne ne s'avouera jamais vaincu. Ici le passé ne compte pas. Seule compte l'initiative immédiate, le *Making it here and now*, l'unique moyen envisagé à Dallas pour s'aggrandir, s'améliorer et s'enrichir.

Cette mentalité quelque peu glaciale est tempérée par la vie culturelle locale, largement financée par les grandes firmes de la ville. Elle retient les visiteurs et les touristes qui n'ont pas grand-chose à voir dans la cité, car les monuments sont rares. Ainsi, la plupart se rendent au **Dallas Theater Center**, dessiné par Franck Lloyd Wright, ou au **Music Hall**, dans State Fair Park, le siège du Dallas Symphony Orchestra (au printemps) et du Civic Opera (à l'automne). Enfin, le **Dallas Museum of Art**, est le dernier grand rendez-vous culturel de la ville, avec des collections artistiques très diverses.

Le meilleur moment pour visiter Dallas est certainement l'automne et le début de l'hiver, date à laquelle le football américain devient la folie collective des habitants de la ville. Il est fascinant pour un Européen de voir l'engouement de tous pour ce sport: les Dallas Cowboys (l'équipe locale) sont de véritables héros, et le football américain semble être l'activité la plus noble qu'un homme puisse pratiquer.

Impossible de terminer sans parler de la série télévisée *Dallas*, dont la popularité fut aussi grande aux États-Unis qu'en Europe. En fait cette série a peu de rapports avec la réalité. **South Fork Ranch** ne se trouve pas dans la ville, mais à une soixantaine de kilomètres à l'est. Il n'y a pas de grands ranches à proximité de Dallas, ni de puits de pétrole. Tout cela est pure invention. Il n'en reste pas moins que South Fork est l'endroit le plus fréquenté dans la région, après D/FW, le Dallas-Fort Worth Regional Airport.

Il n'est pas question de vérité historique dans *Dallas*. Le scénariste n'avait d'ailleurs jamais mis les pieds dans cette contrée avant de réaliser cette série, qui est cependant le reflet de l'état d'esprit de cette ville très particulière. Ou peut-être de l'image que les Américains en ont, ce qui expliquerait un tel succès.

Martin Luther King Boulevard et les 8e et 3e rues, vous vous trouverez en plein cœur du centre ville. La partie intéressante à visiter s'étend de la 1re rue et de la Colorado River à la 24e rue et à la **University of Texas**, le long de Guadalupe Avenue.

Tous les Texans reconnaissent qu'Austin est en train de devenir la «Silicon Valley du Texas». Le temps où cette ville était une sorte de capitale hippie est bien loin; maintenant les firmes de haute technologie et les instituts financiers s'y installent les uns après les autres. De toute évidence, Austin a commencé à changer de visage par rapport à l'époque où l'on privilégiait le cadre de vie et les rapports communautaires au détriment de la réussite sociale et de l'individualisme. Cette transformation est perceptible en parlant avec les habitants de la ville, mais elle se voit également en marchant dans les rues. De plus en plus de quartiers deviennent des paradis du commerce, tandis que les bars et les lieux de rencontre disparaissent les uns après les autres. L'exemple le plus frappant est celui de la 6e rue, ce grand quartier convivial et animé des décennies précédentes, qui s'est nettement assagi depuis les années 80, même si l'on y trouve encore des bars agréables. L'University of Texas, avec ses cinquante mille étudiants, permet de maintenir un équilibre viable. Grâce à elle, un bon nombre de bars, de restaurants, de librairies, de salles de concerts ne sont pas prêts de disparaître, comme le **Scholz Garten**. La fondation de cet établissement remonte à 1866, seize années avant le début des travaux du Capitol. Malgré les changements de propriétaires, les réfections diverses et les polémiques avec les autorités, Scholz Garten est resté un endroit convivial où l'on trouve de bons plats, de la musique, et où l'on peut danser. Cela n'est plus si fréquent.

Le Scholz Garten se trouve dans le voisinage du **State Capitol** et de l'université, les deux pôles de la ville. Vous ne pourrez pas manquer le State Capitol, construit en granit rose comme un grand nombre de bâtiments du Texas. L'intérieur, classique et blanc, est organisé autour de la rotonde qui rend hommage aux six États qui ont exercé leur souveraineté sur le Texas (Espagne, France, Mexique, États confédérés, États-Unis, et république du Texas). Au sommet de son dôme brille une étoile, symbole du Texas, qui représente son indépendance et sa singularité. L'endroit est cerné par les portraits des gouverneurs qui se sont succédé, et des couloirs partent de la rotonde vers les différents bureaux administratifs.

Pour le reste, il vous suffit de vous promener dans la ville en passant par **Bredmond District**, l'un des quartiers les plus anciens, **Old Pecan Street**, l'une des artères très animées, et de trouver les endroits intéressants encore nombreux!

La scène musicale d'Austin est très vivante. Tous les styles musicaux sont représentés et, dans tous les night-clubs ou presque, des concerts sont régulièrement programmés. La vie culturelle d'Austin comprend aussi une foule d'événements théâtraux et littéraires, des librairies d'excellente qualité, des magasins de musique, etc. Quel que soit le temps que vous passerez ici, vous n'aurez certainement pas l'occasion de vous ennuyer.

A gauche, chapeau texan chargé de badges; à droite, la tour de l'université d'Austin.

L'OUEST DU TEXAS

De toutes les villes du Texas, El Paso et San Antonio sont les plus anciennes et cette dernière est celle qui conserve les traces les plus importantes de son passé. Ce fut à San Antonio que naquit le Texas américain, presque entièrement massacré par les Mexicains à Alamo. Quant à El Paso, ce fut la première mission espagnole de l'État. Désert montagneux pratiquement nu mais d'une beauté étonnante, le **Trans-Peco Texas** sépare San Antonio d'El Paso. L'effet de ce paysage est d'autant plus spectaculaire qu'il contraste avec les métropoles ultramodernes de la partie est du Texas. Dans ces villes, à la différence de Galveston, Houston ou Austin, la culture hispanique ne s'est jamais éteinte, bien au contraire. El Paso et sa cousine Juarez peuvent être présentées comme des cités mexico-américaines, deux portes ouvertes vers le Sud-Ouest américain.

Le souvenir d'Alamo

La route (l'I 35 vers le sud) qui vous emmène à **San Antonio** traverse une belle région de plaines et vous offre un trajet de 130 km très agréable et varié. San Antonio, «Le berceau de la liberté texane», fut la capitale espagnole du Texas, avant que le Mexique n'obtienne son indépendance en 1821 et n'ouvre ces territoires à quiconque serait à même d'en tirer profit. Les colons américains ne se firent pas prier. Après Stephen Austin, une foule de pionniers suivit, environ deux mille cinq cents personnes de souche européenne. A partir de 1836, il y eut trente mille Anglo-Saxons, cinq mille Noirs et quatre mille Mexicains.

Lorsque les Espagnols arrivèrent dans la vallée de la San Antonio River, aux environs de 1680, ils y trouvèrent les Indiens payayas, des chasseurs qui complétaient leurs prises de gibier par la cueillette des fruits du pacanier et du figuier de barbarie. Les Payayas collaborèrent immédiatement avec les colons, mais les Apaches, qui contrôlaient les plaines au nord de San Antonio, et surtout les Comanches, restèrent toujours sur leurs positions et ne cessèrent de représenter une menace pour les Blancs.

Les Espagnols installèrent en 1718 une mission sur la rive ouest de la San Antonio River. La mission San Antonio de Valero, plus connue sous le nom d'**Alamo**, fut déplacée sur la rive est et ferma en 1793. Des troupes mexicaines furent affectées dans l'ancienne mission pour protéger les pueblos autour de la rivière. C'est à ce moment qu'elle fut rebaptisée *El Alamo* («le peuplier») et devint une forteresse de toute première importance.

Héros jusqu'à la mort

La célébrité d'Alamo date de la bataille qui opposa, en 1836, les cinq mille hommes du président mexicain, le général Antonio Lopez de Santa Ana, à cent quatre-vingt-sept Américains, devenus des martyrs de l'histoire des États-Unis. Comme l'écrivit un historien américain, *«tous sont morts en une heure de temps; pourtant les héros d'Alamo sont immortels»*. «Rappelez-vous Alamo!» fut le cri de guerre des Texans lors de la Révolution qui aboutit à l'indépendance et à la fondation de la république du Texas, en 1836.

Depuis cette date, Alamo et San Antonio sont restées d'importantes destinations touristiques. Sur la **Plaza de Armas**, dans le City Hall, une plaque rappelle qu'à l'époque de la république du Texas (1836-1845), la cité abritait déjà un important marché comptant *«des vendeurs de légumes, d'œufs frais, de chili, et de poulets vivants. Les musiciens de rue se mêlaient aux voyageurs, aux vendeuses d'oiseaux chanteurs et aux pickpockets...»*.

Les touristes continuent de se rendre à l'endroit où ont été érigés un tribunal (surnommé **Bat Cave**) et l'hôtel de ville. L'ancien marché est toujours dans les parages, sur **Market Square** où l'on trouve une allée de restaurants et de boutiques, **El Mercato**, et un marché aux fruits et aux légumes, **Farmers Market**. Il est resté très populaire.

Le grand rendez-vous touristique de la ville est sans conteste Alamo, dans la partie est du centre ville. L'église, restaurée, est consacrée à la mémoire des héros de

Pages précédentes : contreforts des Chisos Mountains ; à gauche, la mission San José de San Antonio.

la bataille; on y trouve un musée, une bibliothèque et un jardin botanique. Une plaque demande aux visiteurs de rester silencieux et calmes pour respecter la mémoire des morts; mais la consigne est loin d'être respectée… Comme les photos sont interdites dans l'église, les touristes n'y restent qu'un court instant, et préfèrent le jardin ou la boutique de souvenirs. On y trouve toute la panoplie habituelle, frappée de l'écusson d'Alamo: les jeux de cartes, les stylos, les assiettes, les drapeaux, les sacs, les poupées et le chapeau de Davy Crockett (qui a participé à la bataille).

Bref, au bout d'un moment l'atmosphère qui règne sur le site risque de devenir étouffante. La meilleure façon de s'en échapper, est de sortir sur **Alamo Square** et de gagner le **Paseo del Rio**, une promenade au bord de la San Antonio River. La présence de hauts immeubles gâche parfois un peu l'endroit, mais la végétation subtropicale et les petits ponts en dos d'âne lui donnent un charme incontestable. La promenade est bordée d'un grand nombre de restaurants, de terrasses de bars et de boîtes de nuit; vous pourrez passer de bons moments à regarder les bateaux aller et venir.

La courbe sud-est de la rivière sépare la scène de l'**Arneson River Theatre**, des gradins des spectateurs. Le théâtre est une belle structure de style espagnol, avec des arches en pierre et des cloches. Par les pelouses on gagne **La Villita** («La petite ville»), une reconstruction fidèle du quartier le plus ancien de San Antonio. La Villita est essentiellement une vitrine de prestige pour les artistes, les artisans et les galeries d'art. En vous promenant vous y verrez certainement (comme dans d'autres endroits de la localité) un grand nombre de militaires: San Antonio ne compte pas moins de quatre bases aériennes et une base d'infanterie.

En dehors des sites que nous venons de mentionner, le centre ville de San Antonio est dominé par la communauté mexico-américaine qui lui donne une atmosphère très particulière. On trouve aussi des résidents d'autres origines, notamment des Allemands, des Italiens, des Libanais et des Grecs. Pour avoir une

Le Paseo del Rio, à San Antonio.

bonne idée de la cité cosmopolite, le mieux est de se promener librement hors des sentiers battus. Alors munissez-vous d'un plan de la ville et oubliez Alamo…

Paysages montagneux

A San Antonio débute la portion la plus rectiligne de l'itinéraire sud; du centre ville précisément, puisque le plus simple pour rejoindre l'I 10 consiste à suivre Commerce Street. Une fois que vous êtes sur l'interstate, vous verrez que les quartiers les plus développés de la ville disparaissent vite au profit de zones récemment urbanisées. On atteint ensuite les forêts qui entourent, juste en dehors des limites de l'agglomération, la **University of Texas at San Antonio**.

A partir d'ici, et pendant 908 km, c'est-à-dire le trajet qui traverse tout l'ouest du Texas jusqu'à El Paso, vous ne verrez plus aucune grande ville. Seules quelques localités d'éleveurs interrompent de temps en temps les immenses étendues de rochers, de plaines et de montagnes que vous allez traverser. Mieux vaut vous y préparer à l'avance, car sur la première partie du trajet tout au moins, les points de ravitaillement sont rares, et il est préférable de ne pas les manquer si vous ne voulez pas tomber en panne d'essence, coucher dehors, ou jeûner. A partir de **Fort Stockton**, à 220 km d'El Paso, tout devient plus facile.

Il faut bien dire que ces petits inconvénients valent vraiment la peine tant les paysages que vous allez voir de part et d'autre de cette route isolée sont grandioses. Une fois que vous avez franchi les limites du Kendall County, une quarantaine de kilomètres au nord-ouest de San Antonio, vous êtes dans le pays des *mesas*, ces petits plateaux rocheux qui brisent la ligne d'horizon, et forment des taches de couleur vert sombre en effleurant le ciel bleu. A l'approche de **Comfort**, à la frontière du Kerr County, on atteint les premières côtes (et les descentes) qui parsèment cette région d'élevage et de prospection pétrolière.

Comfort est en fait une succession de fermes, et un havre pour les daims qui surgissent parfois au bord de la route. Les

Alamo illuminé.

couleurs sont ici étonnantes. Entre Comfort et **Welfare**, le relief se précise, puis en allant vers **Kerville**, la route traverse directement ces monts rocheux.

Après une courte portion où le relief s'élève un peu et les collines se dressent au milieu des pâturages, l'I 10 traverse les montagnes du Kimball County près de **Junction**. Rapidement on redescend vers la **Llano River Valley**, une dépression investie par les troupeaux qui paissent, indifférents à la circulation. A partir de ce moment, l'I 10 se met à suivre le tracé du Texas Pecos Trail, l'ancienne route des pionniers à travers le pays des cactus du sud-ouest du Texas.

La plaine aride

Après avoir traversé deux cours d'eau, Bear Creek et Stark Creek, les collines se dénudent de plus en plus. On atteint rapidement **Sonora**, dont les grottes sont rien moins que *The Most Beautiful in the World* («les plus belles du monde»). Ce n'est que le premier d'une longue série de superlatifs attachés à ce désert.

Après Sonora le paysage est assez peu spectaculaire. Les plaines sont très dépouillées, désespérément planes, et le seul intérêt, quasiment, est d'observer les lézards ou les grosses araignées qui peuvent courir sur la route…

Au milieu de ces terres s'élève **Ozona**, *The Biggest Little Town in the World* («Le plus grand des villages du monde»). Au bout de cette étendue aride, les *mesas* et les sommets réapparaissent à l'horizon et produisent encore des teintes superbes. Ensuite la voie coupe de larges dalles rocheuses et pénètre dans de grandes vallées avant de gagner la Pecos River. Aux abords de Fort Stockton, les reliefs de Twelve Mile Mountain et de Pikes Peak se dressent au sud.

Au petit matin, les grandes chaînes qui suivent Fort Stockton, les **Glass Mountains** et les **Barilla Mountains**, ont une allure presque fantomatique, mais plus tard elles se teintent de gris, de marron et de vert. Au sud, sur les herbages, on trouve toutes les espèces du bétail: l'ensemble constitue une palette de couleurs d'une grande beauté.

Le gigantisme du Texas.

Les Apache Mountains

Tout de suite après avoir dépassé les cortèges de camions qui sont garés aux abords des restaurants routiers, on atteint le **Reeves County**; la route forme une sorte de ligne de partage entre les herbages au sud, et les étendues cultivées au nord (on remarque nettement que l'herbe est plus verte). Les Apache Mountains s'élèvent à quelque distance, plus nettes maintenant, et fortement sculptées par les eaux qui recouvraient autrefois les plaines. Un peu plus loin, on distingue les signes d'une immense industrie pétrolière qui s'est développée entre Fort Stockton et le **Big Bend Park**, un parc national en bordure du Mexique, à l'intérieur de l'arc de cercle décrit par le Rio Grande.

A **Van Horn**, le paysage prend des allures déchiquetées; les buttes qui bordent la route ont l'air d'autant plus petites qu'elles se détachent contre les chaînes montagneuses Apache et Van Horn. La cité de Van Horn apparaît comme une oasis après les terres désolées qui la précèdent. C'est l'occasion de vous restaurer et de vous reposer. Les plateaux et les montagnes continuent de se dresser au milieux des terres arides. A **Allamore** on change de fuseau horaire (on est alors dans la *Mountain Time Zone*). La route se rapproche de la frontière mexicaine et de la **Sierra Blanca**, au sommet (2 101 m) duquel se trouve un site préhistorique. A **Esperanza**, vous n'êtes qu'à quelques kilomètres du Mexique et, à partir d'ici, l'I 10 prend la direction du le nord-ouest, le long de la frontière. Vous êtes également au bout de votre périple puisque **El Paso** se dessine enfin.

La ville frontière

Alors que San Antonio a bénéficié de la réfection de ses quartiers historiques, El Paso n'a pas eu la même chance, sans doute parce qu'il ne pouvait se prévaloir d'un site aussi prestigieux qu'Alamo. Toutefois de gros efforts ont été réalisés pour préserver certains monuments de la ville, alors que sa cousine **Ciudad Juárez**, au bord du **Rio Grande**, avait plus de chances d'attirer les touristes.

Vaches et cow-boys.

El Paso, qui s'étend au pied des Franklin Mountains, est la plus ancienne colonie européenne du Texas, puisque les premières missions s'y installèrent à partir de 1598. Juan de Oñate conduisit en effet une expédition destinée à explorer les territoires du Nouveau-Mexique et découvrit *El Paso del Norte*, «La Route du Nord». Les Espagnols établirent aussi des ranches dans les alentours de la nouvelle cité. Mais en 1848, la soumission du Texas à l'armée américaine divisa la colonie en deux parties: El Paso, du côté américain, et Juárez du côté mexicain.

La situation d'El Paso en a fait une plaque tournante stratégique depuis des lustres, notamment à l'époque de la «ruée vers l'or», quand les prospecteurs traversaient la région pour chercher fortune en Californie. Réfugiés, *desperados* et touristes s'y sont tous rencontrés. Les grandes figures de l'histoire locale sont généralement des personnages d'épopées; leur histoire est faite de chevauchées dans le désert et de fusillades, ainsi le shérif Dallas Stoudenmire et John Wesley Hardin.

El Paso est, à cause de son climat sec, une ville de poussière. Il pleut pourtant, mais en quantité insuffisante pour assouplir la terre. Les puits sont rares dans la ville et le centre est assez pauvre.

De l'autre côté de la frontière

Mieux vaut franchir la frontière et passer au Mexique, dont Ciudad Juarez est l'une des plus grandes villes. On peut s'y rendre en voiture ou à pied. En voiture, le **pont de Stanton Street** franchit le Rio Grande vers le sud, et dans l'autre sens il faut prendre celui qui relie l'Avenido Benito Juárez à El Paso Street. Sur chacun des ponts les piétons peuvent circuler dans les deux sens. Il faut s'acquitter d'un péage dont le prix est en gros fixé à la tête du client. C'est d'ailleurs une coutume locale qui est pratiquée partout à Juárez. L'**Avenido Benito Juárez** est le principal point de ralliement pour les touristes. A ses deux extrémités, l'avenue est bordée par des cabinets de dentistes entre lesquels s'étendent discothèques, boutiques d'alcools, bars, restaurants et

Crépuscule à El Paso.

échoppes de produits artisanaux (cuirs, broderies...) que les Américains rapportent chez eux. Attention, il n'est pas possible de tout faire entrer aux États-Unis!

Les rues de Juárez sont très différentes de celle d'El Paso, surtout à cause de l'animation ambiante. Les Mexicains ont l'habitude de vivre dehors et le bruit de la rue est aussi impressionnant que le silence de la ville américaine. De grands cinémas voisinent avec les églises baroques et, où que vous alliez, vous serez assaillis par des vendeurs de rue, des adultes ou des enfants, qui essaieront de vous vendre tout et n'importe quoi dans un anglais approximatif. Pour beaucoup d'habitants de Juárez, le tourisme est la seule source de maigres revenus.

De retour aux États-Unis

L'attente est beaucoup plus longue dans ce sens pour passer la frontière. Mais de l'autre côté, le Mexique n'a pas vraiment disparu, ne serait-ce que parce que la communauté mexicaine est l'une des plus importantes d'El Paso. Même si elle se cantonne aux abords immédiats du Rio Grande, l'esprit latino-américain se voit un peu partout dans la ville. D'ailleurs, à El Paso l'espagnol est aussi largement parlé que l'anglais à Juárez.

A cause de sa position de ville frontière, El Paso n'est pas une ville chère. Mais comme ce n'est pas non plus une localité très attirante, le tourisme est canalisé vers ses environs, et jusqu'à **Ranger Peak**, dans les Franklin Mountains. La **Tigua Indian Reservation** est un pueblo de la plus ancienne tribu indienne connue au Texas, les Tiguas. Elle se trouve sur la bordure orientale de la ville, à proximité de l'**El Paso Tourist Information Center** (par la sortie 32 de l'I 10, au bout d'Americas Avenue). On peut également visiter l'**Ysleta Mission**, entre Zaragosa Road et Old Pueblo Road, une ancienne mission fondée en 1682 par les Espagnols et les Indiens pueblos. Enfin, le poste militaire de **Fort Bliss** est la dernière attraction d'El Paso. Construit l'année de l'annexion du Texas, il abrite maintenant une base aérienne, ainsi qu'un musée consacré à la colonisation américaine.

Dans la Tigua Indian Reservation.

LE NOUVEAU-MEXIQUE

Le Nouveau-Mexique est l'un des États les plus jeunes (il fut le 47e à se joindre aux États-Unis), mais aussi celui dont l'histoire connue est la plus ancienne. Le peuplement de la région remonterait à 37 000 ans avant J.-C., et les archéologues ont découvert, sur les sites de Folsom et de Clovis, des manifestations de civilisations indiennes remontant à 10 000 ans avant J.C.

Le Nouveau-Mexique a reçu le surnom de *Land of Enchantment* («Terre enchanteresse»), à cause de la beauté et de la diversité de ses paysages. La région montagneuse compte des sommets impressionnants et culmine à plus de 4 000 m, tandis qu'au sud, après des régions forestières s'étend un désert où l'érosion a sculpté des gorges aux couleurs et aux formes fantastiques. A l'est enfin, on trouve des plaines irriguées où prospère une agriculture diversifiée.

La population de l'État est relativement peu nombreuse (1,3 million d'habitants, pour une densité de 4,2 habitants par kilomètre carré). Outre l'agriculture, l'exploitation de gisements de pétrole, de gaz naturel, de cuivre et d'uranium forment, avec le tourisme, les principales ressources de l'État. En revanche, le secteur industriel est assez peu développé. Mais la devise du Nouveau-Mexique, *Crescit Eunde* («Il se développe avec le temps») est un message d'optimisme et de confiance.

La route vers Alamogordo

En quittant El Paso, l'US 54 longe vers l'est les contreforts orientaux des **Frederick Mountains**. Il serait sage de profiter de ce tronçon fréquenté pour vous approvisionner en essence et en nourriture, avant de vous engager sur la longue route (134 km) qui mène vers Alamogordo et la Tularosa Valley. Autrement, il vous faudra attendre **Orogrande** (à 74 km d'El Paso) pour faire le plein. L'US 54 traverse une région austère de plaines arides, encaissées entre les massifs rocheux. Mais il ne faut pas s'y tromper, l'homme moderne n'a pas fui les lieux: en traversant la gorge qui sépare les Organ Mountains à l'ouest et les Hueco Mountains à l'est, on passe à l'intérieur de la **Fort Bliss Military Reservation**, une zone militaire qui abrite une base de missiles nucléaires, le **McGregor Missile Range**. Dès que l'on en sort, c'est pour longer les limites d'une seconde base nucléaire, la **White Sands Missile Range**. C'est en effet dans cette région que le gouvernement américain procède à la mise au point de son armement nucléaire, qui est en fait l'unique raison d'être de la civilisation dans ces étendues austères du sud du Nouveau-Mexique.

Aube à White Sands.

La riche **Tularosa Valley**, nichée entre les chaînes montagneuses de Sacramento et de San Andreas fut choisie lors de la Seconde Guerre mondiale pour accueillir les laboratoires de recherche nucléaire. C'est donc le long de «la route vers Alamogordo» que fut mise au point la première bombe atomique américaine.

Caché au nord des pentes montagneuses colorées qui précèdent Alamogordo, au-dessus des dunes de gypse de White Sands, se trouve **Trinity Site**, un gigantesque cratère formé en juillet 1945 par l'explosion de cette fameuse bombe. En temps normal le public n'a pas le droit d'accéder au site, mais une fois l'an, au début du mois d'octobre (généralement le 1er octobre), les autorités organisent des visites. Si vous vous trouvez à Alamogordo à cette époque, il suffit de vous renseigner sur la date exacte de la visite, à la chambre de commerce.

Alamogordo

Selon les spécialistes qui ont effectué des recherches dans la région, Alamogordo aurait été peuplé par des Indiens pygmées. Un petit musée, à proximité du Visitors' Center de la ville, possède des documents fascinants sur cette ancienne civilisation. En revanche, la seule chose absolument certaine est que les ancêtres des Indiens navajos et apaches explorèrent Alamogordo avant l'arrivée des Espagnols qui s'installèrent à La Luz, sur la Tularosa River.

Alamogordo resta cependant une terre vierge jusqu'au moment où deux frères venus de l'est des États-Unis, C. B. et John A. Eddy, firent passer ici leur ligne de chemin de fer, intéressés par les forêts de la vallée et leurs ressources potentielles. Les deux frères vendirent ensuite leur chemin de fer et s'installèrent à Alamogordo pour exploiter ses richesses.

La cité devint alors un centre d'échanges de marchandises jusqu'au moment où le White Sands Proving Ground et la Holloman Air Force Base redessinèrent les contours d'Alamogordo. Un historien affirme que cette cité perdit dès lors son aspect paisible pour se transformer en un complexe de développement acharné. Aujourd'hui, Alamogordo reste un petit centre manufacturier avec une activité commerçante de quelque importance, mais la vie est dominée par la communauté qui s'occupe de la mise au point de l'armement ultra-sophistiqué. La recherche n'est heureusement pas tout entière vouée au domaine militaire. Même si les conséquences finales des missions de la Nasa sont la mise au point des programmes de défense de la « guerre des étoiles », le **Space Center**, accessible par l'US 54, ne s'occupe pas de cet aspect des choses.

Il s'agit d'un musée parfaitement conçu, consacré à la recherche internationale sur l'espace. Au centre des expositions, on trouve les biographies des pionniers de l'exploration spatiale, de ceux qui eurent les premières intuitions jusqu'aux astronautes de la Nasa qui mirent le pied sur la Lune. Avec différents éléments évoquant les missions Apollo, on peut aussi assister à la projection d'un film relatant les alunissages d'Apollo 11, 12 et 14.

La blancheur éclatante du gypse

Mis à part la visite du Space Center, les curiosités touristiques sont rares à Alamogordo. L'intérêt de la région réside surtout dans sa beauté naturelle. L'US 82 en direction de **Cloudcroft**, à 31 km au nord-est d'Alamogordo, est une route touristique superbe qui traverse le **High Rolls Mountain Park**, avec un domaine skiable très réputé aux États-Unis. Juste au nord de Cloudcroft, on atteint les

Radars près d'Alamogordo.

limites sud de la **Mescalero-Apache Indian Reservation**. Il vaut mieux y entrer par Mescalero, sur l'US 70, à une cinquantaine de kilomètres d'Alamogordo. Enfin, l'**Oliver Lee State Park**, paradis des alpinistes, des grimpeurs et des photographes, se trouve à quelques kilomètres à l'ouest d'Alamogordo, par l'US 54.

Le site le plus remarquable de tous est peut-être le **White Sands National Monument**, à une vingtaine de kilomètres au sud-ouest d'Alamogordo par l'US 70-82. Il s'agit d'un fantastique désert formé de dunes de gypse qui s'étend sur près de 60 000 ha.

En approchant de White Sands, on aperçoit les dunes briller au pied des **San Andreas Mountains**, alors que le rugissement des avions de chasse signale la proximité du White Sands Missile Range. A l'arrivée, le Visitors' Center fournit des informations concernant l'endroit, sa formation, la vie biologique, et présente une petite exposition géologique. Le gypse est l'un des composants les plus courants de notre sous-sol, mais il est rare qu'il apparaisse à l'extérieur puisqu'il est soluble dans l'eau. Le sable de surface est pratiquement toujours composé de quartz; mais dans le Tularosa Basin le climat est assez sec et les vents assez forts pour produire ces extraordinaires dunes de cristaux de gypse.

Quel que soit le moment de la journée, le paysage possède une beauté surréelle incomparable, mais suivant l'heure l'effet n'est pas le même. A midi, lorsque le soleil est à son zénith, la blancheur est si éclatante qu'elle frappe l'œil et l'aveugle. En vous promenant sur les dunes, il faut pourtant enlever de temps en temps vos lunettes de soleil pour profiter de cette superbe vue d'ensemble et apercevoir les empreintes laissées par les animaux.

Les dunes de l'arc-en-ciel

Vers la fin de l'après-midi, la lumière oblique du soleil se décompose et prend toutes les teintes de l'arc-en-ciel. Le parc est ouvert jusqu'à 22 h: vous aurez donc l'occasion d'observer quelques-unes des cinq cents espèces d'animaux qui vivent

Image hivernale de la Sierra Blanca, à White Sands.

ici, des coyotes, des hiboux, des mouffettes, etc. On y découvre aussi des végétaux, comme le Hedgehog Cactus, aux fleurs rouges, ou le tournesol.

Un sentier carrossable parcourt les dunes avec des aires de stationnement et de pique-nique. Plus on avance sur ce chemin, plus il est recouvert de gypse; il devient alors difficile de progresser, mais l'effet du paysage n'en est que plus remarquable.

Le Grand Ouest

L'US 70-82 quitte peu à peu la Tularosa Valley et poursuit son chemin vers l'ouest, tout en prenant de l'altitude en direction de Las Cruces. Après avoir gravi les hauteurs du **San Andreas Range**, juste au-dessus des **Organ Mountains**, la route atteint son sommet au **San Augustine Pass**, à 1743 m d'altitude. On domine alors la vallée, Organ, et au-delà, Las Cruces. Organ se situe à 84 km d'Alamogordo. Après avoir passé le col, la route entame une descente de 5 km vers la vallée où le vert et le marron se mêlent, avec au fond le décor bleu des montagnes. Un fois dans la vallée, 600 m en dessous du San Augustine Pass, vous êtes assailli par de violentes bourrasques de vent.

L'itinéraire passe rapidement à **Las Cruces** avant de rejoindre Deming par l'I 10. Las Cruces est une petite ville assez laide qui ne mérite pas que l'on s'y attarde. Néanmoins, on trouve sur son site des traces historiques d'une grande importance. La Mesilla Valley en effet possède les vestiges des plus anciennes habitations connues aux États-Unis, remontant au IVe siècle de notre ère. La ville doit son nom aux croix qui ornaient les tombes des missionnaires assassinés par les Apaches au début du XIXe siècle.

Le village historique de **Mesilla**, à quelques kilomètres de Las Cruces par la State 28 et la State 292 (Motel Boulevard), a fait d'importants efforts pour préserver les souvenirs d'autrefois. La place du village marque l'endroit où fut signé, en 1854, le Gadsden Purchase, qui fixa la frontière entre le Mexique et les États-Unis. C'est également ici que le

Les signes de vie sont assez rares dans la City of Rocks.

célèbre bandit Billy the Kid fut jugé et condamné à être pendu; il réussit à s'échapper avant de tomber entre les mains de Pat Garrett qui devint le shérif du Dona Ana County, dont Las Cruces est le chef-lieu.

Mesilla Plaza, dominée par son ancien belvédère, vous donnera un avant-goût de l'Ouest sauvage. Outre les marchands de souvenirs et de produits artisanaux, on y trouve le **Double Eagle Restaurant**, dont la construction date du début du XIXe siècle. Si vous vous arrêtez à Las Cruces, c'est Mesilla qu'il faut choisir.

De l'autre côté du Great Divide

Une fois que vous avez quitté Las Cruces vers l'ouest par l'I 10, vous traversez rapidement le Rio Grande qui remonte jusqu'à Albuquerque, Santa Fe et dans le Colorado où il prend sa source. Vous voilà dans le royaume des auto-stoppeurs, qui tendent leur pouce vers Tucson, Phoenix ou pour rejoindre enfin la cité de tous les rêves, Los Angeles. Dans le Luna County, on remarque de plus en plus de yuccas sur le bord de la route. Ces arbustes aux fleurs en clochettes roses et blanches, escortent le voyageur qui rejoint l'Ouest. Jusqu'à la frontière de l'Arizona, les sorties d'autoroute sont accompagnées de panneaux qui vantent les produits soi-disant caractéristiques de telle ou telle localité. On n'hésite pas à diriger les touristes les plus crédules vers des tipis pour leur vendre des mocassins, des bonbons ou de la gelée de cactus…

90 km après Las Cruces on atteint **Deming**, entourée par quatre petites chaînes montagneuses: les **Florida Mountains** au sud-est, les **Little Floridas** à l'est, les **Tres Hermanas** au sud, et le **Cooks Range** au nord. Le Cooks Range est la chaîne la plus vaste, et son point culminant (à 2560 m) offre aux visiteurs une vue somptueuse sur l'ensemble de la région. Cette chaîne, qui se trouvait autrefois en plein cœur du territoire apache, constituait un point d'observation idéal.

La civilisation de Deming a des origines très anciennes, mais l'une de ses plus grandes périodes s'étend du Xe au

Décor pour le film Silverado.

XIIe siècle, lorsque les Indiens mimbres s'installèrent sur ces terres. Ils confectionnèrent des poteries dont la qualité et la beauté restent inégalées sur l'ensemble du territoire américain.

Lors de sa fondation, Deming s'appelait New Chicago. C'était en fait le terminus d'une ligne de chemin de fer dont les locomotives à vapeur se ravitaillaient en eau dans la Mimbres River. New Chicago, qui se trouvait alors à une quinzaine de kilomètres à l'ouest du site actuel, avait une grande importance stratégique pour le magnat du chemin de fer Charles Crocker, qui fit s'y rencontrer la ligne du Southern Pacific et le Santa Fe Railroad. Il donna ensuite à New Chicago le nom de famille de sa femme, Deming. Les premiers habitants de la cité furent des soldats, des commerçants, et beaucoup d'hommes de main qui n'hésitaient pas à manier la gâchette, jusqu'au moment où la ville fut assainie, en 1883.

Une frontière domestiquée

Les visiteurs peuvent se rendre au musée du centre de Deming, dans le **National Guard Armory**, qui retrace les péripéties de l'histoire locale et présente différents objets provenant des Indiens mimbres. On s'apercevra aisément que la vie locale était autrefois loin d'être paisible et confortable. Deming est aujourd'hui une petite cité plaisante (dix mille habitants environ) à l'atmosphère villageoise très accueillante. Le climat particulièrement clément de l'endroit, des températures douces, un temps sec, explique pourquoi un grand nombre de retraités viennent s'y installer. L'image touristique de Deming est résumée, sommairement, par le panneau qui annonce aux visiteurs *«Welcome to Deming: Pure Water and Fast Ducks»* («Bienvenue à Deming: une eau pure, des canards rapides»). Les eaux claires sont celles de la **Mimbres River** (son cours est souterrain); quant aux canards, il s'agit de ceux qui participent à la grande course qui se déroule au mois d'août, la Great American Duck Race.

Deming attire aussi les amateurs de géologie, les collectionneurs et les lapidaires. En suivant la State 11 au sud de la ville pendant une vingtaine de kilomètres, on rejoint le **Rock Hound State Park**, une centaine d'hectares où les cristaux de quartz, les sphérulites, sont particulièrement nombreux. Au nord de Deming se trouve la **City of Rocks** (à 48 km par l'US 180 et la State 61), une cité de pierre forgée par la nature.

En continuant votre chemin sur l'I 10 en direction de **Lordsburg**, vous entrez dans le **Grant County**. La route s'élève peu à peu jusqu'à la cité, située à 1298 m d'altitude à l'extrémité nord des **Pyramid Mountains**. Lordsburg est la ville la plus importante du **Hidalgo County**. De **Motel Drive**, qui longe la voie ferrée du Southern Pacific, on jouit de la vue sur la vallée qui s'étend au nord. La ligne de chemin de fer est le souvenir vivant de l'histoire moderne de Lordsburg qui éclipsa la cité voisine de **Shakespeare**. Shakespeare était au siècle dernier un relais pour les diligences de la Butterfield Stagecoach Line, qui transportaient le courrier de Saint-Louis dans le Missouri à San Francisco, jusqu'au moment où Charles Crocker installa les rails de son chemin de fer.

La ville fantôme

Située à un peu plus de 2 km au sud de Lordsburg, Shakespeare est devenue une *ghost town*, une ville fantôme. Elle est restée en l'état depuis que ses habitants ont décidé de l'abandonner. Shakespeare appartient aujourd'hui à un couple qui y habite, Rita et Janaloo Hill. Ils permettent aux touristes de visiter l'endroit une fois par mois (le deuxième dimanche, entre 10 h et 14 h). La visite guidée est émaillée d'anecdotes. On apprend par exemple que le **Stratford Hotel**, bien préservé, a servi au tournage de westerns, que certaines grandes figures du siècle dernier ont honoré de leur présence sa salle à manger, dont Billy the Kid, après son évasion de la prison de Silver City.

Non loin de là s'étend le **Shakespeare Cemetery**, le cimetière actuel situé juste à côté de l'ancien. Si l'on en croit les panneaux qui s'y trouvent, *Boot Hill* est le plus ancien des *Pioneer Cemetery's* du Nouveau-Mexique et de l'Arizona. Sont enterrés ici les deux hors-la-loi Sandy King (après avoir été pendu) et Russian Bill (qui avait volé un cheval par pure bravade).

BRYCE CANYON

Le Bryce Canyon National Park se trouve à 42 km au sud-est de Panguitch et 29 km au nord de Hatch. On y accède facilement par l'US 89 au sud. A Bryce Junction, à 11 km au sud de Panguitch sur l'US 89, prendre la State 12 vers l'est; l'entrée du parc est à 27 km de là.

Le Bryce Canyon a fait couler beaucoup d'encre depuis que les Blancs en découvrirent l'existence. Mais les Indiens paiutes lui rendaient déjà hommage lorsqu'ils l'appelèrent *Unka timpe wa wince pock ich*, «Rochers-rouges-debout-comme-des-hommes-dans-un-canyon-en-forme-de-cuvette». On a également parlé de «coucher de soleil pétrifié». Quant au pionnier, un éleveur, qui donna son nom au **Bryce Canyon National Park**, il en parlait comme d'«un foutu endroit pour perdre une bête»!

Le parc national comprend 146 km^2 de formations rocheuses rouges, rosées, crème, qui ont été sculptées dans le Paunsaugunt Plateau du sud de l'Utah.

Le travail de l'érosion commença il y a 13 millions d'années en suivant les lignes de failles qui s'étaient formées après le soulèvement de la région. Le résultat est aujourd'hui un étonnant musée de toutes les fantaisies architecturales possibles, avec quatorze amphithéâtres remplis de tourelles, d'aiguilles, de temples et de minarets naturels. Il est impossible de mentionner toutes les curiosités du site. **Fairyland**, **Queen's Garden**, **Fairy Castle** et **The Cathedral** se trouvent dans la partie nord du parc, où les sentiers permettent également d'admirer **Thor's Hammer**, **The Pope**, **The Temple of Osiris**, et **Silent City**, la cité pétrifiée. Selon une légende indienne, un Grand Esprit, irrité par la propagation du mal sur la terre, aurait rassemblé ici tous les pécheurs pour les pétrifier. La végétation est principalement composée de pins *ponderosa*, dont l'écorce dégage une odeur délicieuse.

Le mieux, pour les visiteurs pressés par le temps, est d'emprunter le **Rim Drive**, qui conduit de Rainbow Point, au sud, à Fairyland Point, au nord. La route traverse des forêts de cèdres et offre des points de vue magnifiques sur Aqua Canyon, Natural Bridge et les Pink Cliffs (les Falaises roses) du **Paunsaugunt Plateau**. Vous pouvez facilement abandonner votre voiture et rejoindre rapidement les chemins qui mènent à ces formations rocheuses.

Sont ici organisés une multitude de visites commentées et d'exposés sur la faune, la flore, la géologie et l'histoire de l'endroit. Vous pourrez choisir entre des randonnées à pied ou à cheval, des visites nocturnes pour observer les chauves-souris, etc. L'un des grands moments est le **Moonlit Navajo Loop Trail Walk**, qui est organisé un soir sur deux par les rangers. A la tombée de la nuit, une douzaine de visiteurs partent, accompagnés, pour le canyon et le visitent au clair de lune. On rejoint un endroit où sont disposés quelques bancs en bois, après avoir vu les plus beaux *hoodoos* (terme local pour désigner ces monolithes sculptés). Là, on a droit aux légendes des Indiens paiutes sur la Lune et le grand esprit Coyote, dont le pouvoir s'étendait sur toute la région.

LE SUD DE L'ARIZONA

Pour la plupart des Américains, Arizona égale sécheresse. Le terme viendrait de l'indien *arizonac* (eau rare) ou de l'espagnol *arida zona* (région aride), mais d'un côté ou de l'autre c'est toujours l'idée de pénurie qui revient. Si l'eau est effectivement ici une ressource précieuse, les habitants de l'État réfutent ces deux étymologies, leur préférant un terme indien pima signifiant « petite source » ou une expression aztèque qui veut dire « couvert d'argent ». La quatrième version est la plus vraisemblable puisque l'extraction de l'argent fut la première activité de l'Arizona. Quoi qu'il en soit, il faut retenir que l'Arizona n'est pas seulement une terre aride et désertique. Les paysages y sont très variés: des forêts de pins, des cités modernes et des réserves remarquablement bien préservées.

Reconnaissons toutefois que la destinée de cet État aurait été très différente s'il n'y avait pas eu les travaux d'irrigation et l'installation de l'air conditionné. La technologie a permis aux hommes de conquérir une partie du désert. Les zones désertiques sont superbes, mais en été il y règne une chaleur réellement insupportable. L'hiver est donc la meilleure saison pour visiter l'Arizona, notamment le Sud et l'Ouest.

Les Esprits de pierre

De l'autre côté de la frontière, entre le Nouveau-Mexique et l'Arizona, par l'I 10, on trouve le **Chiricahua National Monument**. Ce paysage composé de canyons et de rochers érodés était autrefois le territoire de chasse des Apaches chiricahuas. On y accède par l'I 10, à l'ouest de Lordsburg par un seul itinéraire rapide: la State 186 à l'est du Wilcox Business Loop 10, puis la State 181 vers le nord. L'autre possibilité pour rejoindre Chiricahua consiste à quitter l'I 10 par la sortie 5, au Nouveau-Mexique, et à suivre l'US 80 qui serpente dans les montagnes, après Portal et passe à l'est du Monument. Cette promenade est de toute beauté, mais il ne faut pas être pressé. En choisissant la première solution, vous roulerez rapidement sur l'I 10, qui est peu encombrée, à l'ouest de Lordsburg, en direction de Gary, Road Forks et de la frontière de l'Arizona. Après la sortie vers **Gary**, les champs prennent un reflet vert laiteux, dû au mélange de l'herbe et du sable blanc. Cette plaine aride est exposée aux tempêtes de sable.

Pour les randonneurs et les campeurs

Après avoir quitté l'I 10 pour rejoindre Wilcox, il faut suivre la State 186 vers l'est et traverser une zone résidentielle. A partir d'ici, la route, gagnant les montagnes par des plaines couvertes de yuccas, devient magnifique. Au moment où vous pénétrez dans le pays des ranches, il faut prendre la State 181 et rouler 6 km pour arriver à l'entrée du Chiricahua National Monument. De Lordsburg, l'ensemble du trajet fait 177 km.

Chiricahua est indiscutablement à l'écart des sentiers battus, mais cela vaut vraiment la peine de se donner un peu de mal pour y aller. Les randonneurs, les

Pages précédentes: Le Grand Canyon. A gauche, le Chiricahua National Monument; à droite, la tombe de John Heath, lynché en 1884.

campeurs ou les simples promeneurs en voiture y trouveront largement leur compte. Ce paysage surnaturel doit son existence à deux phénomènes: une activité volcanique qui remonte à 15 millions d'années et un travail inlassable de l'érosion. Le résultat est cet ensemble au relief mouvementé, qui abrite une flore et une faune d'une grande richesse.

Des hauteurs luxuriantes

Culminant à une altitude moyenne de 1646 m, les hauteurs de Chiricahua forment un contraste évident avec les plaines arides et jaunes qui s'étendent en contrebas. Les précipitations annuelles sont ici deux fois plus importantes et la végétation est luxuriante: des chênes, des cyprès, des pins, des yuccas, des genévriers, des platanes se côtoient dans les gorges. Les arbres apportent une touche appréciable de fraîcheur et de verdure, mais le plus remarquable à Chiricahua est évidemment la roche volcanique. Les rochers prennent souvent la forme d'êtres humains ou d'une forêt de doigts tendus. En se promenant sur les sentiers de randonnée — vers Echo Park, Inspiration Point, Punch & Judy, Duck on a Rock — on est envahi par le sentiment d'une présence silencieuse et immobile.

Vous avez ensuite le choix entre deux itinéraires pour gagner Tombstone. Le plus simple consiste à rejoindre Wilcox. Prenez l'I 10 vers Benson et suivez l'US 80 jusqu'à Tombstone. Le second itinéraire, moins commode, mais plus direct, est le suivant: continuez vers le sud par la State 181 jusqu'à l'US 666. Cette route a l'avantage de vous faire visiter **Gleeson**, une ancienne cité minière où vous découvrirez des saloons et des maisons en ruine. Juste en quittant Gleeson, on aperçoit, de l'autre côté des collines, **Tombstone**, qui brille au loin.

L'Ouest sauvage, très sauvage

Un prospecteur d'argent qui voulait venir ici s'était entendu dire: *«N'y allez pas, vous n'y trouverez qu'une pierre tombale.»* En dépit de cet avertissement, le pionnier se rendit dans la région, décou-

Geronimo, le célèbre chef apache.

vrit un filon qui attira d'autres mineurs, et fonda la cité qu'il baptisa tout naturellement Tombstone («Pierre tombale»). La vie à Tombstone fut celle de toutes les cités minières des États-Unis au siècle dernier: animée par toutes sortes d'aventuriers, de brigands, de commerçants et d'usuriers, sur fond d'alcool et de fusillades. Tombstone est devenue une ville fantôme, l'une des plus célèbres du pays, à cause du règlement de compte à **O.K. Corral** (immortalisé au cinéma) qui eut lieu le 26 octobre 1881. La confrontation opposa Wyatt Earp et Doc Holiday d'un côté, et les frères Clanton de l'autre. Ceux-ci étaient à la tête d'une bande soupçonnée de se livrer à l'attaque de diligences. Les premiers, qui étaient loin d'être des anges, défendaient les intérêts de l'*establishment* politique et financier de la cité. La fusillade fit trois morts.

O.K. Corral a été préservé, et d'autres sites ont été reconstruits pour les besoins du cinéma et du tourisme. On peut ainsi visiter l'ancien studio du photographe de l'Ouest Camillus Fly, et voir quelques-uns de ses meilleurs clichés, dont des photos du chef apache Geronimo. On peut être très critique pour le reste de la visite, qui ne cesse de mettre en scène les lieux communs les plus éculés sur la sauvagerie et la jungle de l'Ouest, avec un goût souvent douteux.

Tucson

Au moment où l'on croise Country Club Road sur l'I 10, on arrive à Tucson, à 69 km de Benson. Les origines de cette grande ville de l'Arizona remontent au XVIIIe siècle, avec la fondation par les Espagnols d'un fort militaire. Ce passé riche en histoire n'a pas empêché Tucson de devenir une cité moderne. Ces dernières années, elle s'est transformée en un centre régional pour les industries de pointe. Malgré tout, il règne ici un subtil mélange entre l'ancien et le moderne, qui n'est pas pour déplaire aux visiteurs.

En sortant de l'I 10 à Congress/Broadway, vous arrivez directement dans le centre ville. Ce quartier, autrefois compris dans l'enceinte du *presidio* espagnol, abrite aujourd'hui un bel ensemble de

O.K. Corral aujourd'hui ; ou le passé conservé dans des figurines en plastique…

boutiques d'artisanat, de cafés, d'arbres pour s'abriter du soleil, et de curiosités architecturales.

Au sud, s'étend le Civic Center qui, avec le campus de l'University of Arizona à l'ouest, est l'un des quartiers les plus agréables de Tucson. Le **Civic Center** ressemble d'ailleurs à un campus universitaire, avec ses places, ses allées, et ses auditoriums. Un ancien tribunal, le **Pima County Courthouse**, est le bâtiment le plus remarquable. Son architecture hispano-américaine est un étonnant mélange de colonnes, d'arches et de carreaux de faïence. Quant au **City Hall**, à côté, il est horrifique. Du Governmental Center un pont franchit Congress Street et débouche sur **La Placita Village**, un centre commercial qui est une réussite dans le genre. Le **Community Center** est le cœur des loisirs et des arts à Tucson. Il conserve de superbes vestiges de la vieille ville. On peut visiter le **Tucson Museum of Art** qui possède des collections d'art précolombien, ainsi que des peintures du Sud-Ouest et des objets artisanaux de la région.

La plupart des visiteurs font un petit détour par l'une des piscines de la ville, et vont se promener en soirée à **Sentinal Peak**, de l'autre côté de l'I 10, pour profiter du coucher de soleil. Il y a quelque chose dans la clarté et la couleur du ciel de Tucson qui est plus proche de la côte Ouest que du désert.

L'Apache Trail

En quittant Tucson par le nord, l'US 89 gagne le Pinal County où se trouve le **Pinal Pioneer Parkway**. Les 160 km qui séparent Tucson de **Apache Junction** sont bordés par une végétation typique de la contrée: différentes sortes de cactus, des figuiers de Barbarie, etc.

L'Apache Trail, devenu la State 88, débute à Apache Junction. Il s'agissait autrefois de la piste qu'empruntaient les Indiens pour traverser la Salt River Valley. La route actuelle fut établie en 1905 pour donner accès au **Roosevelt Dam**, un barrage qui allait alimenter Phoenix. Lors de l'inauguration du barrage en 1911, le président Roosevelt décla-

San Xavier de Bac Mission, à Tucson.

ra: *« L'Apache Trail combine la grandeur des Alpes, la splendeur des Rocheuses et la beauté extraordinaire du Grand Canyon. »*

En suivant cette route, on rejoint bientôt les **Superstition Mountains**, propices aux légendes. Les Espagnols les appelaient « Les Montagnes d'Écume » à cause de leurs pics volcaniques. Les Apaches, qui semèrent la terreur au siècle dernier dans ces montagnes, pensaient qu'elles étaient habitées par des démons. A la fin de ce même siècle, un Hollandais du nom de Jacob Walz découvrit un immense filon d'or. Mais personne ne put retrouver la fameuse *Lost Dutchman Mine* (« La mine perdue du Hollandais »), et l'on ne revit jamais ceux qui suivirent Walz dans ses expéditions.

L'Apache Trail traverse la **Tonto National Forest**, où des chemins de randonnée bordent le tracé. La vue est belle, mais tout devient beaucoup plus plaisant lorsque l'on commence à gravir les hauteurs. Gardez toujours un œil sur la route lorsque vous admirez le somptueux paysage montagneux qui domine **Canyon River**. En redescendant dans la vallée, n'hésitez pas à aller vous baigner: les eaux bleues sont irrésistibles.

A deux pas de l'enfer…

On couvre ensuite rapidement les 29 km qui conduisent à **Tortilla Flat**, où les amateurs de désert et de folklore *western* s'arrêteront obligatoirement. En blaguant, on dit que la vie ici est parfaitement résumée par une carte postale qui dit: *« Tortilla Flat, population : 6, à 30 miles de l'eau, à deux pas de l'enfer »*, et par les boîtes de lait Jack Rabbit sur lesquelles on peut lire : *« Une boisson équilibrée pour des gens déséquilibrés. »* L'un des six habitants nous a confié d'un air entendu : *« Oh, ça marche parfaitement, surtout cette vitamine P ! »*

Un hôtel, un café-restaurant, une poste, une boutique de cadeaux, une écurie, une légende et un site superbe, il faut visiter Tortilla Flat pour goûter au meilleur *chili* de tout l'Ouest et prendre la température de l'une des cités les plus sympathiques des États-Unis.

L'ancien Apache Trail, aujourd'hui la State 88.

PHOENIX

D'Apache Junction, l'US 60 couvre les 68 km qui vous séparent de Phoenix. Vous entréz alors dans «La Vallée du soleil». Le Phénix était, dans la mythologie grecque, un oiseau, le seul de son espèce, qui vivait des siècles, brûlait et renaissait de ses cendres. La ville n'eut peut-être pas à accomplir le même prodige, mais elle dut en tout cas supporter les vives brûlures de la Salt River Valley tout au long de son histoire. Elle put le faire grâce aux avantages de la technologie moderne. La cité doit son nom aux ruines d'une ancienne communauté indienne, découverte à cet endroit par Jack Swelling en 1867. Convaincu que les Indiens avaient pu cultiver cette terre grâce à l'irrigation, Swelling décida de donner une seconde chance au site. Depuis, personne ici n'a jamais reculé devant les difficultés.

La température moyenne entre juin et août est de 39 °C. En mai et en septembre il ne fait pas beaucoup moins chaud. Vous comprendrez aisément que la grande saison touristique est l'hiver, lorsque les températures atteignent des moyennes bien plus agréables (20 °C).

Phoenix est une ville jeune, vaste et dynamique (la moyenne d'âge de la population est inférieure à trente ans). 80 km séparent les points les plus éloignés de l'agglomération. Il est vain d'espérer une visite rapide. On passe du temps en voiture, même si la circulation est assez facile sur les grandes artères où l'on roule à un rythme soutenu.

La grande attraction de Phoenix est le **Heard Museum of Anthropology and Primitive Art**. Il s'agit d'un musée d'anthropologie et d'arts primitifs, extrêmement bien conçu, qui trace un portrait précis des civilisations indiennes, en particulier de celles du Sud-Ouest. Il rassemble également des œuvres africaines et océaniennes. Une partie est réservée aux œuvres d'artistes indiens contemporains. Le musée Heard se trouve près de Central Avenue, au 22 East Monte Vista Road.

Entrée dans la ville.

Le centre mérite que l'on s'y promène un peu, ne serait-ce que pour avoir une idée du monde des affaires qui règne sur la ville. Cet endroit ne vit qu'aux heures de bureaux et, parmi tous les buildings, on peut voir le plus haut de l'État de l'Arizona, le **Valley Bank Center**, au croisement de la 1re rue et de Van Buren Street. Dans cet univers quelque peu uniformisé, quelques curiosités architecturales se remarquent: le **Palace**, un grand cinéma de style espagnol (croisement de la 2e rue et d'Adams Street), le **Phoenix City Hall** (croisement de la 2e rue et de Washington Street), et la **Luhrs Tower** (croisement de la 1re rue et de Jefferson Street), un édifice de marbre et de stuc qui est une belle illustration du style *post-Arts déco*.

Autre grande attraction de la ville, le **Desert Botanical Garden**, qui se trouve dans Papago Park, sur le Galvin Parkway, au bout de McDowell Road. Ce jardin botanique de 60 ha possède des espèces de plantes de tous les déserts du monde. Les cactus sont la vedette du jardin et font l'objet d'une superbe exposition chaque année au mois de mars. Aucun visiteur ne peut rester indifférent devant l'abondance de ces plantes qui s'adaptent aux conditions extrêmes rencontrées dans les déserts.

Pour organiser vos soirées, il suffit de consulter les deux grands journaux locaux: l'*Arizona Republic* et la *Phoenix Gazette*. Le *New Times* et le *City Life* donnent des idées de sorties plus «branchées». Enfin, trois magazines s'adressent directement aux touristes: *Key*, *Where* et le *Visitors Guide* que l'on trouve dans tous les hôtels ou au Visitors Bureau. Vous pourrez assister à des concerts de blues, de rock, de jazz, de *DJ-Dance*, avec des variétés plus classiques (si vous avez la radio dans votre voiture, vous connaissez sûrement tous les chanteurs américains les plus connus). Le théâtre, le cinéma, les sports, la danse, la musique classique sont aussi à l'honneur à Phoenix. Un seul conseil: pensez à vos soirées un petit peu à l'avance, car le spectacle que vous aurez choisi se déroule peut-être à l'autre bout de la ville dans laquelle rien n'est vraiment central.

Du haut du South Mountain Park.

LE CENTRE ET LE NORD DE L'ARIZONA

La partie de l'Arizona qui s'étend au nord de Phoenix possède certains des paysages les plus spectaculaires des États-Unis: les habitations troglodytes de Montezuma Castle, la Coconino National Forest, les San Francisco Mountains et, bien sûr, le Grand Canyon. On trouve aussi la cité de Flagstaff, le carrefour de la partie nord de l'Arizona, et le London Bridge, le célèbre pont londonien. Avant de rejoindre San Diego, la dernière partie de l'itinéraire sud traverse le désert et pénètre dans le *Golden State*, la Californie.

En quittant Phoenix, l'I 17 parcourt une contrée de toute beauté. Après la sortie vers Carefree Highway une superbe vallée se déploie autour de **Black Canyon City**. On dépasse ensuite Bumblebee et Crown King au milieu de plateaux et de canyons désertiques avant de descendre vers une oasis de verdure, **Verde Valley**, une dépression entourée de plateaux argentés.

Par la sortie 289, à 142 km au nord de Phoenix, on accède au **Montezuma Castle National Monument**. Le nom de Montezuma évoque celui d'un souverain mexicain, mais le site n'a rien à voir avec de quelconques ruines aztèques. Lorsque les pionniers américains découvrirent le monument, ils pensèrent que les Aztèques l'avaient construit pour leur roi. En fait Montezuma Castle est un ensemble d'habitations troglodytes de cinq étages et de vingt pièces qui a été taillé dans une falaise de grès par les Indiens sinagua (*sin agua* signifie «sans eau») au début du XIIe siècle. Le site a été préservé de façon remarquable, et les officiels affirment avec raison que ce sont les habitations troglodytes les plus belles du sud-ouest des États-Unis. La rénovation du site a débuté en 1897 et le gouvernement a décidé de limiter son accès pour éviter les détériorations.

Les Sinaguas ont émigré de Wupatki, dans le centre de l'Arizona, au début du XIIe siècle, et se sont installés à Verde Valley. Ils furent précédés par les Hohokams, qui avaient mis au point des techniques d'irrigation sophistiquées permettant de fertiliser la vallée. Les Sinaguas et les Hohokams parlaient le même dialecte. La population de la vallée augmenta régulièrement jusqu'au début du XVe siècle. A cette époque, la région fut désertée sans que personne ne sache exactement pourquoi.

Le Grand Canyon.

Du patriotisme américain, ou l'histoire d'un anniversaire

En parcourant sur l'I 17 les 80 km qui permettent d'arriver à **Flagstaff**, au nord de Montezuma Castle, on traverse une forêt extraordinaire, la **Coconino National Forest**. Située sur le Coconino Plateau à une altitude moyenne de 2 100 m, il s'agit d'une étendue qui a toutes les caractéristiques d'une forêt de pins que l'on pourrait trouver au nord des États-Unis avec, dans les zones les plus hautes, de superbes trembles.

On sait que la célébration de l'anniversaire de l'indépendance américaine, le 4 juillet, donne lieu un peu partout aux États-Unis à des manifestations plus exubérantes les unes que les autres. Les pionniers qui se trouvaient dans la forêt, le 4 juillet 1876, estimèrent qu'on ne pouvait laisser passer ce centenaire sans marquer un grand coup. Comme ils n'avaient à leur disposition que les ressources de la nature et leur amour de la patrie, ils s'en accommodèrent: prenant leur courage à deux mains, ils ébranchèrent le plus grand pin qu'ils purent trouver et hissèrent le drapeau américain au sommet de ce mât de fortune. Cette anecdote fut rapidement connue de tous les voyageurs qui faisaient route vers San Francisco et traversaient Coconino. Ainsi naquit le nom de *Flagstaff* («Mât de drapeau») qui fut ensuite donnée à la cité qui s'éleva dans la région. Le mât disparu, son souvenir perdure.

Le carrefour de l'Arizona

Flagstaff est le point d'aboutissement de l'I 17. L'I 40 y passe, ainsi que l'US 180 qui vient du nord. Cette cité mérite donc bien son surnom de «carrefour de l'Arizona», puisqu'un nombre considérable de voyageurs y passe tout au long de l'année. De plus, Flagstaff est entouré d'un ensemble de monuments, de curiosités, de sites naturels magnifiques et de forêts: il attire les randonneurs, les touristes, les amoureux de la nature et les skieurs. Le Business Loop 40, l'artère principale de Flagstaff, est perpétuellement surchargée par une circulation très dense. Mais la ville elle-même, pour le touriste, est décevante. Il faut sortir et rouler un peu pour trouver des sites qui méritent un détour. La présence la plus vivante de Flagstaff est la **Northern Arizona University**, qui abrite près de treize mille étudiants.

Le ski

A 130 km au nord, vous découvrirez une merveille de la nature: le **Grand Canyon**. Pour y accéder, il faut suivre l'US 180 vers l'ouest, à partir du Loop 40 dans Flagstaff. Devant vous apparaissent les **San Francisco Mountains**, et le **Humphrey's Peak** qui, du haut de ses 3 862 m, domine l'ensemble de l'Arizona. Les campeurs viennent nombreux, mais ce sont surtout les skieurs qui se donnent rendez-vous dans ce massif. La neige ne tombe qu'en hiver et sur les sommets les plus élevés. Le domaine skiable du **Mount Agassiz** (3 536 m) a reçu le nom de Snow Ball («Boule de neige»). Hors-saison, il est déserté par les skieurs. Les randonneurs prennent le relais pour profiter de la vue exceptionnelle, tant sur le massif environnant que sur le Grand Canyon .

Mais en vous y promenant, faites bien attention de ne pas déranger les vieux habitants de ces hauteurs, les dieux Kachina des Indiens hopis, qui viennent au printemps écouter les chants et les prières de leur peuple. Les Hopis ne vivent plus sur le Coconino Plateau mais ils continuent à pratiquer les danses sacrées dans leur réserve, à une soixantaine de kilomètres au nord-est. Outre les dieux hopis, ces montagnes abritent les esprits des Indiens havasupis.

La grande gorge

Le Grand Canyon, l'une des sept merveilles naturelles du monde, est un phénomène géologique stupéfiant dont on connaît assez mal la formation exacte. Il circule à ce sujet un assez grand nombre de théories, mais tous les spécialistes tombent d'accord lorsqu'il s'agit des grands principes. Les gorges du Grand Canyon se sont formées et continuent de se creuser sous l'action conjuguée de deux phénomènes: l'érosion lente et permanente de la Colorado River, qui traverse les 466 km du Grand Canyon, et le soulèvement du sol. Le travail de l'érosion se produit également sur les parois du Canyon, sous l'action de la pluie, du vent et de la neige. Les formes se sculptent ainsi peu à peu et font apparaître de nouvelles couleurs.

Il y aurait beaucoup à dire sur la géophysique du Grand Canyon. L'une des propriétés les plus étonnantes est l'extraordinaire variété du climat, de la faune et de la flore. En 1889, C. Hart Merriam, qui dirigea la première exploration scientifique sérieuse dans la région, nota qu'en partant du fond des gorges et en allant jusqu'au sommet des San Francisco Peaks, on rencontrait une telle richesse de climats, de plantes et d'animaux, qu'il faudrait, à basse altitude, voyager du Mexique jusqu'au cercle polaire pour

San Francisco Mountains, le refuge sacré des dieux et des esprits.

trouver une diversité comparable. Par ailleurs, la roche du Canyon, qui s'élève jusqu'à 1 737 m, est composée de strates correspondant à tous les stades de la formation géologique depuis 2 milliards d'années! Les scientifiques ont sous les yeux une sorte de livre ouvert où est inscrite l'histoire de la formation du sol.

Ces quelques informations donnent une idée de la richesse de ce site et de son importance pour le monde entier. Mais il y a également l'aspect humain des choses, les affaires du tourisme et de la vie quotidienne. N'oublions pas que le président Roosevelt disait que le Grand Canyon était *«le seul site que tous les Américains devaient visiter un jour»*.

Vous n'êtes pas seul...

L'été, environ douze mille personnes viennent rendre hommage tous les jours à ces somptueuses gorges, et profiter de l'aspect magique de l'endroit. Les mots sont impuissants à décrire les sensations, les réflexions, les sentiments que provoque la vue du Grand Canyon. Des clichés superbes ont été pris dans ces gorges, et chaque photo pourrait donner lieu à des commentaires infinis, mais l'image ne vaudra jamais la contemplation réelle du Grand Canyon. Vous vous souviendrez toute votre vie de cette symphonie de couleurs, de cette débauche de formes, de cet océan rocheux, du cours sinueux de la Colorado River, et surtout de la sensation d'immensité qui règne ici.

A votre arrivée, vous serez peut-être gêné par l'affluence touristique, et vous aurez peut-être envie de partir. Restez et oubliez la foule, pour vous abandonner complètement au cadre naturel.

Vous pouvez profiter des divers loisirs proposés par le **Grand Canyon National Park**: le survoler, vous y promener, y camper, faire des randonnées à cheval, descendre en *rafting*, etc. Une remarque cependant: toutes les activités autres que la promenade ou les discussions avec les rangers doivent être organisées à l'avance, en accord avec les autorités du parc. Le Backcountry Reservations Office vous apportera son aide dans l'obtention des autorisations nécessaires pour les grandes

Vue du Grand Canyon.

randonnées dans le Canyon. La plus longue couvre 34 km sur des sentiers escarpés. Mieux vaut y penser à l'avance.

Du versant sud du Grand Canyon (South Rim) il y a une seule voie d'accès et une voie de sortie. Deux choix se présentent à vous sur la State 64: partir vers l'est en direction de **Cameron** et du **Painted Desert**, dans la réserve des Indiens navajos, ou partir vers le sud en direction de **Williams**. Notre itinéraire opte pour cette dernière solution.

Si vous cherchez un endroit où vous arrêter, Williams, à 92 km de Grand Canyon Village, juste après la jonction avec l'I 40, fera parfaitement l'affaire. Cette cité est pour les Américains « la porte d'accès au Grand Canyon », et tous les touristes qui viennent de l'I 40 et qui prennent l'US 64 y transitent. Williams, au pied de Bill Williams Mountain, est marquée par l'industrie touristique, mais reste une cité plus calme et plus attirante que Flagstaff. La ville a été construite sur une colline, un peu à la manière d'un village européen. En saison, elle est fréquentée par les skieurs de la région.

De la mule au chameau

Après cette pause, vous pouvez rejoindre l'I 40 en direction de Los Angeles. Cette route est la principale voie utilisée par les Californiens qui viennent dans le Grand Canyon, et visitent les pricipaux sites du nord de l'Arizona. Il y a une centaine d'années, il s'agissait là d'une piste pour les chameaux, ou plus exactement, d'un site d'entraînement pour ces animaux. Vers la fin des années 1850, l'armée américaine a testé la capacité des chameaux à évoluer dans cette région difficile où peinaient les mules et les chevaux. Bien que l'expérience fût un succès, le manque de fonds et la déclaration de la guerre de Sécession mirent fin à cette expérience. Cela fit plaisir à beaucoup d'habitants de la région, parce que ces mammifères avaient la réputation de causer d'importants dégâts, et de sentir excessivement mauvais. Les animaux vécurent un bon moment en liberté dans la nature, se livrant à quelques saccages, jusqu'au moment où la chasse au chameau devint un sport à la mode…

Dans le Painted Desert.

Kingman, à 185 km de Williams par l'I 40, est le chef-lieu du **Mojave County**. C'est aussi le siège d'un quotidien qui couvre l'actualité du comté, même si d'autres journaux sont lus ici, notamment le *Times* de Los Angeles, le *Review-Journal* de Las Vegas, ou l'*Arizona Republic* de Phoenix, les trois grands organes d'influence pour la région. A Kingman, les voyageurs quittent l'I 40 pour rejoindre l'US 93 vers le nord, la dernière grande ville d'Arizona est la véritable porte d'accès à Las Vegas.

Mais de Kingman on peut aussi rejoindre une foule de sites touristiques relativement proches: le **Hoover Dam** avec **Lake Mead**; les villes minières fantômes près de **Chloride** en Arizona; le **Hualapai Mountain Park**; vers le sud, enfin, **Lake Havasu** et **Lake Havasu City**. Cela dit, ceux qui s'arrêtent à Kingman peuvent y visiter plusieurs choses, dont le **Mojave Museum of History and the Arts**, qui abrite des collections d'objets retraçant l'histoire du nord-est de l'Arizona et des Indiens. **Locomotive Park**, pour sa part, est un monument dédié à la Santa Fe Line, qui fut à l'origine de la fondation de cette cité en 1883.

Un morceau de Londres

En poursuivant votre route sur l'I 40, vous passerez Holy Moses Wash, les sorties vers Yucca, et les dents rocheuses qui bordent les deux côtés de la route. A la sortie 9, prenez la State 95 vers le sud jusqu'à Lake Havasu City, Lake Havasu State Park et le **London Bridge**. Oui, vous avez bien lu, le London Bridge.

A une trentaine de kilomètres au sud de l'I 40, les paysages désertiques cèdent la place aux constructions humaines. On aperçoit les premières lueurs du Lake Havasu, dont les eaux bleues s'étendent vers le sud. Ce lac artificiel, retenu par le **Parker Dam**, sert à irriguer de vastes étendues du sud de la Californie, dont Los Angeles. Lake Havasu City, construite en même temps, a été programmée pour devenir une station touristique en bordure du lac. Robert P. McColloch, le fondateur de cette localité (1964), restera

Le London Bridge, sur le lac Havasu.

dans l'histoire, non parce qu'il fit édifier une cité de loisirs aquatiques au milieu du désert, mais parce qu'il négocia l'achat de l'un des grands monuments londoniens: le London Bridge. Ce pont, construit sur la Tamise en 1824, fut démonté pièce par pièce, et remonté sur le Lake Havasu dans son état d'origine, avant d'être inauguré par le Lord Mayor de Londres, sir Peter Studd. Malgré la recomposition de l'environnement initial par des paysagistes, on ne peut échapper à la sensation bizarre que ce pont est une pièce rapportée, qui ne doit son existence sur le site qu'à une prouesse technique.

le **London Bridge English Village** a été aménagé au pied du pont, dans Lake Havasu City. Il s'agit d'une sorte de village anglais, qui comporte des reproductions de bâtiments de style Tudor, des boutiques, des restaurants, un bus à impériale, une cabine téléphonique londonienne, et même une petite copie de Big Ben, la célèbre horloge du parlement britannique. L'ensemble est très curieux, c'est le moins que l'on puisse dire. Vous pourrez louer un bateau (un pédalo, une planche à voile, etc.) et aller vous promener sur le lac, sous le pont, ce qui vous donnera un peu de recul pour juger de l'ensemble.

Les affres de la chaleur

On peut ensuite gagner **Parker**, située à une soixantaine de kilomètres au sud de Lake Havasu City, par la State 95. Cette cité se trouve à l'intérieur de la Colorado River Indian Reservation. Dernier arrêt avant la sécheresse, il est conseillé d'en profiter et de bien se réhydrater.

Si vous voyagez dans une voiture à air conditionné et que vous décidez de faire une petite pause à **Quartzsite** (à 58 km au sud de Parker), vous risquez d'être surpris. La chaleur diminue légèrement en hiver, mais en été, faites attention, vous risquez l'insolation. D'ailleurs, plus vous descendez vers le sud, plus cela empire. Comme se plaint un habitant chagriné: *« Oh, il y a bien des choses à faire en hiver, mais en été tout le monde fuit la région comme la peste. »* Parmi ces choses à faire pour les visiteurs, il faut

Gravure montrant des danseurs mojaves.

LAS VEGAS

Las Vegas est à cinq heures de route de Los Angeles. La Santa Monica Freeway (I 10) rencontre à l'est l'I 15 après Rancho Cucamonga. Cette route mène directement à Las Vegas, à 364 km vers le nord-est.

Impair et passe !

Chaque année, 12 millions de visiteurs viennent vider leurs poches à Las Vegas, et y laissent en tout 4,2 milliards de dollars pour satisfaire leur insatiable appétit de jeux et de frivolités diverses. Pourtant, Las Vegas est longtemps demeurée une petite ville assoupie dans le désert, à peine consciente des forces qui étaient en train de se mettre en branle après la légalisation du jeu en 1931 par les autorités du Nevada. Il fallut attendre que Bugsy Siegel réveille ce dragon de néon qui crache des pièces de monnaie (beaucoup moins qu'il n'en consomme), pour que Las Vegas devienne la grande Las Vegas.

Tout a commencé en 1946 avec l'ouverture du premier hôtel-casino, celui de Siegel, le **Flamingo Hotel**, qui est aussi étonnant aujourd'hui qu'il l'était à l'époque. Vue d'en haut, Las Vegas est divisée en deux parties : le **Strip** (Las Vegas Boulevard) et *downtown*, ou **Glitter Gulch**. En ce qui concerne le jeu, on dit que les casinos de *downtown* offrent de meilleures chances de gagner (ou de perdre moins vite, c'est selon...). Si vous avez choisi de jouer, la prudence veut que vous vous fixiez une limite supérieure de mise. Vous avez peu d'espoir de gagner une fortune, mais vous êtes sûr d'éviter de vous retrouver sur la paille.

D'ailleurs la meilleure façon de découvrir Las Vegas est peut-être de ne pas jouer du tout, et de visiter tous les casinos de la ville qui se battent pour attirer la clientèle à coups de curiosités et d'offres alléchantes. Vous vous restaurerez et même jouerez un peu, gratuitement. Dans ce cas, on dit que Las Vegas est la ville la moins chère des États-Unis. Vous pourriez passer des semaines à explorer le **MGM Grand Hotel** (Bally's Las Vegas) et à profiter de ses cinémas, de ses piscines, de ses six restaurants, de ses quatre bars à cocktails, de ses dix courts de tennis, de sa galerie marchande, etc.

Plus étonnant encore, vous pourrez découvrir le **Cesar's Palace**, l'œuvre d'un mégalomane. Il s'agit d'une version *peplum* du casino, en d'autres termes la capitale de l'exotisme en carton-pâte pour richissimes blasés. Moins grandiose mais tout aussi exubérant, le **Circus-Circus** est le seul casino ouvert aux enfants. Des attractions de cirque (acrobates, jeux de foire...) sont organisées régulièrement pour distraire ceux qui ne jouent pas, et les autres.

On boit gratuitement dans tous les casinos ; il suffit d'aller s'asseoir en face du Keno (la loterie). Les hôtesses vous offriront autant de verres que vous le souhaitez. Pour les repas, il suffit de vous procurer des carnets de coupons *(fun books)*, qui permettent d'avoir des tarifs très intéressants sur les buffets *All you can eat* (ad libitum si vous préférez...) dans la plupart des casinos. Ces carnets sont gratuits ou bradés dans les hôtels de la ville.

mentionner le Pow Wow, une sorte de grand marché aux pierres qui réunit un nombre incroyable de collectionneurs (sept cent cinquante mille en tout) en janvier et en février. Ils peuvent aussi visiter le musée consacré aux populations indiennes riveraines du Colorado. Votre séjour sera certainement bref, et vous n'allez pas hésiter à sauter dans votre voiture pour suivre l'US 95 jusqu'à Yuma.

La Route du diable

Lorsque le plus infatigable des missionnaires espagnols, Padre Eusebio Kino, ouvrit en 1699 une piste de Sonoita, au Mexique, jusqu'à l'endroit où s'est élevée Yuma, il surnomma cet itinéraire *El Camino del Diablo*, la Route du diable. On aurait juré que ce chemin conduisait en enfer. Yuma continue de brûler à petit feu, même si la cité est tempérée par l'air conditionné, permettant aux êtres humains d'y habiter ou de la visiter. Située près de la confluence de la Colorado River et de la Gila River, Yuma est devenue un centre de communications important depuis la «ruée vers l'or» de 1849. Habitant le seul gué naturel qui soit sur la piste en direction du Pacifique, les Yumains commencèrent à acheminer les prospecteurs dans le pays de l'or. Puis, en 1858, une mine d'or fut découverte à l'est de Yuma. La ville devint un port actif, et le minerai fut transporté par les vapeurs jusque dans le golfe de Californie.

Yuma aujourd'hui

Après la fermeture des mines et la construction de barrages sur le fleuve, Yuma devint un centre agricole grâce au développement de zones irriguées. La cité n'en a pas pour autant perdu sa vocation de carrefour, puisque l'I 8 y croise l'US 95. En hiver ces routes sont surchargées par tous ceux qui partent profiter du soleil, et en été bien sûr, la chaleur est infernale.

Les visiteurs s'attardent particulièrement dans le quartier historique, **Old Yuma**, près de la rive du fleuve, et vont ensuite visiter le **Yuma Territorial Prison State Historical Park**, l'ancienne

Paysage aride près de Yuma.

prison territoriale, fermée en 1909, connues son cachot *Dark Cell*. L'un des bâtiments a été transformé en musée consacré à la vie pénitentiaire. Les différents portraits des prisonniers donnent une image précise de ce que devait être la vie dans cette partie de l'Arizona au début du siècle. Les autorités de l'époque voulaient qu'un séjour en prison ait une réelle valeur dissuasive, d'où les conditions de détention très dures.

En dehors de cette collection sont rassemblés dans l'ancienne prison des objets indiens, des poteries hopies, des paniers apaches et maricopas.

Eurêka, la Californie !

De l'autre côté du fleuve Colorado, le passage invisible dans l'État de Californie est salué par l'apparition de terres cultivées. En suivant l'I 8 qui se dirige vers la côte, là où le Pacifique baigne des plages perpétuellement ensoleillées, le mythe californien voit peu à peu le jour. Mais pour l'instant nous sommes encore dans le désert.

Affiche datant de la ruée vers l'or.

Dans l'**Imperial County**, juste à la frontière de la Californie, on aperçoit des dunes de sable, très rares dans les déserts de l'Arizona. Les cristaux de quartz qui couvrent la route s'accrochent dans les buissons et scintillent sous un ciel parsemé de nuages floconneux. Des îlots de verdure, des champs irrigués et quelques palmiers apparaissent de temps à autre, après la portion aride qui sépare Yuma d'**El Centro** (93 km). El Centro est au cœur d'un réseau de canaux alimentés par New River et Alamo River, dont le principal est l'**All-American Canal**. Plus à l'ouest le vent soulève la poussière de quartz et entoure les palmiers et les champs d'une sorte de halo trouble.

En route vers **Ocotillo**, située à 45 km à l'ouest d'El Centro par l'I 8, on approche des chaînes montagneuses du nord-ouest, obscurcies par la poussière. En descendant dans la vallée où la route longe Ocotillo, les vents se renforcent et l'on distingue plus clairement l'objectif : une grande masse rocheuse qui s'étend devant vous avec, à ses pieds, une bande de sable blanc surchauffée.

A **Mountain Spring**, vous pénétrez dans le **San Diego County** et vous vous dirigez vers le sud pour longer la frontière mexicaine. La route monte à pic, passe In-Ko-Pah Road, et rejoint **Jacumba**, sur la frontière. Les sommets rocheux prennent des teintes superbes, avec des touches de blanc, de rouge et de bleu.

San Diego en ligne de mire

Près de **Live Oak Springs**, 43 kilomètres à l'ouest d'Ocotillo, les vents faiblissent et l'I 8 redescend vers les vallées à travers la **Cleveland National Forest**. Environ 70 km après Live Oak Springs, on atteint **El Cajon**, une belle cité qui constitue le premier grand jalon oriental de la zone métropolitaine de San Diego. Vient ensuite **La Mesa**, dans un paysage pittoresque de collines à l'ouest d'El Cajon. L'irruption prochaine d'une grande ville se confirme : la circulation sur l'I 8 devient de plus en plus dense. L'I 15 est la voie d'accès à San Diego. Plus la route se rapproche des plages du Pacifique, plus les centres commerciaux et les immenses hôtels se multiplient. Au sud, on devine la cité de San Diego.

A - Le sud de la côte pacifique (p. 271)
B - Los Angeles (p. 275)
C - La Pacific Coast Highway (p. 278)
D - La côte rocheuse de Californie (p. 281)
E - San Francisco (p. 284)
F - Splendeur naturelle de la Californie (p. 288)
G - Au pays de arbres géants (p. 290)
H - L'Oregon intérieur (p. 295)
I - La côte Nord de l'Oregon (p. 299)
J - Les sommets de l'État de Washington (p. 301)
Canada
Washington
Seattle
5
90
Mt. Rainier
Mt. St. Helens
Astoria
Portland
Océan
Pacifique
101
Newport
Corvallis
Eugene
Oregon
Montana
Idaho
Roseburg
Medford
Crater Lake
Jacksonville
Eureka
Mendocino
Salt Lake City
Napa
Oakland
San Francisco
California
Nevada
Utah
Monterey
Big Sur
San Simeon
Las Vegas
Pismo Beach
Santa Barbara
Los Angeles
Arizona
0
100
200 miles
150
300 km
San Diego
8
L'ITINÉRAIRE OUEST

LE SUD DE LA COTE PACIFIQUE

San Diego est le berceau de la Californie moderne, l'endroit à partir duquel s'est épanoui le *Golden State*. Le site même de la ville est représentatif du paysage commun à l'ensemble de la Californie : un mélange de déserts et de collines boisées au bord de l'océan Pacifique.

En 1769, le roi d'Espagne Charles III envoya quatre-vingt-dix hommes pour lutter contre l'influence des colons russes et anglais qui commençaient à peupler le littoral ouest de l'Amérique. Lorsque l'expédition atteignit le port naturel de San Diego Bay's, les tempêtes avaient réduit le contingent à trente hommes. Parmi eux, le père Junípero Serra et Gaspar Portola fondèrent une série de missions et de forteresses le long de la côte. La plupart de ces installations sont devenues de grandes cités du littoral californien, y compris San Diego. Des promenades dans les environs vous permettront de visiter des sites d'une grande beauté, comme l'ancienne cité minière de **Julian**, les paysages luxuriants de **Lake Cuyamaca**, ou **Santa Ysabel**. Vous aurez peut-être envie aussi d'aller faire un tour de l'autre côté de la frontière mexicaine, à **Tijuana**, à **Tecate** et à **Ensenada**. Tous ces endroits, qui attirent aussi bien les touristes que les habitants de la région, sont à quelques encablures d'une ville en plein développement, qui combine les avantages d'une grande métropole et les charmes d'une station touristique.

L'esprit de la mer

Dans aucune autre cité du littoral, cette atmosphère particulière qui règne dans les ports ou les stations balnéaires n'est aussi vivante qu'à **La Jolla** (prononcez « La Hoy-Ya »). On trouve dans cette station résidentielle le célèbre institut océanographique **Scripps Institute of Oceanography**, ainsi que les demeures les plus pittoresques de la région. Mais l'endroit doit la plus grande partie de sa

Pages précédentes : Monterey, n Californie ; la Rose Bowl Parade le Pasadena ; l'architecture victorienne de San Francisco égayée de vives couleurs. Ci-dessous, vue le San Diego.

réputation à ses criques superbes qui attirent à la fois les plongeurs de haut vol, et les amateurs de plongée sous-marine. Toute proche, **Black's Beach** est une superbe plage. Le paysage de la baie, un étonnant mélange de gratte-ciel en verre, de palaces Arts déco et de tours mauresques, rappelle aux visiteurs que San Diego est la seconde ville de Californie. L'ancien quartier commercial de la cité, **Gaslamp Quarter**, est devenu le havre des artistes. Les bâtiments et les boutiques ont été restaurés pour retrouver le visage qu'avait l'endroit lorsque San Diego était un port de pêche à la baleine.

On a une vue superbe sur l'ensemble de la ville en se rendant à **Cabrillo Point**, l'extrémité sud de **Point Loma**. La péninsule de Loma protège la baie contre les attaques de l'océan, dont les vagues puissantes ont taillé les magnifiques falaises de **Sunset Cliffs**. Si l'on se place un peu en hauteur, au-dessus des dunes couvertes d'arbustes, on peut apercevoir des baleines grises nager le long de Baja Peninsula, entre fin novembre et mars.

Les amateurs de vie sauvage peuvent encore se tourner vers le célèbre **San Diego Zoo**, qui abrite un nombre considérable d'espèces (800 environ) qui évoluent dans un milieu conçu pour être le plus proche de leur environnement réel. Les visiteurs passent d'un habitat à l'autre en prenant des tapis roulants, ou une navette. Le zoo est l'installation la plus importante des 560 ha de **Balboa Park**, mais il y a bien d'autres choses à voir, notamment une foule de musées où il est question de technologie aérospatiale, d'histoire naturelle, d'art, de sports, d'astronomie et d'anthropologie.

Le paradis sur terre

Dans San Diego, un autre espace de verdure est consacré à l'histoire de la ville. **Presidio Park** présente les fouilles qui sont menées pour exhumer les fondations de l'ancienne forteresse, et comprend un musée consacré au travail de missionnaire accompli par le père Serra. On peut également se rendre à la **Mission San Diego de Alcala**, dans **Mission Valley**, une dizaine de kilomètres à l'est. La sérénité qui règne dans cette mission et dans les vingt autres de la région, cache le prix qui fut payé pour le salut des âmes sur terre. *«Les terres du Sud constituaient un endroit qui, moyennant de l'eau, des engrais, des outils et de l'imagination, pouvait être transformé au gré de l'imagination des hommes.»*, ont écrit D. Gebhard et R. Winter, dans leur étude *Architecture in Los Angeles.*

L'**Orange County** est un ensemble de parcs de loisirs qui ont fleuri dans cette région, entre San Diego et Los Angeles. Le grand modèle de ces parcs fut la célébrissime réalisation de Walt Disney, **Disneyland**, qui est certainement, quelle que soit l'opinion qu'on en ait, le plus formidable et le mieux conçu de tous les parcs d'attractions du monde.

Ce modèle a été repris, à une échelle moindre, par une quantité d'autres parcs: **Knott's Berry Farm**, **Lion Country Safari**, **Alligator Farm**, **Movie World**, **Movieland Wax Museum**, et le **Palace of Living Art**. Un détour dans ces endroits stupéfiants est sans aucun doute la meilleure préparation que l'on puisse imaginer pour aborder Los Angeles, le royaume de l'invention en tout genre.

Tigre royal de Sumatra, au San Diego Wild Animal Park.

LOS ANGELES

Un nombre considérable de modes américaines sont nées ici, dans l'immense métropole de Los Angeles. Aucun visiteur européen ne peut échapper à la stupéfaction en se rendant à Los Angeles. Rien ne ressemble ici à une grande ville européenne. Il n'y a aucun point de repère possible dans cette étendue infinie de béton. A Los Angeles, vous n'êtes rien sans voiture, tout juste une fourmi égarée, incapable de rien faire, condamnée à passer à côté de tous les plaisirs qui vous sont offerts autrement. Car Los Angeles est la capitale américaine de la technologie moderne, et de ce que les Américains appellent la *mass culture*.

Et de fait, Los Angeles est bien la capitale culturelle de la côte Ouest, avec quelques-uns des plus extraordinaires musées du pays, dont le **Museum of Natural History** à **Exposition Park**, ou la **Huntington Library and Art Gallery** de San Marino qui possède les manuscrits originaux des œuvres de Shakespeare.

Pour la musique classique et la danse, le **Music Center** et le **Hollywood Bowl** sont les deux hauts lieux de la ville. Curieusement, les night-clubs qui organisent des concerts de musique rock ou de jazz sont relativement déserts. Ce paradoxe pour une ville aussi jeune, a une explication: la passion immodérée de tous pour la télévision et pour le cinéma (que l'on préfère regarder sur son poste d'ailleurs).

Los Angeles est de surcroît un important centre de recherches universitaires, avec deux campus, celui de l'**University of Southern California** (USC) et celui de l'**University of California** (UCLA).

Mais on passera à côté de l'essentiel si l'on refuse de voir que Los Angeles fabrique avant tout des comportements allant de la coupe de cheveux à l'aménagement intérieur, en passant par la mode vestimentaire et les goûts musicaux. Une myriade d'éléments insignifiants qui s'exportent pourtant dans toute l'Amérique et dans une grande partie du monde. Le surfer blond et bronzé, les créatures de rêves dont les formes sont soigneusement modelées dans les salles d'aérobic, sont deux des créations les plus durables de cette industrie de la mode. La ville a construit le plus vaste réseau d'autoroutes du monde (des *freeways*, c'est-à-dire des autoroutes gratuites). Ce réseau de communication entre les différentes communautés de Los Angeles a été conçu dans les années 30, et aménagé bien après 1950, ce qui constitue le signe le plus éclatant de la jeunesse de cette cité. Son histoire n'a véritablement commencé qu'au début de ce siècle, après que trois événements eurent scellé le destin de la ville.

Vue du réseau routier conduisant à la ville.

La découverte de pétrole au début du siècle a donné une impulsion économique primordiale à la cité à partir des années 20. En second lieu, l'achat d'Owens Valley, dans le nord de la Californie, a assuré à la ville un approvisionnement constant en eau. Enfin, plusieurs pionniers du cinéma ont quitté Chicago pour Los Angeles afin d'échapper aux procès que leur intentait Thomas Edison. Voilà quelles sont les trois bases fondamentales de l'expansion de cette ville.

Le réseau routier a scellé l'histoire d'amour entre Los Angeles et l'automobile, qui est devenue aussi importante pour les habitants que leurs vêtements. L'automobile est ici un signe social qui a touché tous les aspects de la vie, jusqu'à la religion. Les conducteurs du dimanche peuvent assister à la messe dans la **Drive-In Church** (9 ha) de Garden Grove, sans quitter le siège de leur voiture. Si celle-ci est souvent inévitable, le centre ville a la préférence des touristes car c'est le seul endroit de l'agglomération (à part Westwood et les plages) où il est préférable de se promener à pied. On y trouve les versions locales de **Chinatown**, d'une sobriété surprenante, et de **Little Tokyo**, une sorte de centre commercial ultramoderne. Le quartier historique qui s'étend autour d'**Olvera Street** est peuplé de vendeurs mexicains qui proposent *piñatas* et *sombreros*.

Les studios de **Hollywood** ont depuis longtemps déménagé à **Burbank** et ailleurs, mais aucune autre époque de l'histoire de la ville ne fait autant la fierté de ses habitants: celle où la gloire de Hollywood était à son zénith. D'ailleurs, rien n'a changé, puisque, tandis que les touristes attendent patiemment devant le restaurant **Barney's Beanery** ou visitent les **Universal Studios** dans l'espoir d'apercevoir leur star favorite, les habitants de Los Angeles sont saisis de la même excitation lorsqu'ils croisent une vedette au supermarché du coin. La télévision est devenue une source de gloire aussi importante que le cinéma. Les *shows* sont tournés ici, et les scénaristes, les producteurs et les acteurs vivent ici. C'est ici que sont définis les critères de la beauté féminine et masculine, ainsi que ce que doit être la famille. Déjà en 1905, l'entrepreneur Abbot Kinney proposait de réaliser dans la communauté de **Venice** une réplique grandiose de la cité des Doges, avec ses canaux, ses gondoles et ses maisons vénitiennes. Le projet s'avéra financièrement irréalisable; les velléités culturelles se concrétisèrent par des parcs d'attractions, et les canaux finirent par être comblés les uns après les autres.

Aujourd'hui Venice est devenu le quartier des artistes, des *break dancers* sur *roller-skate* et de punks qui se pressent sur la promenade du bord de mer. Le long des plages, de petits enclos abritent des créatures enduites d'huile qui soulèvent de la fonte pour le plaisir de faire admirer leurs muscles. L'ensemble forme un tableau assez étonnant des voies qu'emprunte parfois le «rêve américain» pour se réaliser.

La plage-culture

Dans les images qui surgissent lorsqu'on évoque Los Angeles, il y a tout d'abord cette immense ensemble bétonné d'autoroutes, et tout de suite après l'idée d'un paradis tropical au bord de l'océan. La vie sur la plage, avec ses éternels surfeurs et ses blondes en bikini, a été immortalisée dans tous les médias américains par une quantité de films et de chansons (*Surfin' USA*, des Beach Boys, pour ne citer que la plus connue). A Los Angeles la réalité dépasse largement la fiction. Les femmes rivalisent de beauté et de bronzage, tandis que les hommes roulent les mécaniques avec un soin extraordinaire. Cette *plage-culture* est tellement répandue que, géographiquement parlant, elle s'est scindée en plusieurs secteurs.

L.A. by night.

Malibu, le secteur le plus au nord, est récemment devenu le centre de la richesse de Los Angeles. On aperçoit de loin les villas de bord de mer appartenant à des stars comme Dustin Hoffman, Johnny Carson ou Larry Hagman. Pour protéger la tranquillité de leur paradis privé, les privilégiés de Malibu ont fait pousser d'épais buissons autour des panneaux qui signalent l'accès à la plage publique...

Juste au sud de Malibu, on trouve la plage très populaire de **Santa Monica**, avec une célèbre promenade et une jetée où l'on trouve une foule de boutiques et de restaurants. L'ensemble tente de recréer l'atmosphère d'un village. Le long d'**Ocean Avenue** vous aurez droit à un coucher de soleil digne des cartes postales les plus enchanteresses. Un petit détour en voiture vers le nord, sur **Topanga Canyon Boulevard**, vous permettra de traverser un paysage naturel de Los Angeles tout à fait inattendu.

South Bay, qui comprend les plages de **Manhattan**, **Hermosa** et **Redondo**, se rapproche plus de la Californie telle qu'elle fut décrite par les Beach Boys, en particulier à Manhattan Beach. Le paysage est une forêt de planches de surf, et le vendredi soir on se croirait au milieu d'une scène d'*American Graffiti*...

Image d'Épinal des Etats-Unis.

San Pedro marque le début du littoral industriel, avec une quantité de cargos et de pétroliers. Lorsqu'on est sur **Long Beach**, on aperçoit au loin des plates-formes pétrolières dont certaines sont habilement déguisées en îlots. Long Beach possède le plus important port artificiel du monde, dans lequel on voit le *Queen Mary*, le plus grand paquebot jamais construit et, abrité sous un gigantesque dôme, le *Spruce Goose*, le plus grand avion jamais réalisé. Il appartenait au cinéaste Howard Hugues. Vous l'avez compris, nous sommes dans le royaume de la démesure.

Les rues des stars

Il existe à Los Angeles un autre mythe tout aussi important que celui de ses plages: **Beverly Hills**. Les superbes propriétés de ce quartier sont le symbole de la réussite sociale et du prestige. Beverly Hills est l'endroit où les stars américaines jouent aux stars. Et si vous avez une fortune à dépenser, vous pourrez aller faire vos emplettes dans les boutiques de luxe de **Rodeo Drive**.

Jusque dans les années 40, **San Fernando Valley** était le refuge de ceux qui ne voulaient pas, ou ne pouvaient pas (à cause de moyens trop faibles), se fondre dans le paysage urbain de Los Angeles. Après la Seconde Guerre mondiale, la vallée est devenu l'un des principaux pôles d'attraction urbaine à vocation résidentielle. Lorsque dans les années 70 Franck Zappa chanta son tube *Valley Girl*, cet endroit finit par être incorporé à la mystique de Los Angeles. Les centres commerciaux de **Sherman Oaks**, d'**Encino** ou de **Woodland Hills** (des localités de la vallée) se mirent à ressembler à tous ceux des environs. Peu à peu, l'homogénéité des valeurs permit à la vallée de se fondre dans le modèle de Los Angeles. Enfin, une promenade à travers le désert montagneux de la région de **Tujunga Canyon** sera la preuve parfaite que Los Angeles a bien d'autres choses à offrir à ses nombreux visiteurs que des plages de sable.

LA PACIFIC COAST HIGHWAY

Santa Barbara marque approximativement la frontière de la Californie du Sud, l'endroit à partir duquel l'influence de Los Angeles disparaît. A Gaviota, l'US 101 vire brusquement pour aborder les montagnes de l'intérieur des terres, et longer des localités rurales jusqu'à San Francisco. Juste après, la Pacific Coast Highway (State 1) traverse la chaîne de Santa Ynez vers les terres de Lompoc. La côte réapparaît à Pismo avec une vue somptueuse sur les eaux bleues qui bordent une plage couverte de dunes. Les champs cultivés s'étendent jusqu'aux pieds des montagnes. A partir de là, la State 1 continue son trajet sur le littoral et atteint San Simeon avec le palais de William Randolph Hearst.

Un héritage factice

Dès que l'on arrive à Santa Barbara on est frappé par l'architecture méditerranéenne d'une quantité de bâtiments. D'autres aspects de la ville en ont fait une cité balnéaire de grande réputation: des kilomètres de plages, des falaises superbes, et un quartier commerçant très cosmopolite. Les maisons passées au lait de chaux, les tuiles, les arcades, les balcons en fer forgé donnent aux visiteurs l'impression que Santa Barbara a conservé des liens étroits avec son passé. On peut appeler cela une supercherie. Cet héritage andalou est une fabrication récente. Un journaliste a écrit ceci: *«La cité et ses architectes ont été capables de créer le mythe d'une tradition, qui est devenue plus vraisemblable que la réalité historique elle-même.»*

Or, la réalité historique est celle-ci: lorsqu'une nouvelle résidente, Pearl Chase, arriva en 1909 à Santa Barbara, elle fut déconcertée par l'architecture sans caractère de la ville. Profitant des désastres provoqués par le tremblement de terre de 1925, cette femme dynamique fonda une association architecturale, l'Architectural Board of Review, et fit adopter un code de construction. Aujourd'hui, les bâtiments commerciaux qui se construisent à Santa Barbara ont l'obligation d'avoir une façade blanchie à la chaux et des tuiles. La cité de **Lompoc** ne présente guère d'intérêt pour les visiteurs, si ce n'est la présence de **La Purisma Conception**, la 11e mission de l'État de Californie. Le visage le plus plaisant de Lompoc est celui que l'on trouve en sortant de la ville: une magnifique étendue de champs de fleurs. L'horticulture est une spécialité locale qui a considérablement embelli le site.

Il existe à **Pismo Beach** une légende célèbre: celle des palourdes grosses comme une assiette. *«C'était il y a bien longtemps»*, a-t-on l'habitude de vous répondre avec une nuance de nostalgie dans la voix si vous posez la question. Bien longtemps, c'est certain. Après enquête, cette histoire tenace est une vaste fumisterie. Les palourdes, nombreuses et délicieuses en cet endroit du littoral, ont disparu au début des années 80, décimées par une pêche trop intensive et par les prédateurs marins. Aujourd'hui les crustacés sont protégés, mais on en trouve encore assez peu. Cette catas-

Toits espagnols de Santa Barbara.

trophe aurait dû nuire à la célébrité de Prismo. Au contraire, la rareté du produit a amené les restaurants à augmenter leurs prix, et personne ne boude la localité qui reste un joli petit village de bord de mer, avec ses boutiques de plage sans prétention où l'on vend des tee-shirts, des produits solaires…

Bienvenue à Hearst Castle

Lorsque l'on regarde Hearst Castle du parking, on est obligé de se rendre à l'évidence: le célèbre magnat de la presse américaine, William Hearst, qui servit de modèle à Orson Welles pour son film *Citizen Kane*, a choisi un site d'une grande beauté pour faire installer son domaine. Construit sur la propriété familiale, le château fut dessiné par l'architecte Julia Morgan. Il s'agit d'un véritable lieu d'exposition pour les collections historiques personnelles d'un homme richissime. Les constructions elles-mêmes comportent d'authentiques fresques romaines, des plafonds sculptés d'Espagne, des tourelles portugaises. L'ensemble révèle un goût du détail stupéfiant. L'intérieur est un peu comme une caverne d'Ali-Baba qui serait couverte d'une richesse infinie, ne laissant pas le moindre centimètre carré dénudé. A chaque endroit, Hearst a disposé un petit morceau d'histoire, un témoignage des richesses artisanales. Siècle après siècle, des princes, des notables ont possédé et transmis ces tapisseries, ces statues de marbre, ces travaux d'orfèvrerie que vous avez devant les yeux. L'élément le plus infime est une merveille en soi, un chef-d'œuvre authentique. Et le mélange des styles donne au site un caractère factice paradoxal. La visite s'achève avec le sentiment que William Randolph Hearst était atteint d'une sorte de complexe historique. L'absence de vestiges du passé comme il en existe en Europe, semble ici compensée par le pouvoir de l'argent. Si l'on rapproche cette boulimie vertigineuse du décor de Santa Barbara, on trouve peut-être le même phénomène: celui d'une nation à la recherche de racines dont elle a été dépossédée lors de son exil dans le Nouveau Monde.

Luxe et classicisme à San Simeon.

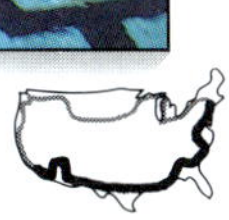

LA COTE ROCHEUSE DE CALIFORNIE

Au nord de San Simeon, la Pacific Coast Highway traverse des zones montagneuses qui se précipitent brutalement dans l'océan. En contrebas on découvre un ensemble extraordinaire de falaises érodées et d'arches naturelles. La péninsule de Point Lobos, parfaitement intacte, donne la possibilité de contempler ce paysage de rouleaux déchaînés et de cyprès tortueux.

En se dirigeant vers les collines surpeuplées de San Francisco, la route dépasse la péninsule de Monterey. Un petit détour à l'ouest permet de rejoindre Carmel où bon nombre d'artistes et d'écrivains de San Francisco ont créé leur petit monde après le tremblement de terre du début du siècle (Clint Eastwood en est le maire). Les touristes y affluent, attirés par les boutiques de cette station balnéaire et sans doute par l'espoir d'y croiser une célébrité. Un autre station à la mode, **Monterey**, servit de modèle à John Steinbeck pour ses romans *Tortilla Flat* et *Rue de la Sardine*. Cette petite ville s'est considérablement développée depuis, tout en gardant un caractère colonial plein de charme. A Castroville, plus au nord, les gastronomes n'hésiteront pas à goûter les artichauts qui ont fait la réputation de l'endroit.

La partie du littoral qui s'étend de San Simeon à Monterey Peninsula s'appelle **Big Sur**. Il s'agit d'une étendue sauvage légendaire constellée de petits abris qui furent habités par des pionniers de la troisième génération, amoureux de solitude et de grands paysages. Jusqu'en 1937, les automobiles y étaient interdites. Encore aujourd'hui il n'est pas rare que les tempêtes, ou l'érosion, provoquent l'effondrement dans la mer des falaises sur lesquelles passe la route. Les résidents se retrouvent alors complètement isolés jusqu'à ce que la voie soit reconstruite.

Le site est indiscutablement accidenté, et la plupart des visiteurs qui viennent jusqu'ici s'accordent à dire que Big Sur est la plus belle partie du littoral américain. De sombres montagnes se dressent au-dessus de la mer, percées d'une série de gorges et de ravines. La State 1, qui parcourt ces reliefs entre les cascades et les falaises, offre par endroits une vue extraordinaire sur des kilomètres de côte. De temps à autre, les rails de sécurité disposés au bord de la route paraissent bien fragiles face aux à-pics menaçants.

Les forêts de l'intérieur

La State 1 finit par quitter la côte et bifurque vers la **Los Padres National Forest**. On oublie facilement que l'océan n'est qu'à quelques centaines de mètres, bien qu'on puisse s'y rendre par une série de sentiers aménagés dans la forêt et dans les parcs alentours. La meilleure façon de visiter cet endroit est de quitter la voiture et de se promener, de la forêt à la côte, en se laissant séduire par la combinaison de paysages qui fait la beauté de Big Sur.

Mais s'il vous faut choisir un seul arrêt entre San Simeon et Carmel, optez pour la réserve naturelle de **Point Lobos State Preserve**. Bien qu'il ne faille que quelques heures pour en faire le tour,

A gauche, déferlantes à Big Sur ; à droite, Point Lobos State Preserve.

l'endroit mérite largement qu'on y passe une journée entière. Plusieurs chemins traversent la réserve et offrent au promeneur une composition superbe de paysages variés. Les couleurs des fleurs se mêlent avec les parfums les plus délicats, tandis que votre oreille est bercée par le chant des oiseaux qui se répondent d'un endroit à l'autre, en même temps que les rouleaux explosent sur les rochers.

Juste devant le rivage se dresse **Bird Island**, couverte de cormorans. Ils quittent régulièrement le rocher pour aller survoler les vagues à la recherche de petits poissons. Vous pourrez aussi voir des colonies d'otaries et, peut-être, des baleines grises croiser au large.

Les artistes qui s'installèrent à **Carmel** après le tremblement de terre de San Francisco, cherchèrent à préserver leur nouvel environnement. Ils y interdirent les constructions trop hautes, les feux de circulation, les enseignes au néon, les parcmètres, tout ce qui pouvait rappeler la vie urbaine. Ils ne savaient probablement pas à l'époque que ces mesures et la proximité de Monterey, feraient de Carmel la plus snob de toutes les stations balnéaires. Pour ses résidents, cette petite cité est une merveille; pour les touristes, qui y affluent perpétuellement, ce n'est qu'une sorte de grand centre commercial. On y trouve une foule de boutiques de vêtements et de bijouteries, mais surtout des magasins qui vendent des «objets d'art» de Carmel. Les résidences, souvent jolies, mélangent tous les styles et toutes les extravagances. La tour en pierre, bâtie par le poète Robinson Jeffers avec des matériaux récupérés sur le rivage, est particulièrement frappante.

Promenade historique dans Monterey

La première mission du père Serra fut installée ici: il s'agit de **San Carlos Cathedral**, située le long du **Monterey's Path of History**. (Le bon père finit par déménager pour éviter l'influence néfaste des soldats du presidio, tout proche, sur les Indiens convertis.) Le *Path of History* permet de voir la plupart des bâtiments historiques, ce qui donne une

Le parcours côtier de la State 1.

bonne idée des influences variées de l'architecture de la région.

Vers le front de mer, **Cannery Row** servit de modèle au roman *Rue de la Sardine*, de Steinbeck. La rue que choisit de célébrer l'écrivain n'était pas vraiment un lieu touristique: *«La rue de la Sardine, c'est le chaos. Chaos de fer, d'étain, de rouille, de bouts de bois, de morceaux de pavés, de ronces, d'herbes folles, de boîtes au rebut, de restaurants, de mauvais lieux, d'épiceries bondées et de laboratoires.»* Le monde que décrit Steinbeck coïncide avec l'époque de la disparition mystérieuse des sardines, au milieu des années 40.

Aujourd'hui Cannery Row a été rénovée et abrite l'un des plus beaux aquariums des États-Unis, **Monterey Aquarium**, qui rassemble la plupart des espèces vivant dans les eaux de la région (des requins, des pieuvres géantes, etc).

Une route privée à péage, le **17 Mile Drive**, longe sur une dizaine de kilomètres quelques-unes des plus belles propriétés de Monterey. Toutefois, il n'y a rien d'exceptionnel à voir: on se croirait dans n'importe quel quartier résidentiel cossu d'une ville américaine. Les arbres noueux qui poussent à **Cypress Point** — le seul endroit du monde avec Point Lobos où poussent les cyprès de Monterey — donnent à l'endroit un charme incontestable. En toute honnêteté, si vous êtes pressé par le temps, vous ne manquerez rien en n'empruntant pas cette route privée.

Le long des champs de la baie de Monterey, des panneaux invitent les visiteurs à acheter des artichauts de la région. C'est l'occasion d'aller faire un tour au nord-est, et de rejoindre **Castroville** (par la State 156), «la capitale mondiale de l'artichaut». Un organisme très sérieux, le California Artichoke Advisory Board, met au point toutes les techniques nécessaires à la production de plantes parfaites, du point de vue de la taille, de la consistance, de la forme et même de la couleur.

Le **Giant Artichoke Restaurant** est le point de passage obligé pour les passionnés de ce légume. Vous pourrez aussi acheter des plats à emporter pour vous régaler plus longtemps !

Big Sur.

SAN FRANCISCO

La ruée vers l'or est peut-être une histoire ancienne, mais soyez sûr que la fièvre de ce métal précieux continue d'enflammer les artères de San Francisco. En 1849, date célébrissime dans la région, les prospecteurs arrivèrent de tous les coins des États-Unis: en un an, la population passa de quatre cent cinquante à vingt-cinq mille habitants! L'apparition de différents groupes ethniques, de styles architecturaux variés, et d'une certaine éthique libérale date de la seconde moitié du XIXe siècle. Ces cinquante années furent déterminantes pour l'avenir de la ville.

La promesse de l'or attira les riches et les pauvres d'une quantité de nations; le flot de l'immigration n'a pas cessé à ce jour. Les Italiens ont fait du quartier de North Beach «La Petite Italie» de San Francisco. Les Chinois ont cherché l'or dans les coins qui étaient abandonnés par les Blancs, avant de participer à la construction du chemin de fer transcontinental. Ils ont établi le plus grand **Chinatown** du monde (à part Hong Kong). La population afro-américaine occupe **Western Addition** avec les Japonais dont le nombre ne cesse de croître. **Mission Dolores** est le dernier quartier qui conserve ses racines espagnoles, et l'esprit latin est entretenu par les Mexicains de **Mission District**. La ruée vers l'or transforma à l'époque San Francisco en une Sodome et Gomorrhe car les marins et les prospecteurs déçus firent de la baie le paradis des fumeries d'opium, des maisons de passe et de jeux. La réputation des établissements de **Jackson Square**, aujourd'hui au cœur d'un quartier d'affaires, s'étendait à tous les ports de la côte pacifique.

Vers l'ouest, à **Nob Hill** et **Pacific Heights**, les grands barons du chemin de fer possédaient des propriétés somptueuses qui dominaient les quartiers mal famés. Ces «îlots» sont restés les plus cossus de San Francisco, avec quelques demeures victoriennes d'époque. L'une d'elle, **Mark Hopkins House**, a été transformée en hôtel de luxe.

En 1906, le crime et la richesse atteignirent tous deux leur apogée: un terrible tremblement de terre y mit fin, laissant derrière lui une cité ravagée. Pourtant la secousse ne fut pas extraordinairement forte; elle se borna à renverser les demeures de Nob Hill et à faire éclater les canalisations d'eau de la ville. La pénurie en eau provoqua ensuite la véritable catastrophe: les pompiers ne purent lutter contre les terribles incendies qui se déclarèrent. Vingt-huit mille bâtiments tombèrent en cendres, et l'on compta finalement plus de six cents morts.

Une nouvelle cité réapparut ouverte à la diversité des cultures. Le tremblement de terre avait également emporté avec lui les anciennes valeurs. On se mit à penser davantage à la vanité des richesses; l'or d'hier pouvait être balayé par la prochaine secousse.

On trouve un témoignage physique de cette attitude pondérée dans la Panama Pacific International Exposition de 1915: le **Palace of Fine Arts**, avec sa façade néo-classique, ses dômes et ses coupoles, fut érigé en plâtre et en papier mâché! Ironie de l'histoire, cette structure précaire est restée en place pendant... cin-

Cable car à l'assaut des rues.

quante ans. Elle a été réaménagée, on peut encore la voir.

Hospitalité

Poursuivant une tradition d'accueil qui se perpétue depuis l'arrivée des premiers prospecteurs, San Francisco a toujours ouvert ses portes aux nouveaux arrivants de ce siècle: les réfugiés des années 30, puis les *beatniks* avec, à leur tête, Jack Kerouac et Lawrence Ferlinghetti, qui s'installèrent sur **Telegraph Hill**. La librairie de Ferlinghetti, **City Lights Books**, est restée l'une des plus célèbres du pays. Elle se trouve à côté de Colombus Street. Les hippies ont colonisé le quartier pauvre de **Haight-Ashbury**, qui s'est nettement embourgeoisé depuis. Plus récemment, la population homosexuelle *(gay)* s'est imposée comme étant une composante majeure de la vie économique et politique locale, et s'est installée autour de **Castro Street**.

Fait indiscutable, les habitants de San Francisco ont un penchant pour «les bonnes choses de la vie», et en particulier pour la table. On trouve ici le plus grand nombre de restaurants par habitant au monde. La diversité ethnique explique évidemment la variété des traditions culinaires qui sont représentées. Des plats exotiques de Chinatown, aux pâtes (sur fond de Caruso dans le juke-box) du **Cafe Puccini** de North Beach, vous trouverez toujours de quoi satisfaire vos désirs dans une ambiance agréable.

Quarante collines

Vous l'avez compris, «variété» est le maître mot de San Francisco. La géographie n'y échappe pas, puisque l'on ne compte pas moins de quarante collines qui sont autant de quartiers. A chaque fois que l'on gravit une pente, on a droit à une vue différente sur les alentours. Les gratte-ciel de **Financial District**, parmi eux la **Transamerica Pyramid**, se dessinent très nettement du coin est de **Mission Dolores Park**. La ville s'étend vers l'intérieur des terres au pied de **Coit Tower** (1934, un édifice dédié aux pompiers volontaires), sur Telegraph Hill. Au

Le Golden Gate et, au fond, Frisco.

loin, on aperçoit la silhouette de **Twin Peaks**, deux pics jumeaux de près de 300 m de hauteur.

La meilleure façon de visiter la ville est sans doute de prendre les *cable cars*, ces tramways hors d'âge qui tombent souvent en panne. A partir de 1869, ils remplacèrent les chevaux qui tiraient des carrioles jusqu'en haut des collines. Le brouillard est une autre célébrité de San Francisco. Régulièrement les cornes de brume retentissent dans **San Francisco Bay** pour avertir de son apparition. Le brouillard vient surtout en été et nappe l'ensemble de la baie sous le **Golden Gate Bridge**. Il n'est pas inutile de prévoir une petite laine, car le vent du large est frais. Lorsque le temps est clair, la baie, particulièrement brillante et bleue, est visible de tous les points de la ville.

Parmi les hauts lieux de San Francisco Bay, il faut citer **Berkeley**, dont le campus universitaire est un grand centre d'activité politique et intellectuelle, et le port d'**Oakland** qui vient d'être rénové. (Ne manquez pas d'aller faire un tour à **The First and Last Chance Saloon**, très fréquenté jadis par Jack London.) Qu'il s'agisse d'aller au restaurant, de faire des emplettes, de courir les musées ou simplement de flâner, le centre de San Francisco offre mille façons de satisfaire vos envies. Les habitants attachent une grande importance à la qualité de la vie et le grand nombre de maisons basses, qui créent une atmosphète aérée, en est un signe évident. Cette qualité de la vie remonte peut-être aux mineurs qui s'installaient ici et cherchaient à oublier les pénibles travaux de prospection, ou bien aux marginaux des années 60.

En traversant le Golden Gate Bridge on accède à **Marin County**, une région magnifique. La baie étincelante, parsemée d'îlots, s'étend au pied de prairies magnifiques sous un ciel immense. Dans ce comté les paysages les plus beaux sont ceux de **Muir Woods**. Du haut du **Mount Tamalpais** on jouit d'une vue panoramique sur l'ensemble de la région. Enfin, **Muir Beach Overlook** (indiqué *vista point* sur la State 1) vous permettra d'avoir une dernière vue du littoral avant de rouler en direction de Point Reyes.

Architecture victorienne sur Alamo Square.

LE YOSEMITE NATIONAL PARK

On accède au Yosemite en partant de San Francisco par le Bay Bridge (l'I 80 vers l'est). On prend ensuite l'I 580 puis l'I 205, toujours vers l'est. A Manteca, suivre la State 120 jusqu'à Yosemite Village, le cœur commercial de la Yosemite Valley.

La sierra Nevada domine le paysage de l'est de la Californie, entre les montagnes Tehachapi au nord, et les sommets enneigés des Cascades. En plein cœur de ce site, à 257 km à l'est de San Francisco se trouve le Yosemite National Park. Ce parc national au relief extraordinaire a une végétation et une faune hors du commun: des forêts de séquoias géants, des dômes de granit, les Yosemite Falls — des chutes qui comptent parmi les plus hautes du monde — mais aussi des ours bruns, des cerfs, des chevreuils, des coyotes... Le naturaliste écossais **John Muir** fut le meilleur ambassadeur de cette région. Né en 1839, il passa une grande partie de sa jeunesse à étudier la sierra Nevada, avant de publier plusieurs ouvrages dans lesquels il exposait notamment des théories, acceptées depuis, concernant les origines glaciaires du site. On trouve d'ailleurs des traces des anciens glaciers en observant les larges vallées en forme de U qui forment l'une des grandes bases morphologiques de l'endroit. Militant acharné de la préservation du Yosemite, Muir fut l'un des artisans de la création du parc national en 1890, grâce à une campagne de presse énergique.

Le parc est divisé en plusieurs secteurs. La plupart des visiteurs viennent dans la **Yosemite Valley**, qui est sans doute la partie la plus belle: une grande vallée où coulent les eaux de deux rivières, la Merced et la Tuolumne, et entourée de massifs rocheux somptueux. Les formations rocheuses de Yosemite Valley sont parmi les plus belles du parc: les trois pointes des **Three Brothers**, le **Half Dome**, et surtout **El Capitan**, le plus grand monolithe granitique du monde. Inutile de préciser que ces parois fantastiques sont le paradis des meilleurs grimpeurs.

Le parc possède un grand nombre d'équipements, des terrains de camping, des hôtels, des magasins, des restaurants, et des navettes qui conduisent gratuitement les randonneurs vers les principaux sentiers. 1 120 km ont été aménagés dans le parc pour les randonnées à pied ou à cheval. La période de juin à octobre est la meilleure pour camper dans le Yosemite. Aussi la parc est-il bondé l'été, et il est difficile d'y trouver une place. Il est nécessaire de réserver plusieurs jours à l'avance, ou de dormir dans les villes à l'extérieur. Les autorisations de camping sont gratuites et s'obtiennent dans tous les bureaux de rangers. En hiver un grand nombre de routes sont bloquées par la neige, mais le camping reste autorisé. Si vous voulez partir en randonnée pendant plus d'une journée, il est indispensable de demander une autorisation au Visitor's Center pour des raisons évidentes de sécurité. Les ours peuvent être dangereux et il est préférable que les rangers sachent exactement où vous êtes.

SPLENDEUR NATURELLE DE LA CALIFORNIE

La State 1 traverse une magnifique zone littorale avant de bifurquer vers l'arrière-pays, 320 km au nord de San Francisco. On trouve un grand nombre de vieilles maisons en bois dans des petits ports disséminés entre les deux cités de Fort Bragg et de Mendocino.

La presqu'île sauvage du **Point Reyes National Seashore**, 25 km au nord de **Stinson Beach**, est une curiosité écologique et géologique de la Californie. Ce secteur, profondément instable, s'écarte de la côte de 5 cm par an, car il est situé sur le passage de la célèbre **faille de San Andreas**, qui provoque les fréquentes secousses sismiques de la région. La presqu'île est bordée par la **Tomales Bay**. Les chercheurs ont déterminé que le parc se trouvait actuellement à 500 km de son site initial, à côté des Tehachapi Mountains. Point Reyes fut l'épicentre du tremblement de terre de 1906 qui détruisit San Francisco et déplaça le parc de 5 m vers le nord-ouest. Un sentier de randonnée, l'**Earthquake Trail** (« le sentier du tremblement de terre »), permet aux visiteurs de mieux comprendre les phénomènes géologiques qui sont à l'œuvre sur le site. Pour avoir une vue plus générale du parc, il suffit de rouler une petite demi-heure sur Drake Highway et de rejoindre un phare, le **Point Reyes Lighthouse**, qui phare occupe une position fragile sur des rochers apparemment peu solides. Du haut de ce promontoire, un escalier en ciment de trois cents marches permet de s'approcher des rouleaux qui déferlent en contrebas. En hiver, il est fréquent de voir passer les baleines qui migrent vers Baja.

Il existe peu de routes dans cet environnement sauvage, notamment au sud du phare, mais l'ensemble de la péninsule est quadrillé de chemins de randonnée qui vous conduisent vers des lagons, des marais, des falaises et des plages.

L'entrée de **Bodega Bay** marque le retour sur la côte; une route paisible longe cette anse où l'on aperçoit des docks abandonnés et des bateaux de pêche délavés par les tempêtes. Dans les premières années du XIXe siècle, les Indiens miwoks qui vivaient ici accueillirent une colonie d'immigrés russes qui faisaient le commerce de la fourrure, jusqu'au moment où le gouvernement mexicain prit le contrôle de la région. Peu de choses ont changé depuis cette époque. Le port de Bodega a servi de décor pour le célèbre film d'Alfred Hitchcock, *Les Oiseaux* (1962). Plus récemment, en 1976, ce village a abrité une partie de l'une des réalisations artistiques éphémères de Christo Javacheff, l'« emballage » de 35 km de côte dans un tissu de couleur. (Il fut également l'auteur de l'emballage du Pont-Neuf à Paris.)

Le littoral tourmenté de **Sonoma** à **Mendocino**, est un véritable chef-d'œuvre de l'érosion marine, avec des forêts d'aiguilles et des falaises de grès abruptes. De la route, on jouit de points de vue superbes sur ces formations rocheuses dont les formes sont plus fantastiques les unes que les autres. Vous verrez en chemin de vieilles épiceries et

Drakes Beach, Point Reyes National Seashore.

des pompes à essence, les vestiges de l'époque où l'on convoyait le bois vers les grandes scieries de la région. Fondé en 1851 par un naufragé allemand, le village de Mendocino, perché sur une falaise dominant une petite baie, vivait autrefois de l'industrie du bois.

Malgré la disparition de cette industrie, Mendocino est restée une localité vivante, grâce à l'arrivée dans les années 50 d'une colonie d'artistes de San Francisco, attirée par le cadre pittoresque du village. Le quartier historique abrite maintenant des boutiques élégantes, des restaurants et des antiquaires. Plusieurs films ont été tournés à cet endroit, dont *L'Été 1942*, et l'adaptation du roman de John Steinbeck *A l'Est d'Eden*. Le **Mendocino Art Center** organise des expositions de peintures et de sculptures, des concerts et des spectacles divers. Avant de rejoindre le village de pêcheurs de Fort Bragg, on peut visiter une réserve naturelle, la **Jug Handle State Reserve**. Cette réserve est l'un des parcs nationaux qui se situent sur le littoral, entre Sonoma et Sinkyone. Jug Handle est le site d'un terrassement naturel à cinq niveaux. Les scientifiques estiment que, sous la pression des forces telluriques, la côte s'est soulevée pendant un demi-million d'années, au rythme de 30 m tous les dix mille ans. Au cours de cette période, l'océan a sculpté dans le terrain plusieurs terrasses, qui abritent chacune un écosystème particulier. La dernière de ces terrasses possède une arborescence très particulière, puisque ses arbres séculaires ont en moyenne moins de 1 m de hauteur.

En arrivant à **Fort Bragg**, on longe une succession de bâtiments commerciaux et, en tournant juste après la **Noyo River**, on rejoint le superbe estuaire de la rivière.

Le vieux port de Fort Bragg est animé par un bel ensemble de restaurants de fruits de mer, de docks et de boutiques d'articles de pêche. L'embouchure de la rivière abrite un nombre considérable de bateaux amarrés les uns contre les autres. C'est l'occasion rêvée pour aller se promener sur les berges et pour prendre un bol d'air vivifiant. Fort Bragg est un port de pêche qui vit également du commerce du bois.

Point Reyes.

AU PAYS DES ARBRES GÉANTS

La State 1 longe ensuite un paysage de dunes désolées, balayées par le vent, jusqu'au moment où la route vire vers l'intérieur des terres et rejoint l'US 101. Ce détour vers l'est permet au voyageur de traverser les collines boisées qui courent le long de L'**Eel River**, avant de descendre vers **Leggett** et le **Drive Thru Tree**, l'une des trop nombreuses attractions dont est constellée la forêt de séquoias au sud du parc national de Redwood (certaines sont sublimes, comme l'ensemble du **Humboldt Redwoods State Park**, et d'autres assez ridicules...). Les forêts qui se trouvent entre Leggett et la frontière de l'Oregon, sont celles des séquoias Redwood; ces arbres ont envahi tous les aspects de la vie de la contrée, notamment à cause des qualités propres à ce bois, un matériau excellent pour la construction. Le port d'Eureka fut fondé à l'époque où l'industrie du bois battait son plein. Il continue de vivre de cette activité. L'US 101 poursuit sa route à travers le Redwood National Park et, dans l'Oregon, au-delà de Crescent City.

La grande fierté du pays est la route panoramique appelée **Avenue of the Giants**, longue de 53 km et bordée d'immenses séquoias millénaires. Ces arbres font partie d'un secteur qui longe la côte sur près de 800 km, le seul endroit au monde où l'on peut les admirer. Ces arbres sont les plus hauts du monde: 90 m pour 6 m de diamètre, et certains ont plus de deux mille ans d'existence. Des sculpteurs ont choisi ce bois pour réaliser des ours bruns de taille réelle qu'ils vendent au bord de la route. Des habitants proposent aux visiteurs de découvrir leur domaine, moyennant un prix d'entrée, pour leur montrer tel ou tel spécimen gigantesque. Le passage permanent de camions qui transportent les troncs ou les planches montre l'importance du bois pour l'économie de la région.

La **Demonstration Forest** de la Pacific Lumber Company, à l'extrémité nord de

L'« Avenue des Géants », dans la Redwood Forest.

l'Avenue, est le symbole le plus fort de la tension existant entre les partisans de la préservation de ce patrimoine naturel et les partisans de son exploitation. Le sentier qui parcourt ce domaine a pour but de persuader les visiteurs que la forêt bien gérée se renouvelle, et qu'il est donc possible de l'exploiter massivement.

Il faut savoir que le bois du séquoia est très recherché à cause de sa densité et de sa couleur, en dépit de la sérieuse concurrence des cèdres. Son exploitation industrielle est née en même temps que la ruée vers l'or, mais elle est restée très limitée jusque dans les années 40, date de l'apparition des tronçonneuses. Cette nouvelle technologie a permi d'abattre des hectares de forêt en une seule journée. Le séquoia est alors devenu un arbre économiquement rentable et la forêt a été sérieusement menacée. Il faut quarante ans pour faire pousser un arbre qui ne sera bon qu'à la fabrication de la pâte à papier, et cinq cents ans pour obtenir le grain et la couleur rouge qui font la qualité et la célébrité de ce bois.

Les partisans de la protection du site estiment que le rythme d'abattage est deux fois et demi supérieur à celui du renouvellement de la forêt, malgré la publication de plaquettes touristiques qui affirment sans hésiter que *« chaque année il pousse plus de séquoias Redwoods qu'on en abat »*. Le débat en est là, et les conflits ne sont pas prêts de disparaître.

A 8 km au sud-ouest, par Mattole Road, on trouve un village pittoresque, **Ferndale**, avec plusieurs maisons victoriennes restaurées. Dans les années 1850, bientôt imités par des immigrés italiens et portugais, des colons danois s'installèrent sur les premiers arpents de terre nettoyés par les bûcherons. Leurs maisons ont été généralement bien conservées et les visiteurs peuvent les admirer le long des rues. La beauté des façades bicolores est rehaussée par de superbes rosiers et des haies taillées. Les maisons de Ferndale qui sont un peu à l'écart ont gardé un cachet ancien beaucoup plus authentique. On peut également découvrir un cimetière en terrasses dont les tombes les plus anciennes portent la date de 1870. Ajoutons qu'il y a plusieurs antiquaires, des restaurants, et vous aurez compris que Ferndale est l'endroit rêvé pour passer une nuit hors des sentiers battus.

En ce qui concerne l'architecture victorienne, le port d'**Eureka** est beaucoup plus connu que Ferndale, même si cette réputation n'est pas toujours méritée. Parmi tous les édifices du siècle dernier, **Carson Mansion** fait la fierté de la ville. Construite en 1885, cette maison extravagante, dont l'allure se rapproche du baroque, appartenait à l'un des « barons du bois » qui contribua au développement de la côte. La route traverse les quartiers industriels et commerciaux de la cité, principal port entre San Francisco et la Columbia River. Vous aurez un bel aperçu de Humboldt Bay et d'Arcata Bay en franchissant Samoa Bridge, mais vous en saurez plus en partant en excursion sur les eaux de ces baies, à bord du *Madakat*.

Au nord des quartiers commerciaux d'Eureka, l'US 101 longe **Patrick's Point State Park**, où un réseau de sentiers de randonnée sillonne les falaises rocheuses jusqu'à **Agate Beach**, véritable paradis des vagues déferlantes. Des pierres semi-précieuses, du jaspe, du

Le château d'eau d'Orick.

quartz et du jade, brillent au milieu des rouleaux. D'ici jusqu'au Redwood National Park, la route traverse plusieurs digues naturelles qui séparent l'océan des eaux paisibles de différents lagons. Ces digues se sont formées sous l'action des marées et, grâce aux tempêtes hivernales, les lagons regorgent (pendant de courtes périodes) de flétans, de saumons…

Freshwater Lagoon, en bordure du Redwood National Park, est devenu un lieu de villégiature très fréquenté. On apprécie beaucoup mieux la beauté du site en allant à l'extrémité nord de **Stone Lagoon**. L'ambiguïté du paysage, le sable et l'eau salée d'un côté, la forêt et l'eau douce de l'autre, est ici particulièrement séduisante.

Les wapitis

Le **Redwood National Park**, qui s'étend de part et d'autre de la route comme une espèce de cocon de verdure entre Orick et Crescent City, peut être traversé quasiment en ligne droite. Ceci dit, ce serait négliger les merveilles qui se trouvent des deux côtés, cachées par les arbres, à commencer par des hardes de grands cerfs américains, les wapitis *(Roosevelt elks)*, qui vivent paisiblement aux abords d'**Elk Prairie**. Mais auparavant il ne faut pas manquer le Coastal Trail. Cet étroit sentier de randonnée longe **Golden Bluffs Beach** jusqu'à **Fern Canyon**. Après une descente sinueuse dans un bois presque aussi dense qu'une forêt tropicale, le chemin débouche au pied de falaises de grès, les Golden Bluffs, au milieu de dunes constellées de morceaux de bois blanchis par l'océan.

Un autre sentier quitte le parking de Fern Canyon et remonte l'embouchure de Home Creek. Après avoir franchi plusieurs boucles, le lit du cours d'eau est envahi de feuillages. Le sol caillouteux devient le fond d'un ravin dont les parois sont couvertes de fougères. Des sapins, dont certains atteignent près de 20 m de hauteur, trônent sur le site et, par endroit, le rideau de fougères qui s'est déchiré laisse entrevoir les rochers amalgamés qui donnent au promeneur l'impression de tenir par miracle.

La Gingerbread Mansion, à Ferndale.

LES VIGNOBLES DE NAPA VALLEY

L'année 1976 est l'un des grands millésimes pour les viticulteurs de la Napa Valley. Dans un concours de dégustation organisé par des œnologues parisiens, une bouteille de vin rouge venant du Napa's Stag's Leap Vineyard surclassa un Maison Lafitte-Rothschild, à la grande surprise des Français. Un vin de Californie venait de se classer parmi les grands crus mondiaux. Les conséquences économiques de cet épisode furent prodigieuses. Les vins de Californie bénéficient désormais d'une solide réputation. Il n'est guère besoin d'insister longtemps pour que l'on vous raconte cet événement lorsque vous visitez les vignobles de la Napa Valley, qui produisent la plus grande partie des vins californiens de qualité. A une heure de voiture au nord de San Francisco, cette vallée bénéficie d'un climat idéal pour la culture de la vigne. La belle saison est longue, chaude et assez sèche. Les nuits sont fraîches et la rosée abondante. Cet éventail de températures permet au raisin d'obtenir un bon équilibre entre la douceur et l'acidité, une qualité essentielle pour produire des vins ayant du corps.

Il faut également reconnaître que le succès des vignobles est dû au savoir-faire des viticulteurs français. Les œnologues ont fait leurs classes sur le Vieux Continent avant de mettre au point des techniques de culture et de fermentation originales, adaptées aux conditions locales, avec l'aide d'ordinateurs et de cuves de stockage fabriquées dans un alliage spécialement mis au point.

La majeure partie des vignobles réputés de la vallée s'étendent le long de la State 29 qui la traverse, de **Napa**, au sud, à **Saint-Helena**, au nord. Parmi eux, il est indispensable de mentionner les **Mont La Salle Vineyards**, dirigés par les Christian Brothers (qui possèdent des écoles religieuses gérées grâce aux revenus du vignoble), les caves de **Robert Mondavi**, et les **Inglenook Vineyards**, créés en 1880 par le capitaine finlandais Gustav F. Niebaum. Presque tous ces grands vignobles organisent des visites gratuites de leurs installations avec séance de dégustation. La qualité de ces visites (indépendamment de celle des vins proposés) varie d'un domaine à l'autre. Aussi n'est-il pas inutile de faire plusieurs essais.

A côté de ces géants de la viticulture on trouve une quantité de petits domaines artisanaux dispersés dans la vallée. L'atmosphère familiale et chaleureuse qui y règne est appréciable, et leurs productions peuvent être de bien meilleure qualité ! Les prix des vins californiens sont comparables à ceux des vins français; les meilleurs crus se paient donc aussi cher que les meilleures bouteilles européennes.

Si vous voulez oublier un peu le monde de la viticulture, vous pouvez vous arrêter au **Silverado Museum**, 1490 Library Lane, à Saint-Helena. Ce musée abrite une collection de souvenirs ayant trait à la vie de l'écrivain Robert Louis Stevenson. Et si vous passez dans la région à la fin du mois de juillet, ne manquez pas la plus grande foire organisée dans la vallée, la Napa County Fair.

L'OREGON INTÉRIEUR

L'US 199, qui remonte en direction du nord-est, est le tracé le plus direct pour rejoindre le superbe Crater Lake. Le temps que l'on peut perdre à parcourir les virages en épingle à cheveux est nettement compensé par le plaisir que l'on a à visiter les grottes de la région et la cité de Jacksonville. De Crater Lake, la State 138 traverse vers l'ouest l'Umpqua National Forest, puis l'I 5 rejoint Eugene et Corvallis. A **Cave Junction**, la State 46 pénètre dans les Siskiyou Mountains, et grimpe jusqu'à l'**Oregon Caves National Monument**, un ensemble de grottes à concrétions, situées à 1 200 m d'altitude. La découverte de ces cavités souterraines dure plus d'une heure, dans un décor absolument superbe.

Contrairement à la plupart des sites comparables, la mise en scène (jeux de lumières colorées, musique de fond, etc.) est très discrète, la visite est moins « aseptisée » (on n'hésite pas à faire grimper les visiteurs sur des échelles), et le caractère naturel des grottes a été préservé. **Paradise Lost** (« Le Paradis perdu ») est une merveille de formations de calcite.

Après Cave Junction, l'US 199 atteint une vallée entourée de chaînes montagneuses qui partent dans toutes les directions. Jamais on ne se sent étouffé par l'atmosphère de l'endroit; au contraire, le ciel semble ici plus vaste que partout ailleurs. Rapidement on croise la State 238 qui traverse les hauteurs avant de rejoindre Jacksonville. Le paysage de ces pentes boisées est tout à fait accueillant, à la différence des sommets enneigés, plus austères, que l'on aperçoit au loin.

On retrouvait à Ferndale, nous l'avons vu précédemment, dans une bien moindre mesure qu'à Santa Barbara, la passion pour l'architecture historique. A **Jacksonville**, le phénomène est le même. Bien que la brochure touristique distribuée par la chambre de commerce de la ville insiste sur le fait que les habitants ont préservé leur héritage avec amour et respect, on ne peut s'empêcher de penser que ce souci historique est avant tout commandé par l'industrie du tourisme. Depuis la découverte de l'or dans la région en 1851, la fortune de Jacksonville n'a cessé de connaître des hauts et des bas, avec des périodes de croissance et d'autres où les incendies et les épidémies ont ruiné la ville. Malgré tout, cette localité n'est pas devenue une ville fantôme, et conserve plusieurs bâtiments d'époque qui attirent les visiteurs.

Wizard Island, à Crater Lake.

Jacksonville est un bon exemple de ville *western* du siècle dernier. L'architecture n'y est pas exceptionnelle, mais il y règne un charme indiscutable. L'ambiance est beaucoup plus amicale que dans la plupart des cités de ce genre.

Juste en dehors de Jacksonville, la State 238 traverse Medford, une ville de moyenne importance, relativement peu séduisante. La State 62 prend ensuite la direction de Crater Lake. Les hauteurs enneigées du **Mount McLoughlin** apparaissent sur la droite, dominant les alentours avec une majesté évidente, alors que les abords directs de la route sont plutôt décevants.

La State 62 s'élève sur les contreforts occidentaux de Cascade Range, et longe **Rogue River** jusqu'à **Lost River Reservoir**. Au-delà, la route prend la forme d'un couloir entouré d'arbres, avec des voies secondaires qui bifurquent dans la **Rogue River National Forest**. On peut déjà apercevoir les hauteurs de Crater Lake.

Un lieu sacré

L'histoire de ce site époustouflant est composée d'événements géologiques et de légendes des Indiens klamaths. **Crater Lake** (« Le Lac du Cratère ») occupe le cratère d'un volcan éteint au milieu de paysages volcaniques extraordinaires, uniques aux États-Unis. La dernière grande éruption aurait eu lieu il y a 6 840 ans environ. D'après les légendes des Indiens qui vivaient là, ce phénomène fut le résultat du combat terrible entre des dieux rivaux. Lors de l'éruption, le volcan cracha près de cent fois le volume de lave rejeté en 1980 par son voisin, le Mount Saint-Helens, couvrant de cendres les environs jusqu'à une distance de 40 km. C'est à ce moment que la cime s'est effondrée sous son propre poids, formant la cuvette que l'on peut voir. Plus tard, d'autres petites éruptions ont fait surgir dans le lac un cône volcanique, **Wizard Island**. Des remontées de lave ont formé sur la partie occidentale du cratère un remarquable ensemble de concrétions, appelé **Devil's Backbone** («La Colonne vertébrale du diable»); le **Phantom Ship** («Le Vaisseau fantôme») paraît s'en détacher pour flotter sur les eaux du lac. Le cratère est entouré de sommets dont l'altitude est généralement supérieure à 2 000 m, avec des défilés formés par l'érosion glaciaire, comme **Ker Notch** et **Sun Notch**.

Le lac des saphirs

L'eau qui a rempli le cratère provient uniquement des pluies et de la fonte des glaciers. La profondeur du lac s'est stabilisée à 600 m. Cette eau, pratiquement dépourvue de particules en suspension et de minéraux dissous, réfléchit la lumière d'une façon inhabituelle et donne à la surface des reflets magnifiques d'un bleu profond, presque noir.

En été, pendant les premières heures du jour, le cratère est couvert d'une brume épaisse qui ne disparaît que vers le milieu de la journée. Il vaut donc mieux venir l'après-midi, ou patienter un peu. A partir de la mi-juillet, la neige a fondu, libérant ainsi la route qui fait le tour du lac, le **Rim Drive** (56 km). Trois autres voies ont été tracées dans les parages, ce qui multiplie les possibilités d'excursions, sans parler de la multitude de sentiers qui traverse ce parc national, pour le bonheur des randonneurs. Des promenades en bateau sont organisées sur le lac, avec des arrêts sur Wizard Island et Ghost Ship.

En suivant la State 138 en direction de **Diamond Lake**, on accède bientôt à de très belles forêts. Dans les gorges de l'**Umpqua River**, les arbres cachent presque entièrement de superbes parois et des cheminées rocheuses couvertes de mousse. Les pentes boisées bordent la route des deux côtés, jusqu'à ce qu'elle quitte les abords de la rivière, à Glide.

Sur la route qui mène à **Roseberg**, on voit des troupeaux de moutons sur les collines, un décor assez proche de ceux que l'on peut trouver dans le Tennessee. Il pleut fréquemment dans la région, ce

Le Phantom Ship.

qui n'est nullement une surprise si l'on considère la luxuriance du tapis végétal. L'I 5 continue son chemin vers le nord, à travers des paysages vallonnés qui sont tout aussi splendides.

Traversée par la **Willamette River**, émergeant des collines boisées, **Eugene** est une cité fondamentalement divisée entre deux mondes. Celui de l'industrie du bois, nourri par des ressources abondantes, qui perpétue une tradition ancienne, un esprit «provincial» farouche, et celui des universitaires de l'**University of Oregon**, attiré par les raffinements urbains et le développement du secteur culturel. Depuis quelques années toutefois, il semble que le secteur universitaire ait pris une importance considérable, au point que la plupart des habitants d'Eugene reconnaissent que, sans l'université, la ville n'aurait plus de raison d'être. L'industrie du bois se trouve peu à peu reléguée au rôle d'activité d'appoint.

L'université ne couvre pourtant qu'une faible portion de la superficie de la cité. Le campus est formé d'un bel ensemble de bâtiments anciens et modernes, avec notamment un musée qui présente des collections d'art oriental. Eugene possède une ville jumelle, **Springfield**, envahie de voies de chemin de fer et polluée par les fumées d'usines. Tout le monde à Eugene se plaint des odeurs qui viennent de l'est, mais la plupart des gens y habitent parce que les loyers y sont moins chers. Il suffit de traverser la rivière pour voir l'industrie du bois fonctionner sans relâche.

Convoiement ferroviaire du bois.

Depuis peu, Eugene a connu une recrudescence de son activité économique, avec l'implantation d'industries de haute technologie et le développement du secteur des services. La ville semble fière de ses centres commerciaux et ne pas se soucier de son patrimoine historique. La plus grande partie de l'architecture est de facture récente, malgré la survivance de quelques maisons anciennes. Le tourisme est ici un souci secondaire. Un effort louable à signaler: la chambre de commerce vante les mérites de sa politique en affirmant que les *«autoroutes ont été transformées en parcs de verdure par des paysagistes»*. Derrière ce noble sentiment se cache une réalité plus risible: quelques tables de pique-nique jetées en plein milieu des axes de circulation…

La State 99 traverse la zone industrielle d'Eugene avant de se séparer en deux branches, l'une vers l'est, et l'autre vers l'ouest. La route ouest (99 W) pénètre dans une charmante vallée, **Willamette Valley**: on longe une succession de champs cultivés bordés au loin par des chaînes montagneuses, jusqu'à **Corvallis** (nom latin, «le cœur de la vallée»). La ville est le siège d'une université discrète mais réputée, l'**Oregon State University**, et possède un secteur industriel de pointe. La firme Hewlett Packard est l'un des principaux employeurs locaux.

En prenant l'US 20 en direction de la côte, on peut faire un détour par la State 34 qui franchit une succession de collines et rejoint **Mary's Peak Road**, une superbe route de montagne. Cette voie serpente un bon moment et offre au voyageur une série de panoramas uniques, sans valoir cependant la vue que l'on a du sommet, au-dessus des collines de l'**Oregon Coastal Range**. De la station météorologique on aperçoit l'océan lorsque le temps est suffisamment clair et on domine l'ensemble de la région.

PORTLAND

Portland se trouve à proximité de la frontière avec l'État de Washington, par l'I 5, et à 120 km de la côte pacifique par l'US 26.

«La Ville des Roses», «La Cité des Rivières»; ces surnoms évoquent une beauté naturelle qui ne peut qu'attirer les visiteurs. Cette image ne date pas d'hier: elle est née lors de l'expédition vers le nord-ouest menée par les pionniers Lewis et Clark. Plus tard, dans les années 1840, Amos Lovejoy tomba lui-aussi amoureux de ce site, des forêts environnantes, des cimes enneigées, de la confluence de la **Willamette River** et de la **Columbia River** à quelques kilomètres de l'océan.

Portland fait partie de ces villes américaines dont la prospérité ne pouvait faire aucun doute (malgré quelques ratés initiaux) grâce à des conditions en tout point favorables: un climat idéal, une situation stratégique, un cadre des plus attirants. Les deux fondateurs de la ville, Lovejoy et Francis Pettigrove jouèrent à pile ou face celui qui aurait le privilège de baptiser la nouvelle colonie. Pettigrove, qui gagna, choisit le nom de la ville où il était né: Portland, dans le Maine.

Malgré un développement urbain rapide au cours des années 70, Portland est devenue un modèle car elle a su résister à l'envahissement du béton: on ne compte pas moins de cent soixante parcs dans l'enceinte de la ville, et les autorités mènent une politique d'urbanisme hostile aux gratte-ciel.

La plupart des touristes sont séduits par les espaces verts de la ville et des alentours. **Washington Park**, le plus connu de tous, possède la célèbre roseraie qui a donné son surnom à Portland, l'International Rose Test Garden, avec plus de quatre cents variétés de roses. Au mois de juin s'y déroule le Rose Festival, l'un des principaux rendez-vous de la région.

Maclealy Park, près de N.W. Cornell Road, est réservé aux piétons et a un bel ensemble de sentiers de promenade: c'est l'endroit idéal pour pique-niquer dans un cadre superbe. Il faut encore mentionner **Forest Park**, au nord-ouest du Wildwood Trail, avec d'autres chemins pour les randonnées à pied ou à cheval. Pourtant, ces trois parcs rivalisent difficilement avec la rive ouest de la Willamette River, la partie la plus élevée de Portland.

C'est également dans cette partie de Portland que s'étendent les vieux quartiers, l'**Old Town**. Tous ces îlots ont été rénovés dans les années 70 et l'on peut y découvrir un grand nombre de bâtiments du XIXe siècle à armature métallique, qui ont été transformés en restaurants, galeries d'art, etc. Au bout d'une rue pavée de galets, Ankeny Street, se déroule sur le pont de **Burnside Bridge** un marché d'artisanat et de peinture (tous les week-ends de mars à Noël).

Vous pourrez vous rendre au **Portland Art Museum** (1219 S. W. Park Avenue), qui rassemble des collections très variées, parmi lesquelles des objets évoquant les civilisations indiennes du Nord-Ouest. L'**Oregon Museum of Science and Industry** (4015 S. W. Canyon Road) est consacré aux sciences naturelles et à la mécanique.

LA COTE NORD DE L'OREGON

En contraste complet avec l'agriculture et l'industrie du bois de la vallée de la Willamette, la côte nord de l'Oregon dépend de la pêche et du tourisme. Newport est la porte d'accès à une quantité de villages de bord de mer jusqu'à l'embouchure de la Columbia River. A l'autre bout, le port d'Astoria marque l'extrémité nord-ouest de l'Oregon, juste avant les terres sauvages de l'État de Washington.

A 80 km à l'ouest de Mary's Peak par l'US 20, on découvre brusquement une vue générale du Pacifique, avec **Newport** au premier plan. Cette toute petite ville est une station balnéaire fréquentée depuis la fin du siècle dernier. Le charme de l'endroit est envoûtant, notamment sur **Main Street** ou dans les rues adjacentes.

La rive nord de **Yaquina Bay** offre aux visiteurs l'habituel complexe de commerces, de restaurants de fruits de mer (Newport est célèbre pour ses crabes géants), de marchés aux poissons ou d'agences de location de bateaux. Le vieux phare a la réputation mystérieuse d'être hanté depuis qu'il s'y serait produit un meurtre. On dit que les traces brunes dans l'escalier du phare sont d'anciennes traces de sang qui reviennent en dépit des nettoyages successifs. Les incrédules prétendent que ce sont des traces de rouille provenant de fuites sur des tuyaux, mais la légende continue de courir...

La Cuvette du diable

A 13 km au nord, par l'US 101, on rejoint **Devil's Punchbowl** (« La Cuvette du diable »), un cirque de calcaire qui s'est formé après l'écroulement d'un réseau de grottes. Vient ensuite une série de villages qui se sont livrés à l'industrie touristique avec trop peu de scrupules.

Vers l'ouest, un mont rocheux menaçant sera l'occasion de faire un petit détour sur une route touristique, le **Three Capes Scenic Loop**, jusqu'au pied de l'énorme rocher conique de **Cape Kiwanda**. Il s'agit en fait d'une superbe falaise de grès dont les teintes rouges et beiges sont accentuées à l'entrée de la grotte. A ses pieds, on trouve une étonnante profusion de mollusques. Des piscines naturelles ont été creusées dans le rocher, ce qui permet d'observer confortablement les coraux, les crabes, les anémones de mer, et de nombreuses espèces de poissons. On assiste ici à un spectacle superbe qu'on imagine habituellement dans les îles perdues du bout du monde...

Le Loop rejoint l'US 101 le long des montagnes découpées de l'**Oregon Coastal Range**. La première description de ces sommets se trouve dans les carnets de voyage de Meriwether Lewis et de William Clark, dont l'expédition, bloquée par un hiver très rude, s'arrêta à **Fort Clatsop** en 1805. Les visiteurs qui se rendent au **Fort Clatsop National Memorial**, à 10 km au sud-ouest d'Astoria, peuvent y voir une reconstitution des bâtiments occupés par Lewis et Clark.

Astoria

L'histoire du territoire nord-ouest est gravée sur une colonne de 38 m de haut, qui domine la Columbia River et la ville d'Astoria, qui fut la première colonie américaine à l'ouest du Mississippi. L'**Astoria Column** fut érigée en 1926 en face du port industriel qui longe l'embouchure de la Columbia River. Du haut de la colonne on a une vue panoramique sur les environs, l'estuaire et les montagnes.

Les résidences victoriennes qui s'élèvent sur les collines de la ville témoignent d'un passé brillant, lorsque le port était en pleine activité. Les choses ont changé, et la principale industrie d'Astoria est actuellement, selon les mots d'une résidente du port, « le chômage ».

Depuis peu, la ville a commencé sa reconversion en encourageant le développement du tourisme, avec la rénovation des quartiers historiques et la réfection des demeures victoriennes. Le **Maritime Heritage Museum** a la réputation d'abriter les plus belles collections maritimes que l'on puisse trouver au nord de San Francisco. Malgré une économie défaillante et le travail des ans, Astoria est restée un petit port élégant, une sorte de lien entre la richesse d'hier et l'incertitude qui règne à propos des jours prochains.

LES SOMMETS DE L'ÉTAT DE WASHINGTON

Entre la Columbia River et Seattle s'élèvent deux des sommets les plus célèbres de **Cascade Range**: **Mount Saint-Helens** et **Mount Rainier**. Ces deux hauteurs dominent un paysage sauvage d'une rare beauté, couvrant un quart de la superficie de l'État de Washington. La région bénéficie ainsi de qualités que l'on ne retrouve pas au sud. Les deux sommets que nous venons de citer sont très différents l'un de l'autre. Les pentes enneigées du mont Rainier trônent sur un relief mouvementé; le Saint-Helens est un massif sombre, couvert de cendres depuis l'éruption de 1980.

La State 401 rejoint la State 4 au nord de la Columbia River avant de suivre le lit du fleuve au milieu d'un paysage de marais paisibles et de coupes de bois, bien modestes en comparaison des forêts de séquoias Redwood plus au sud. Près de Cathlamet, le mont Saint-Helens apparaît à l'horizon, au-dessus des collines boisées qui bordent le fleuve. La State 503 en direction de l'est (que l'on prend à partir de l'I 5 vers le sud) longe ensuite les limites sud du **Mount Saint-Helens National Volcanic Monument**.

La secousse qui a ébranlé le Saint-Helens le 18 mai 1980 a donné aux scientifiques, comme aux habitants de la région, l'occasion d'assister à l'un des phénomènes qui ont façonné le relief des Cascade Range. Une sorte de vent de destruction a soufflé sur près de 400 km^2, abattant des forêts distantes d'une trentaine de kilomètres et couvrant la Columbia River de débris divers. L'explosion a également détruit 4 km^3 de la montagne elle-même. Le sommet s'est affaissé de 415 m, et un cratère gigantesque de 500 m de long s'est ouvert. Pour les géologues, il s'agit d'une relative petite éruption. Elle a pourtant produit une quantité d'énergie cinq cents fois supérieure à celle de la bombe d'Hiroshima!

Des commerçants de la région ont transformé la catastrophe naturelle en une seconde «ruée vers l'or», en vendant en particulier des sachets de cendres aux touristes du monde entier qui avaient envahi le secteur. Depuis, l'affluence touristique a considérablement diminué à cause notamment de la destruction partielle du réseau routier. Un peu de patience, une bonne carte (gratuite dans l'une des deux Information Stations), et des amortisseurs en bon état, et vous êtes quasiment assuré de visiter ces paysages lunaires couverts de cendres et dans une parfaite solitude.

A partir de la localité montagnarde de **Cougar**, la State 503 devient County Road 90. La traversée de Cougar est la bonne occasion de s'arrêter pour acheter des flashs, des pellicules photo, et une torche, instrument indispensable pour visiter **Ape Cave**. Il s'agit d'un tunnel de lave de 3 km de long auquel on accède par la County 83. Ce couloir s'est formé par la solidification de la roche en fusion à la surface, tandis que la lave s'écoulait en dessous.

On est soulagé de retrouver la lumière du soleil et le cône brillant du mont Saint-Helens. Mais ce soulagement ne

Vues du mont Rainier.

dure que peu de temps, car à mesure que l'on se rapproche du sommet le paysage devient de plus en plus «intimidant». Après un parcours de 13 km, la County 83 s'arrête au **Lahar Viewpoint**, un belvédère qui a été balayé par les torrents de boue dévalant les flancs sud du Saint-Helens, sur la face opposée au cratère. A cet endroit, la montagne fait face aux superbes crêtes du **Mount Hood** et du **Mount Adams**. Le déluge de feu à creusé un énorme ravin dans le sol, projetant dans toutes les directions des blocs de rochers, couvrant les pentes de boue fumante, et arrachant les arbres qui poussaient sur ces hauteurs.

On peut avoir une vue plus générale des conséquences de l'éruption sur la County 99, à une quarantaine de kilomètres au nord de la Pine Creek Information Station, qui se trouve sur la County 25. Un sentier de 27 km, le **Windy Ridge**, passe à 8 km seulement du cratère. Le spectacle des forêts arrachées, des troncs qui jonchent le sol comme un jeu de mikado est impressionnant. Lorsqu'on parcourt le Windy Ridge, la montagne avec son cratère menaçant est peut-être le seul élément majestueux du paysage; on dirait la demeure d'un dieu sauvage. Au pied du volcan s'étendent les restes de la station de **Spirit Lake**, autrefois fréquentée par de nombreux touristes.

Le mont Rainier

Une traversée en voiture, au moins, du **Mount Rainier National Park** représente un changement d'atmosphère qui prend des allures de bouffée d'oxygène sur la route qui mène du mont Saint-Helens à Seattle. La County 25 poursuit sa route vers le nord jusqu'à Randle, où l'US 12 prend la direction de l'est en traversant une série de faces et d'aiguilles rocheuses jusqu'à l'entrée du parc national.

Une fois franchies les limites du parc, on pénètre dans le paradis des amoureux de la nature, avec un ensemble somptueux de sommets, de canyons et de lacs glaciaires, de cascades vertigineuses et de forêts magnifiques. Le dôme du mont Rainier, point culminant de la chaîne des Cascades (4392 m), est couvert toute l'année de glaciers étincelants, les plus vastes des États-Unis. Juste en dessous de la couverture neigeuse, on trouve les prairies de moyenne altitude avec leurs ruisseaux et leurs fleurs sauvages, des ours, des daims, des chèvres.

Le parc national du mont Rainier, avec ses routes touristiques, ses sentiers de randonnée, est le plus bel ensemble naturel au nord du Yosemite, pour les promeneurs, les pêcheurs ou les grimpeurs. Des aménagements ont été installés en quatre endroits du parc (à Ohanapecosh, Sunrise, Paradise et Longmire) pour accueillir les visiteurs.

La State 123 longe la bordure orientale du parc national à travers un somptueux ensemble forestier jusqu'aux hauteurs enneigées du col de **Cayuse Pass**, où elle croise la State 410. En ce point, on jouit d'une vue admirable sur le dôme du mont Rainier. Le spectacle de la montagne vous accompagne jusqu'à **Enumclaw**, où la State 164 prend le relais en direction de l'ouest. On rejoint **Auburn** et l'intersection avec l'I 5 qui conduit aux premiers développements urbains de Seattle, le point final de notre voyage.

A gauche, paysage désolé devant le mont Saint-Helens; à droite, le mont Rainier domine les fermes de la région d'Enumclaw. Page suivante: affiche appartenant au Buffalo Bill Historical Center, à Cody, dans le Wyoming.

BUFFALO BILL'S
WILD WEST
AND CONGRESS OF ROUGH RIDERS OF THE WORLD
COWBOY

INFORMATIONS PRATIQUES

PRÉPARATIFS ET FORMALITÉS DE DÉPART

VISAS ET PASSEPORTS

Jusqu'à l'année dernière il fallait obtenir un visa pour se rendre aux États-Unis; les démarches étaient assez longues et ennuyeuses. Il suffit désormais de posséder un passeport valide. Il est préférable de se renseigner auprès de l'ambassade ou d'un consulat des États-Unis. Il est possible que les règles d'entrée changent d'une année sur l'autre.

France:
Ambassade des États-Unis
2, avenue Gabriel, 75008 Paris, tél. 42 96 12 02, ou 42 61 80 75.

Consulats:
Paris:
2, rue Saint-Florentin, 75001, tél. 42 96 14 88. Ouvert le matin pour les personnes de nationalité française; l'après-midi pour les autres.
Bordeaux:
22, cours du Maréchal Foch, 33000, tél. 56 52 65 95.
Lyon:
7, quai du Général-Sarrail, 69454 Cedex 06, tél. 78 24 68 49.
Marseille:
12, boulevard Paul-Peytral, 13006, tél. 91 54 92 01.

Belgique:
Ambassade des États-Unis
boulevard Régent, 27, Bruxelles 1000, tél. 2-513 38 30.

Suisse:
Ambassade des Etats-Unis:
Jubilaumstrasse 93, 3000 Berne, tél. 31-43 70 11.
Consulat général, même adresse, *tél. 31-43 72 87.*

Canada:
Consulats:
2, rue Elysées, place Bonaventure, Montréal, tél. 514-878 43 81.
1110, avenue des Laurentides, Québec, tél. 418-688 04 30.

ALLER AUX ÉTATS-UNIS

PAR AVION

Un grand nombre de compagnies aériennes internationales proposent des vols entre l'Europe et les États-Unis. Les prix varient d'une compagnie à l'autre, et selon l'époque de l'année où vous prévoyez de partir. En prenant des correspondances, il est possible de rejoindre n'importe quel endroit des États-Unis. Les aéroports d'arrivée les plus fréquents sont New York, Boston et Washington sur la côte Est, Miami au sud, Los Angeles et San Francisco sur la côte Ouest.

Les liaisons entre l'aéroport et le centre ville sont assurées par bus, par taxi, par le métro ou le train et, dans certains cas, par hélicoptère. Les trains et les bus sont évidemment les solutions les moins chères, mais le taxi est beaucoup plus pratique. Faites attention toutefois à ne pas tomber sur un chauffeur peu scrupuleux qui n'hésitera pas à augmenter l'addition des étrangers; il vaut mieux se renseigner à l'aéroport sur le prix normal qu'on est en droit d'exiger de vous.

La traversée de l'Atlantique par avion est toujours assez chère, surtout si vous allez sur la côte Ouest. N'hésitez pas à faire jouer la concurrence. Prévoyez votre voyage longtemps à l'avance et pensez à vous adresser aux petites compagnies. Plusieurs formules avantageuses sont à signaler: les tarifs vacances et visite, valables de deux semaines à deux mois, les tarifs APEX (Advance Purchase Excursion) qui s'appliquent aux charters dans des conditions moins contraignantes, à condition de respecter une durée comprise, là aussi, entre deux semaines et deux mois. Les charters sont évidemment la solution la plus connue: un problème, ils deviennent plus rares en hiver et sont bondés en été. Il est indispensable de faire ses réservations plus de deux mois à l'avance.

Compagnies aériennes:

La compagnie Air France possède des agences dans toutes les grandes villes françaises. Le plus simple est de consulter l'annuaire ou le minitel (36-14 code AF).

Pan American Airways
1, rue Scribe, 75009 Paris, tél. 42 66 45 45.

Trans World Airlines (TWA)
101, avenue des Champs-Élysées, 75008 Paris, tél. 47 20 62 11.
UTA
3, boulevard Malesherbes, 75008 Paris, tél. 40 17 44 44.

Les compagnies américaines peuvent être contactées aux États-Unis, aux numéros suivants :
American Airlines : *212 431 1132.*
Continental Airlines : *212 974 0028.*
Delta Airlines : *212 239 0700.*
Eastern Airlines : *212 980 5000.*
Northwest Orient Airlines : *212 736 1220.*
TWA : *212 290 2121.*
United : *212 867 3600.*

PAR BATEAU

Il devient rare d'effectuer la traversée de l'Atlantique en bateau, mais cela reste possible... mais cher. Le voyage dure de cinq à six jours. Entre mai et décembre, le *Queen Elizabeth II* relie Southampton et New York avec parfois une escale à Cherbourg. Un tarif pour les jeunes (de 12 à 26 ans) est proposé (se renseigner auprès de *Cunard* à Paris *(42 60 36 64)*. D'autres bateaux font la traversée au départ du Havre. Les départs sont hebdomadaires (contacter la **Sotromat**, *12, rue Godot-de-Mauroy, 75007 Paris, tél. 42 66 60 19*).

A L'ARRIVÉE

DOUANES

A l'entrée, les objets personnels (vêtements, magnétophones, objets de toilette, machines à écrire, appareils photo, bijoux, postes de radio et de télévision, etc.) sont exempts de droits pour une durée d'un an au plus. En outre, vous pouvez emporter 1/4 de gallon (1 litre environ) d'alcool, deux cents cigarettes ou cinquante cigares ou 3 livres de tabac (1,3 kilos environ). Vous avez aussi le droit d'apporter des cadeaux pour une valeur n'excédant pas 400 dollars, à condition de séjourner plus de 72 heures et de n'avoir pas bénéficié de ce droit dans les six mois précédents.

Si vous êtes sous traitement médical avec des médicaments contenant des produits provoquant une accoutumance, il est indispensable de n'emporter que la quantité nécessaire et de posséder une ordonnance (traduite en anglais si possible), ou une attestation de votre médecin attestant de leur nécessité.

Les transferts de sommes d'argent supérieures à 10 000 dollars (dans un sens ou dans l'autre) doivent faire l'objet d'une déclaration auprès de la douane des États-Unis.

En ce qui concerne les animaux et les plantes, les règlements sont assez complexes. Il est préférable de se renseigner sur chaque cas particulier auprès des services douaniers. Sachez également que les États américains ont parfois des réglementations différentes.

Au moment de votre retour, vos objets personnels sont exempts de droits, ainsi que les souvenirs et les cadeaux n'excédant pas une valeur de 300 francs par personne.

ADRESSES UTILES

U. S. Customs (Douanes)
1301 Constitution Avenue NW, Washington D. C., tél. 202-566-8195.

U.S. Immigration and Naturalization Service (Service de l'Immigration)
425, I. Street, Washington D. C. 20536, tél. 202-633-1900.

A SAVOIR UNE FOIS SUR PLACE

HORAIRES D'OUVERTURE

Les heures normales d'ouverture sont comprises entre 9 ou 10 h et 17 ou 18 h. A l'heure du déjeuner, bureaux et magasins restent généralement ouverts. De nombreuses boutiques, cependant, peuvent fermer tard dans la soirée, vers 22 h. La plupart des banques sont ouvertes entre 10 h et 14 ou 15 h. Une fois par semaine elles ne ferment qu'à 16 ou 17 h. Le public a accès aux guichets le samedi matin. Fonctionnant en permanence, les distributeurs automatiques restent le service le plus pratique.

JOURS FÉRIÉS

Les postes, les banques, les administrations, une grande partie des boutiques et des restaurants sont fermés pendant les jours fériés suivants :

New Year's Day
1er janvier

Martin Luther King's Birthday
15 janvier

President's Day
3e lundi de février

Memorial Day
Dernier lundi de mai

Independence Day
4 juillet

Labor Day
1er lundi de septembre

Colombus Day
2e lundi d'octobre

Veteran's Day
11 novembre

Thanksgiving Day
4e jeudi de novembre

Christmas Day
25 décembre

FUSEAUX HORAIRES

Les États-Unis sont divisés en quatre fuseaux horaires, avec une heure de décalage entre chacun d'eux. Ils portent un nom différent: Eastern Time Zone, Central Time Zone, Mountain Time Zone, Pacific Time Zone. La carte ci-dessous indique quels sont les États compris dans tel ou tel fuseau.

Les États-Unis connaissent également l'heure d'été et l'heure d'hiver. Les changements s'effectuent le dernier dimanche d'avril et le dernier dimanche d'octobre.

MÉDIAS

• Journaux
Toutes les grandes villes ont leurs organes de presse et leurs quotidiens. On y trouve toutes les informations utiles sur les événements locaux, les manifestations culturelles, les spectacles, les night-clubs, etc. Le *New York Times* et le *Washington Post* sont des quotidiens locaux, mais ils sont distribués sur l'ensemble du territoire américain. Le seul quotidien national est l'*U.S.A. Today*.

• Radio et télévision
Les États-Unis comptent trois grandes chaînes de télévision, plus de mille stations locales, et des centaines de chaînes cablées. Toutes les télévisions, ou presque, sont des entreprises commerciales, financées par les annonces publicitaires. Les programmes sont interrompus à tout bout de champ. Seules les chaînes publiques échappent à cette règle. Les informations sont généralement diffusées à midi, vers 18 h et à 22 ou 23 h.

On dénombre en outre plus de sept mille stations de radio, dont la plupart sont commerciales. Leurs programmes sont tout à fait comparables à ceux que nous connaissons en France. Certaines font de l'information en continu, avec des dramatiques et des débats.

POSTE

Les postes américaines font partie du service public. Les bureaux sont généralement ouverts entre 8 h et 17 h pendant la semaine et jusqu'à midi le samedi. Ils ferment pendant les jours fériés. Les tarifs d'expédition d'une lettre ou d'un paquet sont déterminés par leur poids et par le moyen choisi pour le transport. Les prix indiqués ci-dessous étaient ceux pratiqués en 1989, ils est donc probable qu'ils aient été modifiés.

• Vers les États-Unis, le Mexique ou le Canada
Lettres: 25 cents jusqu'à une ounce (28 grammes); 20 cents de plus par ounce supplémentaire.
Colis: 2,49 dollars pour les envois rapides (1st class) jusqu'à 11 ounces; 1,50 dollars pour les envois lents (3rd class) jusqu'à 16 ounces.
Cartes postales: 15 cents.

• Vers l'étranger
Lettres par avion: 45 cents par 1/2 ounce.
Cartes postales par avion: 36 cents.
Aérogrammes: 39 cents.

• Distribution express
Colis: 8,75 dollars jusqu'à 8 ounces; 12 dollars jusqu'à 2 pounds (lbs.); 15,25 dollars jusqu'à 5 pounds.

Les timbres sont en vente dans n'importe quelle poste et, à un prix légèrement plus élevé, dans la plupart des hôtels, des aéroports, des gares routières, des drugstores, etc. Si vous n'avez pas d'adresse fixe aux États-Unis, vous pouvez recevoir votre correspondance en poste restante (General Delivery); le bureau de poste gardera votre courrier pendant un mois, et vous pourrez le retirer sur présentation d'une pièce d'identité.

TÉLÉPHONE ET TÉLEX

Les numéros de téléphone américains sont formés de dix chiffres: trois chiffres pour la zone concernée *(area code)*, trois chiffres pour le central téléphonique *(exchange code)* et quatre chiffres pour le correspondant (ce qui donne, par exemple, *212-123-4567*). Pour un appel longue distance, vous devez composer les dix chiffres précédés du 1. Pour les appels locaux, il suffit de composer les sept derniers chiffres (l'*exchange code* et les chiffres de votre correspondant). En cas de problème, vous pouvez joindre une opératrice en composant le 0. Les renseignements sont au *555-1212*, quel que soit l'endroit; pour les renseignements sur les appels longue distance il faut composer avant le 1. Des cabines publiques sont installées un peu partout sur le territoire, dans les hôtels, les aéroports, les restaurants, les stations-service, etc. La taxe de base est de 20 cents. Les appels à l'opératrice et aux renseignements sont gratuits. Si vous souhaitez appeler quelqu'un en P.C.V. *(collect call)*, composer le 0 avant les 10 chiffres; vous obtiendrez en ligne une opératrice à laquelle vous indiquerez que vous voulez obtenir un *collect call*, et votre nom. Ensuite, votre correspondant acceptera ou refusera cet appel.

Les deux compagnies américaines de téléphone sont ITT, *tél. 800-325-6000* et Western Union, *tél. 800-257-2241*.

Dans toutes les agences de ces deux compagnies vous pouvez envoyer un télex, ou leur communiquer par téléphone votre message.

SANTÉ

Il n'y a pas de Sécurité sociale aux États-Unis. Les soins sont très chers et les Américains qui le peuvent souscrivent des contrats d'assurance-santé pour se protéger. Une nuit à l'hôpital vous coûtera facilement plusieurs centaines de dollars, à quoi il faut ajouter les frais médicaux, les radios, les consultations, les médicaments, etc.

Il devient de plus en plus rare que les médecins se déplacent. Si vous avez un problème, rendez-vous dans l'hôpital le plus proche au service des urgences (*emergency room*, ouverte 24 h sur 24), ou demandez une ambulance.

Nous vous conseillons très fortement de prendre une assurance avant votre départ. Il existe plusieurs compagnies spécialisées dans ce genre de contrats. Une s'occupe particulièrement des touristes aux États-Unis et au Canada et propose la carte Santé A.V.A., *26 rue de La Rochefoucault, 75009 Paris, tél. 48 78 11 88*. On la trouve également dans un grand nombre d'agences de voyages. Les possesseurs de cette carte seront admis immédiatement à l'hôpital, et les frais médicaux seront automatiquement pris en charge.

AMBASSADES

Quels que soient les ennuis que vous puissiez rencontrer, vous pouvez contacter votre ambassade à Washington D.C. Elle vous apportera de l'aide ou vous indiquera la marche à suivre pour résoudre votre problème.

France:
2535 Belmont Road, Washington D.C. 20008, tél. 202-AD4-0990.

Belgique:
3330 Garfield Street NW, Washington D.C. 20036, tél. 202 -333-6900.

Canada:
1746 Massachusetts Avenue NW, Washington D.C. 20036, tél. 202-785-1400.

Luxembourg:
2210 Massachusetts Avenue NW, Washington D.C. 20008, tél. 202-265-4171.

Suisse:
2900 Cathedral Avenue NW, Washington D.C. 20008, tél. 202-HO2-1811.

POURBOIRES

Le pourboire est une pratique fréquente qui s'applique à peu près de la même façon qu'en France. Par ce moyen vous signifiez votre satisfaction ou votre mécontentement. La seule règle à appliquer est de donner un pourboire en proportion de la qualité du service rendu, sans exagération. Rappelez-vous que dans de nombreux cas les pourboires sont les seuls revenus de certains employés.

Le pourboire représente généralement 15 ou 20 % de la note que vous avez à payer, dans un bar, chez le coiffeur, au restaurant, etc. Pour les porteurs de bagages, le tarif est environ de 50 cents par sac. Les portiers ne reçoivent pas de pourboire, à moins qu'ils ne vous rendent un service particulier. Même chose pour les femmes de chambre; il est alors d'usage de donner un ou deux dollars par jour.

POIDS ET MESURES

Malgré certaines pressions pour que soit adopté le système métrique, les États-Unis pratiquent toujours les mesures en *inches*, *feet*, etc. Voici une table de conversion qui pourra s'avérer utile:

1 inch = 25 millimètres
(12 inches = 1 foot)
1 foot = 0,3 mètre
(3 feet = 1 yard)
1 yard = 0,9 mètre
(5,280 feet/1,760 yard = 1 mile)
1 mile = 1,6 kilomètre

1 ounce = 28 grammes
(16 ounces = 1 pint)
1 pint = 0,45 litre
(2 pints = 1 quart)
1 quart = 0,9 liter
(4 quarts = 1 gallon)
1pound (lb.) = 0,45 kilogramme

Il existe aussi des tailles américaines pour les vêtements:

• Hommes

Costumes
U.S. → Métrique
34 → 44
36 → 46
38 → 48
40 → 50
42 → 52
44 → 54

Chemises
U.S. → Métrique
14 → 36
15 → 38
16 → 40
17 → 42

Chaussures
U.S. → Métrique
7 → 39
8 → 41
9 → 43
10 → 44

• Femmes

Robes
U.S. → Métrique
8 → 36
10 → 38
12 → 40
14 → 42
16 → 44

Chemisiers et blouses
U.S. → Métrique
32 → 40
34 → 42
36 → 44
38 → 46
40 → 48

Chaussures
U.S. → Métrique
5 → 35
6 → 36
7 → 38
8 → 39

COMMENT SE DÉPLACER

EN VOITURE

Notre guide étant avant tout une proposition d'itinéraire à travers les U.S.A., il est préférable de se procurer un moyen de transport. Vous gagnerez en autonomie, en temps et en liberté de mouvement. Plusieurs solutions s'offrent à vous...

• L'achat

Vous procurer une voiture d'occasion peut être un choix intéressant, surtout si vous voyagez à plusieurs et que vous partagiez les frais. Vous pourrez la revendre à la fin de votre voyage (pas toujours au meilleur prix, il faut le reconnaître). Pour trouver un véhicule, on peut s'adresser à un garage (il fournit alors les papiers nécessaires) ou consulter des revues comme le *Blue Book* (l'*Argus* américain) et l'*Auto Trailer*. En préférant les ventes de particulier à particulier *(person-to-person)*, vous augmentez vos chances de trouver un véhicule dans un état satisfaisant. Une fois les clés en main, il faut impérativement s'occuper des papiers pour être en règle, et souscrire un contrat d'assurance. Le vendeur doit fournir une facture *(bill of sale)* en échange de quoi le Vehicles Department de la police d'une grande ville vous remettra un bulletin d'enregistrement *(registration)*. Il vous faut également un certificat de contrôle anti-pollution *(certificate of smog check)*. Ce document est indispensable pour effectuer la *registration* et assurer la voiture.

Pour les étrangers qui achètent une voiture aux État-Unis la meilleure adresse est l'American Automobile Association (A.A.A.): votre véhicule sera assuré aux tarifs les plus intéressants. Il vous suffit de consulter les pages jaunes de l'annuaire pour trouver le bureau le plus proche (éviter les intermédiaires). Aucun contrat d'une durée inférieure à un an n'est proposée (à l'A.A.A. comme ailleurs). Il suffit de demander le paiement mensuel et de cesser de payer lorsque vous aurez revendu votre voiture; le contrat sera résilié automatiquement. La carte de membre de l'A.A.A. donne droit à des avantages appréciables: cartes routières gratuites, dépannages gratuits, réductions dans des sociétés de location d'autos.

La revente de votre voiture sera peut-être le point le plus délicat: vous avez le choix entre la proposer à un garage (qui vous en donnera le prix le moins élevé possible) et afficher un panneau *for sale* («à vendre») sur la lunette arrière, en préférant les petites villes: il est beaucoup plus facile d'y faire des affaires que dans les grandes métropoles.

• **La location** (à la journée ou à la semaine)
Vous pouvez louer une voiture en France en achetant différents types de forfaits: des coupons de location à la journée, des forfaits valables sur l'ensemble des États-Unis sauf la Floride, et des forfaits spéciaux pour la Floride. Les tarifs sont dégressifs pour les deux derniers cas. Avant de partir aux États-Unis, assurez-vous que votre coupon certifie le paiement de la location, qu'y figurent les adresses des agences de location auxquelles vous aurez affaire, et que vous avez sur vous le numéro de téléphone du loueur en France, au cas où vous rencontreriez des problèmes sur place.

Si vous louez votre voiture aux États-Unis, il vous faudra choisir entre les multiples tarifs proposés. Une règle simple s'impose: si vous comptez rouler beaucoup, préférez les tarifs à la journée les plus chers avec le prix du kilomètre le moins élevé (la formule «kilométrage illimité» est souvent la plus intéressante). Inversement, si vous pensez rouler peu, adoptez la formule à la journée la moins chère, avec un prix du kilomètre plus onéreux. Les prix varient aussi en fonction du modèle de voiture que vous choisirez (les plus abordables sont les *economy* et les *subcompact*).

Enfin, les prix varient d'une agence à l'autre. Les tarifs des petites sont moins élevés, mais les avantages des grandes sont plus importants (de nombreux représentants locaux; remplacement de votre véhicule en cas de panne; jeunes plus facilement acceptés; possibilité, surtout, de laisser votre voiture dans une autre ville que celle où vous l'avez louée). A vous de décider!

Voici quelques adresses. Les appels sont gratuits à condition de composer le *800*.

Petites compagnies:

Rent-a-Wreck
Tél. 769-1592, ou 628-0093 (téléphone payant). Tarifs très intéressants.

Ajax Rent-a-Car
Tél. 800-762-7791.

Travel-Car
Tél. 800-545-0914.

Alamo Rent-a-Car
Tél. 800-327-9633.

Al Rent-a-Car
Tél. 800-527-0202.

Grandes compagnies:

Avis
Tél. 800-331-1212. (18 ans difficilement admis, 21 ans étant l'âge requis).

Hertz
Tél. 800-654-3131. (Même remarque que la précédente).

Thrifty Rent-a-Car
Tél. 800-331-4200.

Dollar-a-Day
Tél. 800-421-6868.

National Rent-a-Car
Tél. 800-328-4567.

Budget Rent-a-Car
Tél. 800-527-0700.

• **La circulation**
La priorité à droite n'est valable que lorsque deux voitures arrivent en même temps à un croisement. Autrement le premier arrivé passe le premier. Tout le monde observe cette règle. Les croisements se font «à l'indonésienne», c'est-à-dire que les voitures tournent au plus court, sans contourner un rond-point imaginaire. Les vitesses sont strictement limitées, et la

police dispose de systèmes radar perfectionnés. Les amendes sont chères et les policiers intransigeants. En ville, respectez les interdictions de stationner *(No Parking)*, sous peine d'aller chercher votre voiture en fourrière. Lorsqu'un bus d'école s'arrête et met en marche ses feux clignotants, les voitures ont l'obligation de s'arrêter; les contrevenants à cette règle sont très sévèrement sanctionnés.

• Permis de conduire

Le permis français est accepté, même si les policiers sont plus habitués au permis international (qui coûte à peine quelques francs, et qui est délivré dans les préfectures). Mais les agences de location exigent la présentation du permis national.

• Les routes

Comme tous les pays du monde, les États-Unis possèdent des routes de différentes catégories. Les *parkways* ou *expressways* sont des routes à quatre voies, payantes pour la plupart. Les *turnpikes* sont des autoroutes à péage, mais elles peuvent être très mal entretenues. Les *interstates* sont des autoroutes gratuites (sauf quelques portions), confortables et bien équipées (aires de repos, notamment). Les routes secondaires sont désignées par l'abréviation «US» suivie d'un numéro. Toutes les routes sont donc caractérisées par une abréviation, un numéro, et l'indication de la direction (vers l'ouest, l'est, le sud, le nord). Par exemple, l'*interstate* 5 en direction de l'ouest sera indiquée ainsi: I 5 W.

A MOTO

Les conseils pour les voitures sont valables pour les motos. En bref, vous pouvez faire transporter votre moto aux États-Unis, en acheter une neuve (bien moins cher qu'en Europe) ou d'occasion, en louer une (bien que ce soit plus difficile). N'oubliez pas de faire les papiers, de la faire immatriculer, et de lui faire passer un contrôle de sécurité. Attention, si vous roulez dans le sud, les insectes sont très gênants, voire dangereux. Mieux vaut rouler visière baissée, porter des gants et un col fermé.

EN AUTO-STOP

A condition d'être propre, l'auto-stop est assez facile aux États-Unis, sauf peut-être dans les États du Sud, où l'on vous soupçonnera facilement d'être une sorte de marginal. Malgré tout, l'auto-stop n'est pas autorisé dans tous les États. Vous risquez la prison en Caroline, en Virginie et dans l'État de Washington.

Le stop est interdit sur les autoroutes mais pas sur les bretelles d'accès. Si la police vient vous prévenir que vous êtes en infraction, n'insistez pas, car elle viendra vérifier que vous n'êtes plus au bord de la route. Préparez des panneaux pour indiquer votre destination et n'hésitez pas à indiquer que vous êtes français, cela peut attirer des sympathies. Pensez à vous munir de provisions en eau et en nourriture, surtout si vous traversez des déserts, l'attente risque d'être longue et pénible.

EN TRAIN

Les Américains ont tendance à bouder ce transport car le réseau n'est pas très étendu et la vitesse est moins grande qu'en avion. Mais le train est l'un des moyens de transport les plus agréables aux États-Unis, avec bar, restaurant, cinéma, télévision, voitures panoramiques et fauteuils confortables. Il existe deux classes de train: les *coaches* (réservation facultative) et les *clubs cars* .

Vous bénéficierez de réductions très avantageuses en achetant votre forfait en France auprès de l'AMTRAK (tarifs spéciaux pour les enfants de moins de 12 ans).

Tous renseignements complémentaires et réservations à l'AMTRAK, représenté à Paris par Wingate Travel, *19 bis, rue du Mont-Thabor, 75001 (tél. 42 60 39 85)*. Aux États-Unis, téléphone gratuit: *800-872-7245*.

EN CAR

C'est le moyen de transport le moins cher et le plus développé aux États-Unis. Vous êtes sûr de rejoindre la destination que vous souhaitez. Le réseau est desservi par des compagnies régionales, des compagnies nationales et des compagnies de transport urbain.

Les deux compagnies nationales sont la Greyhound et la Trailways. Toutes les deux offrent à leurs clients des conditions équivalentes, avec des systèmes de forfaits qui sont très avantageux (pour une semaine, deux semaines, ou un mois, avec un nombre de trajets illimité). En général les forfaits d'une compagnie sont acceptés sur le réseau de l'autre, et par la majorité des petites compagnies! Les enfants de moins de 12 ans payent demi-tarif, et les enfants de moins de 5 ans, accompagnés, voyagent gratuitement. Ces deux compagnies proposent également des circuits touristiques, et des visites guidées. Le confort des cars américains est très supérieur à celui de la majorité des cars européens.

Aux U.S.A.:
Greyhound
Tél. 212-971-6322.
Trailways
Tél. 212-971-6322.
En France:
Greyhound
12, rue de Castiglione, 75001 Paris, tél. 42 61 52 01.

EN AVION

Les Américains prennent l'avion comme nous le train. C'est le moyen de transport le plus commode et le plus rapide entre deux villes. Les lignes aériennes sont extrêmement nombreuses, et vous n'aurez aucune peine à rejoindre telle ou telle cité. Les compagnies aériennes sont assez différentes les unes des autres: les grandes assurent des vols très confortables, mais de plus en plus de petites compagnies se font une place sur le marché, en raison des prix intéressants qu'elles proposent. De plus, ces dernières desservent les villes de moyenne importance, boudées jusque-là par les grandes compagnies. Les avions en service sur ces lignes ne prennent qu'un faible nombre de passagers (entre 3 et 20 !). Pour les voyageurs très pressés, les grands aéroports (Chicago, Los Angeles, San Francisco, Newark, New York) proposent des hélicoptères-taxis pour les correspondances...

Compagnies régionales:
Ozark Airlines
Tél. 212-586-3612.
Piedmont Airlines
Tél. 800-251-5720.
Republic Airlines
Tél. 212-581-8851.
U.S. Air
Tél. 800-428-4253.
Western Airlines
Tél. 800-221-1212.

EN CAMPING-CAR (LES RECREATIONAL VEHICLES)

Si vous optez pour cette formule, vous aurez à choisir entre différents types de véhicules. Le plus petit est le *pop-up* ou *trailer tent*. Il s'agit en fait d'une simple voiture équipée d'une tente dépliable, relativement encombrante et difficile à manœuvrer. Le modèle au-dessus est le camping-car, *van* ou *minibus*. Quatre ou cinq personnes peuvent y loger dans des couchettes exiguës mais confortables, et disposent d'un coin-cuisine. Le modèle suivant est le *motor home* ou *house trailer*. C'est le mastodonte de la route, une véritable maison posée sur roues, avec eau courante, cuisine, salle de bains, chambres à coucher, et tout le confort moderne.

Sachez que le RV *(Recreational Vehicle)* est la formule de voyage la plus chère et, en fait, la moins pratique, car il vous faudra le rapporter à son point de départ. Louer une voiture et coucher dans un motel revient moins cher, sans compter que ces véhicules consomment une quantité extraordinaire de carburant.

Associations de Recreational Vehicles:

Beach Bend Rd.
P.O. Box CW, Bowling Green, KY 42101, tél. 800-626-6189.

Recreational Vehicle Industry Association
1896 Preston White Dr., Reston, VA, tél. 703-968-7722.

A BICYCLETTE

Mais oui, des courageux partent chaque année à l'assaut des États-Unis à vélo. Il faut du temps et des mollets solides. Vous pourrez transporter votre bicyclette dans les cars, les trains et les avions à condition de l'emballer dans un carton spécial. Bon courage !

OU SE LOGER

HOTELS ET MOTELS

En fonction de vos besoins et de votre budget, vous pourrez trouver aux États-Unis une large gamme d'hôtels, de la chambre à 10 dollars à celle qui en coûte plusieurs centaines dans un cinq étoiles. La grande majorité des établissements se situent dans la moyenne, avec un service amical et des chambres agréables. Pour des prestations comparables, les prix varient selon les endroits: vous avez de fortes chances, par exemple, de payer plus cher dans une ville qu'à la campagne. En saison, si vous comptez passer la nuit dans une grande ville ou dans une station touristique, il est sage de réserver relativement longtemps à l'avance. L'habitude veut que l'on prenne une chambre d'hôtel avant 18 h. Si vous arrivez tard, il est préférable de téléphoner avant de vous présenter, l'hôtelier ayant pu donner votre chambre à d'autres clients. Les motels, installés sur le bord des autoroutes, avec une place de parking et des services très sommaires, étaient autrefois la solution d'hébergement la moins chère. Depuis une dizaine d'années, ils se sont nettement modernisés, s'installant souvent dans les agglomérations, et la différence avec des hôtels classiques s'estompe de plus en plus. Une nouvelle catégorie est donc apparue, plus économique, celle des *budget motels*. Les prix normaux sont de 75 dollars pour deux personnes dans un hôtel, 50 dollars dans un motel et 30 dollars dans un *budget motel*, mais il faut ensuite prendre en compte l'endroit où se trouvent les établissements.

Une grande partie du réseau hôtelier appartient à des chaînes qui offrent des prestations comparables et de bonne qualité. La plupart ont des numéros de téléphone gratuits pour faire les réservations. On y trouve des chambres propres et confortables, une salle de restaurant, une blanchisserie, un bar, etc. De nombreuses chambres ont le téléphone et... la télévision. Les hôtels possèdent, comme les motels, des places de parking qui sont gratuites, sauf dans les grandes villes.

Ajoutons qu'il n'est pas rare de trouver des piscines, des courts de tennis et, pour les travailleurs acharnés, des salles de réunions, un télex, un télécopieur, une secrétaire.

• Chaînes d'hôtels et de motels
Best Western
Tél. 800-528-1234.
Hilton
Tél. 800-445-8667.
Holiday Inn
Tél. 800-465-4329.
Marriot
Tél. 800-228-9290.
Quality Inn
Tél. 800-228-5151.
Ramada
Tél. 800-228-9822.
Sheraton
Tél. 800-325-3535.
Hyatt
Tél. 800-228-9000.

• Budget motels
Budget Host Inns
Tél. 800-626-7064.
Friendship Inns International
Tél. 802-532-1800.
L.K. Restaurants and Motels
Tél. 614-387-6300.
Motel 6
Tél. 213-961-1681.
Red Roof Inns
Tél. 614-876-9961.
Regal 8 Inns
Tél. 618-242-7240.
Scottish Inns of America
Tél. 615-693-6611.
Suisse Chalet International
Tél. 800-258-1980.
Super 8
Tél. 800-843-1991.
Days Inns of America
Tél. 404-320-2000.

LES BED AND BREAKFAST

Cette formule bien connue, hébergement avec petit déjeuner, n'a cessé de se développer au cours des dix dernières années sur l'ensemble du territoire américain, mais plus particulièrement dans le nord de la Californie et en Nouvelle-Angleterre. Les *bed and breakfast* se trouvent généralement dans la campagne et offrent aux voyageurs une formule d'hébergement qui change des hôtels classiques.

Ce sont souvent des maisons anciennes qui possèdent entre cinq et quinze chambres. Aucun *bed and breakfast* ne ressemble à un autre, et les chambres sont toujours différentes les unes des autres. En général, les salles de bains sont communes et les télévisions ou les téléphones rarement installés dans les chambres. Les prix varient de 35 dollars à 100 dollars. Pour tout renseignement complémentaire, contacter les organismes suivants:

American Historio Homes Bed & Breakfast
P.O. Box 336, Dana Point, CA 92629, tél. 714-496-6953.
Babs - Bed & Breakfast Service
P.O. Box 5026, Bellingham, WA 98227, tél. 206-733-8642.
Bed & Breakfast
Reservation Service World-Wide, P.O. Box 14797, Department 174, Baton Rouge, Louisiana 70898.
Christian Bed & Breakfast of America
P.O. Box 388, San Juan Capistrano, CA 92693, tél. 714-496-7050.

The National Network
Bed & Breakfast Associated Reservation Services, P.O. Box 4616, Springfield, MA 01101.

CAMPING

Vous trouverez aux États-Unis un nombre considérable de terrains de camping. Comme en Europe, la qualité varie nettement d'un endroit à un autre, mais il faut savoir que les installations sont toujours spacieuses, agréables, et que les limites d'accueil sont respectées. Vous ne risquez donc pas d'arriver dans une espèce de prairie bondée, où les tentes sont empilées les unes sur les autres, comme cela arrive quelquefois dans certains pays... Les campings les plus luxueux offrent à leurs clients des services de grande qualité, avec piscine, tennis, restaurant, emplacements pour les *Recreational Vehicles*, garderie pour les enfants, etc.

La plupart des National Forests, National Parks, State Parks, Monuments, possèdent des installations pour les campeurs. Ces campings publics sont généralement assez rudimentaires (par rapport aux normes américaines s'entend...), mais les emplacements sont peu onéreux (entre 1 et 4 dollars) et le site toujours séduisant.

Les campings privés se trouvent sur l'ensemble du territoire, généralement à proximité des attractions touristiques. Légèrement plus chers que les précédents (5 dollars en moyenne par personne), ils sont mieux équipés: des coins-cuisine, des machines à laver le linge, etc. La plupart des terrains sont regroupés en associations; la plus importante, avec environ six cents adhérents, est la Kampgrounds of America (K.O.A.). Vous pouvez obtenir une liste des terrains, moyennant 1 dollar, en écrivant directement à l'association.

Attention, les campings sont très souvent complets pendant les deux mois d'été, et les possibilités de réservation sont rares. Les premiers arrivés sont les premiers servis... Il est bon de prévoir des solutions de repli! Pour plus de renseignements, contacter:

Appalachian Mountain Club
5 Joy Street, Boston MA 02108, tél. 617-523-0636.
Kampgrounds of America (KOA)
P.O. Box 30162, Billings MT 59114, tél. 406-248-7444.
Sierra Club
530 Bush Street, San Francisco, CA 94108, tél. 415-776-2211.
U.S. Forest Service
Department of Agriculture,Washington D.C. 20250, tél. 202-447-3760.
U.S. Park Service
Department of the Interior, Washington D.C. 20240, tél. 202-343-4747.

AUBERGES DE JEUNESSE

Il n'existe que quelques centaines d'auberges de jeunesse (ouvertes, en fait, aux «jeunes» de tous âges) aux États-Unis. De plus elles sont assez mal réparties sur le territoire: certains États en possèdent plusieurs, d'autres aucune. Il est donc préférable de contacter l'American Youth Hostels pour savoir si vous trouverez des auberges dans les régions que vous comptez visiter.

Cette formule d'hébergement a ses avantages et ses inconvénients. Ce sont les auberges les moins chères (les tarifs ne dépassent pas 10 dollars par nuit), et l'on y établit facilement des contacts avec des gens d'horizons très différents.

L'inconvénient est que les règlements sont stricts et parfois pénibles: le séjour maximal est de trois jours, les auberges sont fermées pendant la journée, le couvre-feu est déclaré à partir de 22 h, garçons et filles sont en chambres ou dortoirs séparés, sauf dans les centres qui accueillent les familles; enfin, alcool et tabac sont interdits.

American Youth Hostels, Inc.
1332 I Street NW, Washington D.C. 20005, tél. 202-783-616.

• Les YMCA et les YWCA

Les autres auberges de jeunesse sont gérées par deux associations, la Young Men's Christian Association (YMCA) et la Young Women's Christian Association (YWCA). Ces établissements sont peu chers et bien tenus (entre 12 et 30 dollars pour une chambre simple, entre 22 et 35 dollars pour deux personnes). De plus, vous avez accès aux équipements: salle de gymnastique, piscine, etc. Les salles de bains sont communes, et l'on peut être logé en dortoir.

Pour de plus amples informations, et pour effectuer des réservations, contacter directement les associations:

Young Men's Christian Association (YMCA)
224 E. 47 Street, New York, NY 10017, tél. 212-755-2410.
Young Women's Christian Association (YWCA)
1135 W. 50 Street, New York, NY 10020, tél. 212-621-5115.

INFORMATIONS TOURISTIQUES

NORD-EST

Connecticut:
Dept. of Economic Development
210 Washington Street, Hartford, CT 06106, tél. 800-243-1685.

Maine:
Maine Publicity Bureau
97 Winthrop Avenue, Hollowell, ME 04347, tél. 207-289-2423.

Massachusetts:
Massachusetts Division of Tourism, Dept. of Commerce and Development
100 Cambridge Street, Boston, MA 02202, tél. à l'intérieur de l'État, *617-272-3201*; de l'extérieur, *800-343-9072.*

New Hampshire:
Office of Vacation Travel
105 Loudon Road, P.O. Box 856, Concord, NH 03301, tél. 603-271-2666.

New York:
Division of Tourism
99 Washington Avenue, Albany, NY 12245, tél. 518-474-4116.

Vermont:
Travel Division
134 State Street, Montpelier, VT 05602, tél. 802-828-3236.

MID-ATLANTIC

Delaware:
State Visitors' Service
630 State College Road, Dover, DE 19901, tél. à l'intérieur de l'État, *800-282-8667*; de l'extérieur, *800-441-8846.*

Maryland:
Office of Tourism Development
1748 Forest Dr., Annapolis, MD 21401, tél. à l'intérieur de l'État, *800-492-7126*; de l'extérieur, *800-638-5252.*

New Jersey:
State Division of Tourism
CN 826, Trenton, NJ 08625, tél. 609-292-2470.

Pennsylvanie:
Bureau of Travel Development
416 Forum Bldg., Harrisburg, PA 17120, tél. 800-323-1717.

Washington D.C.:
Traveler's Aid Society
1015 12th Street, NW 20009, tél. 202-347-0101.

West Virginia:
Travel Development Division
State Capitol, Charleston, WV 25305, tél. 304-348-2200.

SOUTH-ATLANTIC

Floride:
Florida Division of Tourism
402 Collins Bldg., Tallahassee, FL 32304, tél. 904-487-1462.

Géorgie:
Dept. of Industry and Trade
P.O. Box 1776, Atlanta, GA 30301, tél. 800-241-8444.

Caroline du Nord:
Travel and Tourism Division
430 N. Salisbury Street, Raleigh, NC 27611, tél. 800-438-4404.

Caroline du Sud:
Department of Parks, Recreation and Tourism
Suite 113, Edgar A. Brown Bldg., 1205 Pendleton Street, Columbia, SC 29201, tél. 803-758-8735.

SUD

Alabama:
Bureau of Publicity and Informations
532, S. Perry, Montgomery, AL 36104, tél. à l'intérieur de l'État, *800-392-8096*; de l'extérieur, *800-633-5761.*

Kentucky :
Capital Plaza Tower
Frankfort, KY 4060,
tél. 502-564-5335.

Louisiane :
Tourist Commission
P.O. Box 44291, Capitol Station, Baton Rouge, LA 70804, tél. 504-342-8119.

Mississippi :
Division of Tourism
P.O. Box 849, Jackson, MS 39205, tél. 800-647-2290.

Tennessee :
Tennessee Department of Tourist Development
P.O. Box 23170, Nashville, TN, tél. 615-741-2158.

GRANDS LACS

Illinois :
Office of Tourism
222 S. College Street, Springfield, IL 62706, tél. 217-782-7139.

Indiana :
Tourism Development Division
440 N. Meridian, Indianapolis, IN 46204,
tél. 304-232-8860.

Michigan :
Travel Bureau
P.O. Box 30226 Law Bldg., Lansing, MI 48909, tél. 517-373-1195.

Minnesota :
Minnesota Tourist Information Center
Department L, 480 Cedar Street, Saint-Paul, MN 55101, tél. 612-348-4330.

Ohio :
Office of Tourism, Ohio Department of Economic and Community Development
Box 1001, Columbus, OH 43216, tél. à l'intérieur de l'État, *800-BUC-KEYE*; de l'extérieur, *614-466-8844.*

Wisconsin :
Division of Tourism
P.O. Box 7606, Madison, WI 53707, tél. 608-266-2161.

GRANDES PLAINES

Iowa :
Iowa Development Commission
250 Jewett Bldg., Des Moines, IA 50309,
tél. 515-281-3251.

Kansas :
Department of Economic Development
503 Kansas Avenue, 6th Floor, Topeka, KS 66603, tél. 913-296-3181.

Missouri :
Missouri Division of Tourism
P.O. Box 1005, Jefferson City, MO 65102,
tél. 314-751-4133.

Nebraska :
Nebraska Department of Economic Development
P.O. Box 94666, Lincoln, NE 68509, tél. 402-471-3111.

Oklahoma :
Oklahoma Tourism and Recreation Department
500 Will Rogers Bldg., Oklahoma City, OK 73105, tél. 405-521-2409.

South Dakota :
Division of Tourism
221 S. Central, Pierre, SD 57501, tél. à l'intérieur de l'État, *800-952-2217*; de l'extérieur, *800-843-1930.*

Texas :
Texas Division of Tourism
Department AAA, Box 12008, Austin, TX 78711, tél. 512-465-7401.

MONTAGNES ROCHEUSES

Colorado :
Division of Commerce and Development, State Office of Tourism
1313 Sherman Street, Denver, CO 80203,
tél. 303-866-2205.

Idaho :
Touridaho
Capitol Bldg., Room 108, Boise, ID 83720,
tél. 208-334-2411.

Montana :
Montana Highway Commission Advertising Department
Highway Bldg., Helena, MT 59601, tél. 800-548-3390.

Wyoming:
Wyoming Travel Council
I-25 at College Drive, Cheyenne, WY 82002, tél. 307-777-7777.

SUD-OUEST

Arizona:
Arizona Office of Tourism
3507 N. Central Avenue, Suite 506, Phoenix, AZ 85012, tél. 602-255-3618.

Nevada:
Nevada Department of Economic Development
Capitol Complex, Carson City, NV 89701, tél. 702-885-4322.

Nouveau-Mexique:
Tourism and Travel Division
Bataan *Memorial Bldg., Santa Fe, NM 87503, tél.* à l'intérieur de l'État, *505-827-5571*; de l'extérieur, *800-545-2040.*

Utah:
Utah Travel Council
Council Hall/Capitol Hill, Salt Lake City, UT 84114, tél. 801-533-4000.

COTE PACIFIQUE

California:
California Office of Tourism
1030 13th Street, Suite 200, Sacramento, CA 95814, tél. 916-322-1396.

Oregon:
Travel Information Section
Oregon Department of Transportation, Salem, OR 97310, tél. 800-547-7842.

Washington:
Travel Development Division
General Administration Bldg., Olympia, WA 98504, tél. 206-753-5600.

BIBLIOGRAPHIE

GÉOGRAPHIE

Biays P.,
Géographie des États-Unis,
Larousse, 1976.
George Pierre,
La Géographie des États-Unis, P.U.F., Que sais-je ?
Soppelsa Jacques,
Les États-Unis, P.U.F., collection Magellan, 1972.

HISTOIRE

Artaud Denise,
Lexique historique des États-Unis,
Armand Colin, 1976.
Béranger J. et **Rouge R.**,
Histoire des Idées aux USA du XIIe siècle à nos jours, P.U.F., 1981.
Duroselle Jean-Baptiste,
La France et les États-Unis des origines à nos jours, Le Seuil, 1976.
Marienstras Elise,
Les Mythes fondateurs de la nation américaine, La Découverte, 1976.
Soppelsa Jacques,
L'Économie des États-Unis, Masson 1981.

BEAUX-ARTS

Deschamps Madeleine,
La Peinture américaine, Denoël, 1981.
Duncan A.,
L'Art déco américain, Regard, 1986.
Gill Brendan,
Les Grandes Maisons de Los Angeles,
Éditions du Moniteur, 1981.
Lippart Lucy R.,
Le Pop'art, Hazan, 1969.
Trocmé Hélène,
Les Américains et leur architecture,
Aubier-Montaigne, 1981.

MUSIQUE

Arnaudon Jean-Claude,
Dictionnaire du blues, Filipacchi, 1977.
Berendt Joachim-Ernest,
Une Histoire du Jazz, P.U.F., Que sais-je ?
Dale Rodney,
Le Monde du Jazz, Elsevier, 1980.
Gauthier A.,
La Musique américaine, P.U.F., Que sais-je ?
Lamaison Jean-Louis,
Soul Music, Albin Michel, 1977.
Southern Eileen,
Histoire de la musique noire américaine,
Buchet-Chastel, 1977.
Vassal Jacques,
Une Histoire de la musique populaire aux États-Unis, Albin Michel, 1977.

LITTÉRATURE

Ouvrages critiques :

Béranger J. et Gonnaud M., *La Littérature américaine jusqu'en 1865*, Armand Colin, 1974.
Cunliffe Marcus, *La Littérature des États-Unis*, P.U.F., 1984.

Œuvres :

Algren N., *L'Homme aux bras d'or*, 1949.
Beecher Stowe H., *La Case de l'oncle Tom*, 1859.
Caldwell E., *Le Petit Arpent du Bon Dieu*, 1933.
Capote Truman, *La Harpe d'herbe*, 1978.
Chateaubriand F.-R. de, *Voyage en Amérique*, 1826.
Cooper Fenimore, *Le Dernier des Mohicans*, 1826.
Dos Passos John, *Manhattan Transfer*, 1925.
Faulkner William, *Les Palmiers sauvages*, 1939.
Kerouac Jack, *Sur la route*, 1957.
Miller Henry, *Big Sur et les oranges de Jerôme Bosch*, 1957.
Steinbeck John, *Les Raisins de la colère*, *Rue de la Sardine*, *Tortilla Flat…*
Tocqueville Alexis de, *De la démocratie en Amérique*, 1835.
Twain Mark, *Les Aventures de Tom Sawyer*, 1876.
Williams Charles, *Fantasia chez les Ploucs*, Gallimard, Carré noir, Folio junior.
Williams Tennessee, *Un tramway nommé Désir*, 1947.

CRÉDITS PHOTOGRAPHIQUES

Aardenne, Van Anke:
284
Apa Photo Agency:
182, 193, 238
Amranand, Ping:
150, 152
Armstrong, Ellis:
239, 281
Benes, Chas D.:
125, 301
Bernstein, Bruce:
21g, 21d, 116, 293
Canova, Pat:
107, 158
C. & M. Shook:
271
Cooper, Ed:
126/127, 236, 246, 254, 256, 288, 290, 291, 292, 296, 303
De Nanxe, Vautier:
16, 17, 22/23, 34/35, 41g, 81, 87, 88, 91g, 95, 134, 153, 243, 278
Department of Industry & Trade, Georgia:
186
Erdoes, Richard:
18, 79, 80, 83, 92, 212g, 240, 241, 247, 248, 258, 260, 262
Foster, Lee:
57
Gottschalk, Manfred:
174/175, 190, 196/197, 202, 205, 206d, 216, 220d, 225, 226/227, 231, 232, 249, 252
Heaton, D. & J.:
114, 277, 286
Hetier, Michel:
228
Lippert, Tom:
84, 109
Lloyd, Ian R.:
140d, 263, 272, 273
Murphy, Michael:
214, 215
Naud/AAA Photo:
138
N.J. Division of Travel & Tourism:
137
Photori Inc.:
73, 156, 179, 189, 219, 220g
Ryan, David:
285
Seitz, Blair:
141, 143
S.C. Department of Parks Recreation and Tourism:
167
Travel Image:
264/265, 298
Tidball, Tom:
8/9, 30/31, 32/33, 91d, 96, 97, 102, 104g, 104d
Tony Stone Worlwide:
5, 6/7, 12, 72, 130/131, 170/171, 172/173, 259, 276, 280, 294, 302
Tourism Division, Olympia W. A.:
119
Van Riel, Paul:
251, 282
Viesti, Joe:
10/11, 19, 20, 38, 39, 40g, 40d, 41d, 42, 43g, 43d, 44, 45, 46, 47g, 47d, 48, 49, 50, 51, 52, 53, 54, 55, 56, 58, 59, 60, 61, 62, 63, 64, 65, 66, 67, 68, 71, 74, 75, 76, 77, 78, 82, 86, 89, 90, 93, 98, 100, 101, 103, 105, 106, 108, 110, 111, 112, 113, 117, 118, 120, 121, 122, 124, 128/129, 136d, 140g, 142, 144, 146, 147, 151, 159, 160, 161, 162g, 162d, 164, 165, 166, 168, 169, 178d, 180, 181, 183, 184, 185, 187, 188, 192, 194, 198, 199, 200, 201, 212d, 213, 217, 218, 221, 222, 223, 224, 230, 233, 234, 235, 244/245, 257, 261, 266/267, 274, 287, 289, 300
Von Stroheim:
135
Waterfall, William:
136g
Weigand, Sally:
250, 253
Wrenger, Greg:
283
Young, Ray N.:
279

Illustration de couverture: Road/Monument Valley. Photographie d'Eddie Hironaka,

INDEX

A

B